外国人介護士と働くための異文化理解

渡辺 長 編著

小島賢久・米田裕香・中込節子・糠谷和弘・後藤美恵子・坂内泰子
柳澤沙也子・郭芳・河森正人・細田尚美・渡辺幸倫・岩田研二

大阪大学出版会

まえがき

　近年、日本の都市部ではどこにいっても外国人を見かけるようになった。東京や大阪の街を歩いていると観光客はもとより、身近なコンビニや飲食チェーン、家電量販店等においても外国人従業員と接する機会が多くなった。実際、建設業や製造業、農業など多岐に渡る分野で、外国人労働者の存在が日に日に大きくなっている。国内には既に京都府の人口に匹敵する 260 万人を超える在留外国人がおり、そのうち 130 万人を超える外国人が実質的な労働に従事し、既に彼ら抜きでは日本経済が成り立たない状況になっている。

　そんな中、2025 年までに 38 万人の人手不足が予想される介護分野においても、外国人介護士の存在が欠かせなくなっている。これまで外国人介護士の受け入れのルートとしては 2008 年より始まった経済連携協定（EPA）、日本語学校に通い介護福祉士養成校卒業を目指す留学、2017 年より始まった技能実習制度の 3 通りが混在し、延べ 4000 人以上が日本の介護労働に従事してきた。更に 2019 年度の入管法の改正により「特定技能」という新たな在留資格が誕生し、年間 35 万人の外国人労働者の流入が見込まれ、そのうち約 5 万人が外国人介護士として日本の介護現場で活躍すると想定されている。ほとんどの介護現場は受け入れに対する準備やノウハウを持たないまま、これまでの約 10 倍以上の介護士を毎年受け入れていかなければならない可能性がある。

　本書のきっかけは筆者が非常勤で働いていた介護老人保健施設での経験にある。施設が人手不足の解決策として EPA を通じてフィリピン人材の受け入れを決定した途端、これ以上業務負担が増えるのは耐えられないと施設職員が反対を表明し、大量に退職するとい

う出来事があった。更に1人配属となったフィリピン人介護士は、施設内で相談できる相手もおらず孤立を深めて早々に退職してしまうことになったのである。これは外国人介護士の受け入れを進める全国の介護施設で生じうる問題である。

　外国人介護士の受け入れを円滑に進める上で考慮すべき点として、教育体制、待遇、国家試験支援制度、日本語教育、人間関係などが挙げられるが、特に見落とされがちなのが異なる文化的背景への想像と理解である。一般に文化背景の異なるもの同士の相互理解の障壁には、語彙や言葉の相違だけでなく、それぞれの文化が人々の行動に対して与える意味の相違によるものが多い。社会学者のハリートリアンデスは異文化間での誤解の原因は、その個人が「相手の行動の原因がわからない」ことから生じるもので「相手の行動について『誤った原因帰属』をしてしまうからだ」と述べている。日本人にとって「言わなくてもわかってもらえる」、「報連相や時間厳守はできて当然」という考え方は、同じ文化を共有する日本人に特化したものの見方であり、普遍的なものではないということを自覚することが求められる。

　人の命に関わる介護分野に異文化背景を持つ外国人が本格参入していく転換期である今、初期段階における受け入れが成功するかどうかによって今後の外国人介護士の位置づけや高齢者ケアの在り方が決定づけられるといっても過言ではない。

　本書の目的は、主に外国人介護士の受け入れを推進している施設管理者や現場の介護福祉士、医療福祉系の職種を目指す学生を対象として、こうした文化背景が異なる外国人介護士への理解を助け、相手がなぜそのように行動するのか、相手の文化的視点に立った解釈を身に付けることにある。そのため本書の中では、制度的背景とその多国間比較に加え、送り出し国における文化や死生観、介護観

に焦点をあて、日本との違いや指導上のポイントなどについて詳しく解説している。他国の文化的視点から介護を捉えることは、自国の伝統的介護観を見直すことにも通じるものである。本書が、日本人介護士と外国人介護士が協働し、あるべき高齢者ケアとは何かを再考していく契機となれば幸いである。

渡辺　長

目　　次

第4部
主要送り出し国の異文化介護観

外国人介護士が現場にもたらすもの

序章

　近年、どこに行っても外国人を見かける機会が増えた。国内には観光客はもとより、様々な分野で働く外国人労働者が増えてきている。急速な高齢化と深刻な人材不足を背景に高齢者ケアの分野においても外国人介護士の受け入れが進んでいる。外国人労働者の主要な受け入れ先となる建設業や製造業、農業と異なり、介護は入浴介助や口腔ケアを始め様々な処置を直接人の体に触れて行う職種である。入居する高齢者にとって外国人介護士が提供するケアの在り方1つで、その後の機能的予後やQOL、生活そのものが左右される可能性があるといっても過言ではない。これまで外国人介護士への教育は日本式介護の伝達という一方向性であったが、外国人材の定着を図り、より質の高いケアを実現していくためには互いに学び合う双方向性の関係性が欠かせない。本章では、インドネシアの介護職を事例に、彼らと協働するために求められる異文化理解と介護観に焦点をあて、相手の目線に立った解釈を身に着ける重要性について説明する。

1 加速する外国人介護士の受入背景

　近年、都市部ではどこにいっても外国人を見かけるようになった。東京では、観光客はもとより、コンビニエンスストア、レストラン、居酒屋、家電量販店などにおいて外国人従業員と接しない日はない。

　実際、建設業や製造業、農業など多岐にわたる労働分野で、外国人労働者の存在が日々大きくなっている。国内にはすでに 260 万人を超える在留外国人がおり、そのうち 130 万人を超える外国人が実質的な労働に従事しており、彼ら抜きには日本経済が成り立たない状況になっている（厚生労働省 2019）。

　2025 年までに 38 万人の人手不足が予想される介護分野においても、外国人介護士の存在が欠かせなくなると思われる。しかし、これまで受け入れ体制の整備は各施設に一任され、外国人介護士の定着に向け積極的に努力する施設がある一方、ただ「安い労働力」としてみなし、いかに日本の型にはめるかという一方的な視点で扱ってきた施設も少なからず存在している。また、協働する日本人介護士も、外国人介護士が置かれた立場を知ろうとする積極性や、その機会が少ないことから、介護現場では多くの衝突が生じてきたが、それに対する支援策は十分に構築されていない。

　要介護高齢者の生活を支えるという目標を共有するためには、日本人、及び外国人介護士双方の歩み寄りが欠かせない。そこで本章では、そもそも外国人介護士の母国ではケアというものがどのような文化的背景でとらえられ、実践されてきたのか、各国の「介護観」なるものを俯瞰しながら、その国の文化や慣習を学び尊重することを目的とした「介護現場における異文化理解」の重要性を述べてい

きたい。

1.1　急増が見込まれる外国人介護士

　2025 年には日本の高齢化率は 30.5％となり、生産年齢人口の減少が顕著に推移する一方（2007〜2015 年で約 15％減）、必要となる介護職員は約 250 万人にのぼり、厚生労働省（2015）の試算では、約 38 万人の介護士が不足すると推計されている。

　これまでの医療介護分野における外国人の受け入れ経緯をみると、経済連携協定（EPA）に基づき、政府は 2008 年よりインドネシア、2009 年よりフィリピン、2014 年よりベトナムから外国人の看護師／介護士の受け入れを始め、すでに累計 5600 人を超えている（厚生労働省 2019）。この制度では外国人介護士でも国家試験に合格すれば無期限に日本滞在が可能となり、日本が専門的な技術や知識を持つ高度人材及び日系人以外の外国人に永住権の道を開いた最初のケースとなった。

　現在、外国人介護士の受け入れには、EPA に加え、介護福祉士養成校への留学から国家試験取得、外国人技能実習制度という 3 つのルートが確立されているが、2019 年 4 月より新たに新在留資格「特定技能」での受け入れが始まった。この在留資格においては、5 年間で約 4 〜 5 万人もの外国人介護士の受け入れが見込まれており、これは EPA の 10 倍以上の規模に相当する。

　一方で、外国人労働者を巡る一般的な状況として、各受け入れ制度の不透明性、現地／国内ブローカーと呼ばれる仲介業者の不当性、外国人介護士に対する人権及び生活保護など、各施設における受け入れ以前に解決すべき諸問題が山積していることも見過ごすことはできない。

2 外国人介護士の文化的背景を学ぶ意義

　内閣府の世論調査（2004）によると、外国人労働者を雇う上で、受け入れ施設が注力する条件として最も高い割合だったのは「日本語能力（35.2%）」と「日本文化に対する理解（32.7%）」であった。また九州大学による受け入れ病院追跡調査（2010）では、ムスリム女性のベール着用、勤務時間中の礼拝、ハラル食や断食など「宗教面での配慮」を要した施設は75%であったと報告されている。さらに国際厚生事業団（2013）による外国人看護師の日本人指導者に対する調査においても、当該国における「看護の教育」「看護の実践と相違」「社会／文化」「外国人に対する効果的指導法」についての研修を希望する意見が多く挙がっており、双方の文化的相違の理解こそが、受け入れの重要な鍵となっている。

　これまで外国人介護士の就労に際し、日本文化理解の研修は施されてきたものの、日本人介護士を対象とした異文化理解の研修はほとんど実施されていない。

　日本の介護職に異文化理解を促すことは、双方の信頼関係の構築に不可欠である。それはお互いの共感に繋がるだけでなく、当該国の医療／介護／福祉の状況、そして移住者として日本で置かれている立場や、外国人介護士として働く心情の理解にも通じるからである。そしてその前提があれば、日本の介護士のあいだで、外国人介護士に対する心理的障壁が下がり、外国人介護士の定着率を高めることに繋がっていく。それは組織全体における多様性や働きやすさの向上にも寄与し、ひいては要介護高齢者へのケアの質の向上にも繋がって、真の共生社会を目指すことが期待できるといえよう。

　以上の観点から、今後急増するであろう外国人介護士の、それぞ

れの母国（送り出し国）で実践されている介護や文化について、介護福祉士教育課程から必修科目として体系的に学ぶ環境をつくることは有益であると思われる。

3 | 介護観の違いが生み出す問題

人は誰でも自国文化のフィルターを通じて世界を見ている。異なる文化をもつ人々を理解しようとするとき、自国の文化に基づく基準から抜け出し、違う文化のフィルターから世界をとらえなおす必要がある。

岡部（1987）は文化について「ある集団のメンバーによって幾世代にも渡って獲得され蓄積された知識、経験、信念、価値観、態度、社会階層、宗教、役割、時間・空間……といった諸相の集大成といえる」と定義している。人は誰しもそのような文化を背景にもった行動をとっており、それは他国で働くうえでも尊重されるべきものである。

3.1　母国における介護観の影響

とくに、母国（送り出し国）における介護観が、外国人介護士の介護観に与える影響は大きい。外国人が日本で介護士として就労するためには、語学力はもちろんのこと、高齢者疾患に関連する知識・技術の習得、日本の介護に対する考え方や職場文化などの理解も必要とされる。これは、そもそも、日本の介護を取り巻く状況が他国と大きく異なっているからである。

受け入れ国である日本においては、介護の大部分が「高齢者介護」

を指すのに対し、送り出し諸国の多くでは、未だ感染症や乳幼児死亡率の改善といった母子保健が喫緊の課題となっている。また送り出し諸国における介護はあくまで血縁を軸とした親類介護が中心であり、他人に介護を提供する慣習がほとんどないため、日本の社会的サービスとしての介護の在り方について想像がつかない。さらに敬愛精神が強いため、自身の親の介護を他者に任せることは子としての責任を放棄していると社会からみなされる風潮もあり、介護サービス普及の障壁となっている。

　また、日本においては一般的に、高齢者に対し必要以上のケアを施すとかえって当事者の能力を削いでしまうと考えられており、自分でできることは可能な限り自分でさせることを前提にしている場面が多い一方、多くの送り出し諸国では、必要最低限のケアしか行わないのは親不孝であり、できる限りのケアを尽くすことが親孝行であるとの価値観から、過介護に陥りやすい状況にある。

　このように一概に「介護」といっても、そもそも日本と送り出し諸国における考え方は全く異なるものである。このため、外国人介護士に対して教育を行う場合は、介護の方法論に終始することなく、双方の介護観の相違をふまえて、社会的サービスとしての介護の在り方や、「ケアとは何か」という哲学的な問いを含めて伝えていく姿勢が求められる。

3.2　日本語コミュニケーション上の注意点

　外国人介護士にとって日本語の理解は難しい。たとえば介護現場で「オムツ！」と指示したとする。日本人であれば状況判断からその意味を理解し対応できたとしても、彼らにとっては、「オムツはどこか」「オムツを持ってきて」「オムツを片付けて」のいずれにも

解釈できるため、意味を推測して対応することが難しい。同様に「いいです」という言葉も、「要る」「要らない」「よい」のいずれの意味にもとれるため、誤解を招きやすい。また、「すみません」という言葉にも、謝罪と感謝という両極の意味がある。

　このように、日本語には社会的・文化的規範に基づいて、その場の状況と話者の関係性などからその意味が決定されるものが多い。さらには尊敬語や謙譲語といった独自の敬語体系を有しているため、外国語を母語とする者にとって、日本語は理解し難い言葉である。職場の指導者はこうした日本語特有の表現の難解さも踏まえて、明快なコミュニケーションで外国人介護士に接することが求められる。

4　介護現場で知っておくべき文化的相違—インドネシア—

　では、実際の介護現場で生じる文化的摩擦を回避するために知っておくべき文化的相違の例を紹介しよう。イスラム教徒が87％を占める世界最大のムスリム国であり、外国人看護師・介護士の主要送り出し国でもあるインドネシアに焦点をあて考えてみたい。

首都：ジャカルタ（人口960万人）
面積：約189万平方キロメートル（日本の約5倍）
人口：約2.38億人
民族：大半がマレー系（ジャワ、スンダなど約300種族）
言語：インドネシア語
宗教：イスラム教88.1％、キリスト教9.3％、ヒンズー教1.8％、仏教0.6％、儒教0.1％、その他0.1％

図1　インドネシア共和国の概要（外務省 2020）

4.1 性格的特徴と職業観の違い

　インドネシア人は基本的におおらかで楽天的、明るくフレンドリーな性格で、家族や友人を大事にするため、子供や高齢者に対しても優しく接する人が多い。また、イスラム教という宗教観が我々の想像以上に人々の生活や行動だけでなく、人間関係、物事の考え方、ケアの在り方の規範として強く影響を与えているのも特徴である。

　職業観の違いとして、日本では仕事が私生活より優先される風潮が当たり前となっているが、インドネシアでは親族を何より大切にするため、仕事よりも家族や親戚との時間や都合を重視する傾向がある。また定期的に従業員が一緒に出かける慣習があり、家族ぐるみで旅行やピクニックを催すことで親交を深めることも多く、報酬よりも人との繋がりによって会社に対するロイヤリティを持つ傾向がある。

　宗教的な側面として、イスラム教では、ラマダン（食月）に1ヶ月間の断食を行う。断食中は空腹のために体力や集中力が低下し、作業効率が上がらないので、重労働をさせないように配慮される。ちなみにインドネシアではラマダンの終わりにお祭りが始まるため、その間、最低2日間の休みを取り、日本の正月のように親族が集まるイベントがある。その際、従業員は企業から特別手当を支給される。

　更に時間的感覚も異なる。インドネシアには「時間は伸びるもの」という意味で使われる Jam Karet（ゴムの時間）という言葉があるように、時間概念が緩やかであることが多く、来日後すぐには5分前行動など日本の時間感覚で動くことは期待できない。

4.2　宗教観と食文化の違い

　インドネシア人が信仰するイスラム教は戒律が厳しいため、それらに注意を払うことも必要である。彼らは1日に5回のお祈りが課されており、就業時間に関わらずお祈りを行う。時間になったらすぐお祈りができるよう、1人分のスペースを確保する大きさのお祈り用カーペットを持ち歩いている場合もあり、中にはいつもと違う場所でもお祈りができるようにメッカの方角を示す磁石がついているカーペットもある。

　受け入れ施設はたとえ仕事が忙しくてもお祈りの時間には仕事を中断させて、毎回10分間程度のお祈りを認めることが求められる。可能であれば、お祈りのための男女別の礼拝室を用意し、それが難しければカーテンで仕切るなどして対応しても良い。

　またイスラム教では豚肉とアルコールの摂取が禁止されており、イスラム教徒の隣でお酒を飲むことも好ましくないとされている。そのため、日本人のような「ノミニケーション」や「一杯飲む」という慣習はなく、代わりに自宅で気軽に小パーティーを開くと喜ばれる。また細かいことだが、外食に際しては誘った人が全て支払うのが慣習である。日本のように割り勘を申

写真1　1日5回の礼拝をするインドネシア人女性
撮影：澤龍一（ジョグジャカルタ）

写真2　インドネシアで売られるマルコ
　　　　メ味噌（左上にハラル認証マー
　　　　ク、右下にハラル認証の文字が
　　　　入っている）
　　　　本社より掲載許可済

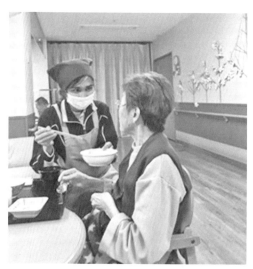

写真3　介護施設で高齢者の食事介助をする
　　　　インドネシア介護士
　　　　撮影：森ノ宮ランゲージスクール

し出たり、財布を出して支払う意思をみせたりすることも失礼にあたる。また誘われた側のマナーとして日本のように全ての料理を平らげる慣習もない。

　さらに、イスラム教では豚肉を含む調味料やスープ、加工食品に加え、これらが調理された調理器具や食器の使用も禁止されているため、日本の施設食堂やレストランは利用しにくい。そのため、海外では一般的な「ハラルフード」と呼ばれるイスラム教の戒律に沿って作られているレストランを利用するのが一般的である。

4.3　宗教観と服装

　イスラム教では、左手はトイレで排泄した際に使用するため、不浄の手とされる。そのため左手で握手をする、物を渡す、食事することは失礼にあたる。また頭は神聖な部位なので、子供でも気軽に触ったり、叩いたりすることは禁忌とされる。なお、女性に触ることも許されないため、異性同士は挨拶としての握手もしないことになっている。また女性の場合、ヒジャブと呼ばれる頭髪を隠す布を着用しなければならず、肌を露出することが禁止されている。したがって、日本の介護施設で支給されるポロシャツなどのユニフォームは着用できないため、長袖を認めるなどの対策を講ずる必要がある。

4.4　職場での上下関係

　Asal Bapak Senang（ボスが喜ぶように）という言葉があるほど、インドネシアは上下関係にとても厳しい社会である。通常、目上の人や上司など敬意を払うべき人に対し、下の立場の者から話しかけることはしない。そのため日本では一般に報告・連絡・相談を部下に期待するが、インドネシアでは基本的に上司には良い報告しかせず、問題が起きた際には、上司に相談すべき事案でも、仲間内で話し合いを続けてしまうことが多い。これは過失を隠す意図というよりも、上司に敬意を払っているが故に、できるだけ上司の期待に応え、自分たちで問題解決を図ろうとする姿勢の現れである。そのため、当初から報・連・相ができることを前提にインドネシア人とコミュニケーションを図ろうとすると上手くいかない。問題を報告してこないことを責めるのではなく、日頃からよく彼らを観察

し、問題がありそうだと察知したら、上司の方から「何か困っていることはないですか？」、「手助けできることはないですか？」と話しかける姿勢を心掛けると自然と相談してくるようになるだろう。

4.5　指導する際の注意点

　インドネシア人に対する指導において絶対にやってはいけないことは、人前で叱責することである。インドネシアでは親や先生が子供を叱る習慣があまりなく、叱責されることに慣れていない。また感情を露わにして怒るという行為自体が、恥ずべきことであると考えられている。日本では失敗例を共有するために敢えて人前で叱る機会もあるが、インドネシア人に対して行うと萎縮したり、恨みを買ったりすることになり、最悪の場合、一回の叱責で離職に繋がることも考えられる。

　そのため、彼らに指導や注意を要する場合には、必ず個室で1対1の状況で行うよう配慮する必要がある。また日本人ほどの計画性を持たないことも多いため、仕事を教えるときには、できることから少しずつ、細かいゴールを設定して積み上げていく方法が勧められる。また、インドネシア人は他者との摩擦や争いを嫌うので、日本人と同様に、意思表示が曖昧なことが多い。インドネシア語には間接的に "No" を伝える言葉が 10 以上存在しているが、できない仕事に対しても、相手への気遣いから慣習的に曖昧な返事をしてしまうことがある。そのため、必要な場合には本人の真意を明確に確認することが求められる。

5 ｜ 技能実習生から「選ばれる」国になるために

　ここまで述べてきたように、送り出し諸国は日本と同じアジア諸国とはいえ、各々異なる文化や慣習を持っている。もちろん個々人によってもその資質は様々だが、人間関係を構築する入り口としてその国の文化について学び、文化的相違について知っておけば、介護現場で予測される摩擦や対立を事前に回避できるだろう。

　一方で深刻な人手不足が続いている日本の介護施設経営者らから、こうした個々の外国人の事情や期待に応える余裕や予算がないという意見が挙がるのも、もっともな話かもしれない。しかし、介護人材不足は、いまや日本だけの問題ではない。欧米諸国はもとより、近年は同じ東アジア諸国であるシンガポール、台湾、韓国が外国人介護士の受け入れを加速化しており、我々は世界的な介護人材の獲得競争の渦中にあることを自覚しなくてはならない。

　実際、2017 年に開始された外国人技能実習制度（介護）において、1 年間に来日した実習生は当初の予想をはるかに下回る 247 人に過ぎなかった。そんな中、1 人でも多くの外国人に、他国に比べ在留資格が不利で、かつ英語が通じない日本という国を選んでもらうには、これまでの「彼らをどう教育するか」という観点から「我々がどう変わるか」という観点にシフトしなければならない。

　今後、各施設においてイスラム教徒の礼拝堂やハラル食の提供といったハード面、そして異文化交流を通じて彼らの文化を学び、尊重する態度や意識の涵養といったソフトの両面から、職場改善が進んでいくことを期待する。

6 外国人材と創る日本の新たな介護観の構築に向けて

　経済協力開発機構（OECD）加盟 35 カ国の外国人移住者統計によると、2018 年の日本への移住者（有効なビザを取得し 90 日以上在留予定の外国人）は約 52 万人であり、既にその数はドイツ、ギリシャ、アメリカ、スペインに次ぐ世界第 5 位となっている。また厚生労働省による外国人雇用状況（2019 年 10 月）の発表によると外国人労働者数は約 166 万人にのぼり、前年同期比 13.6%の増加と過去最高を更新し、現在もその数は増加している。国籍別では中国が最も多く（外国人労働者数全体の 25.2%）、次いでベトナム（同 24.2%）、フィリピン（同 10.8%）の順で、対前年伸び率 は ベ ト ナ ム（26.7%）、イ ン ド ネ シ ア（23.4%）、ネ パ ー ル（12.5%）が高い。グローバリゼーションという人口流動の潮流において、日本は世界に冠たる実質的移民国家になりつつある。読者の皆さんが外国人と共に日本の高齢者／障害者の介護福祉を考える時代はすぐそこまできている。

　あるフィリピン人介護士を受け入れている施設管理者の話では、フィリピン人スタッフは明るくコミュニケーションに長け、食事介助の場面でも高齢者への声掛けや褒めることが上手で、日本人介護士が実施した時よりも、栄養状態が目に見えて改善していくケースが多いという。今後、介護現場では様々な異文化との接触が起きることが予測される。しかし、それは決してネガティブな作用だけでなく、これまで膠着していた従来の高齢者ケアの在り方、そして介護職の働き方に多様性をもたらし、離職率の低下や将来的な高齢者介護の質を向上させる契機になる可能性をも秘めている。介護現場における異文化理解を浸透させることは、あるべき未来の介護の姿

を共に追求していくうえで必要不可欠なことなのである。

参考文献
岡部朗一（1987）「文化とコミュニケーション」古田暁監修、石井敏、岡部朗
　　一、久米昭元『異文化コミュニケーション』有斐閣
小川玲子、平野裕子、川口貞親、大野俊（2010）「来日第 1 陣のインドネシア
　　人看護師・介護福祉士候補者を受け入れた全国の病院・介護施設に対する
　　追跡調査（第一報）受入の現状と課題を中心に」、『九州大学アジア総合政
　　策センター紀要』、5、pp. 85-98
外務省（2020）インドネシア共和国
　　https://www.mofa.go.jp/mofaj/area/indonesia/
　　　　　　　　　　　　　　　　　　　　　　（2020 年 9 月 15 日閲覧）
厚生労働省（2019）「外国人雇用状況」の届出状況まとめ（令和元年 10 月末
　　現在）
　　https://www.mhlw.go.jp/stf/newpage_09109.html
　　　　　　　　　　　　　　　　　　　　　　（2020 年 9 月 15 日閲覧）
厚生労働省（2015）2025 年に向けた介護人材にかかる需給推計（確定値）
　　について
　　https://www.mhlw.go.jp/stf/houdou/0000088998.html
　　　　　　　　　　　　　　　　　　　　　　（2020 年 9 月 15 日閲覧）
国際厚生事業団（2013）EPA 看護師に関する調査事業報告
　　https://jicwels.or.jp/?page_id=543（2020 年 9 月 15 日閲覧）
内閣府（2004）外国人労働者の受け入れに関する世論調査．調査結果の概要
　　―外国人の受け入れ
　　https://survey.gov-online.go.jp/h16/h16-foreignerworker/2-2.html
　　　　　　　　　　　　　　　　　　　　　　（2020 年 9 月 15 日閲覧）
労働政策研究・研修機構：主要国の外国人労働者受入動向―韓国
　　https://www.jil.go.jp/foreign/labor_system/2015_01/korea.html
　　　　　　　　　　　　　　　　　　　　　　（2020 年 9 月 15 日閲覧）
OECD International Migration Database.
　　https://www.oecd.org/els/mig/keystat.htm（2020 年 9 月 15 日閲覧）
東洋経済：インドネシアでは上司に話しかけちゃダメ？
　　https://toyokeizai.net/articles/-/12411（2020 年 9 月 15 日閲覧）
渡辺長、柳澤沙也子（2019）「介護現場における異文化理解の重要性」『訪問
　　看護と介護』24(4)、pp. 280-284

（渡辺長）

第 *1* 部

受け入れ制度と
諸外国の情勢

第1章
外国人介護士受け入れ制度

　近年、わが国では介護分野で外国人の雇用を促進する施策が進んでいる。2008年に始まったEPA（経済連携協定）によって、インドネシア、フィリピン、ベトナムから看護師、介護士候補者を受け入れている。2016年の入管法の改正で在留資格に「介護」が新設され、国際貢献の一環で、日本から諸外国への技能移転を目的にした技能実習制度では、2017年から介護分野が対象となった。さらに深刻化する人手不足に対応するため、一定の専門性・技能を有する外国人材を受け入れる制度である特定技能制度も2019年から始まった。このように、外国人が日本の介護分野で働くための制度はここ10年で急速に拡大し、介護分野は、日本で働く外国人の選択肢の1つになった。ここでは、EPA、技能実習制度等の制度の説明と在留資格「介護」に関して介護福祉士養成校での取り組みを紹介する。

1 介護分野での外国人材受け入れ政策

2008 年に始まった EPA による外国人介護福祉士候補者の受け入れ制度は、当初、インドネシアのみを対象としていたが、2009年にフィリピン、2014 年にベトナムからの受け入れが始まり、現在もこの 3 ヶ国を対象に継続されている。年度ごとの受け入れ人数は、初年度の 2008 年度は 104 人だったが、ベトナムからの受け入れが始まった 2014 年度には 410 人、2018 年度には 773 人となり、これまでの累計人数は 4000 人を超えている。

さらに、国際貢献の一環で、日本から諸外国への技能移転を目的にした技能実習制度が 1993 年から始まり、2017 年 11 月からは介護分野が技能実習の対象として新たに追加された。受け入れが 3か国に限定されている EPA と違って、より多くの人数を受け入れられることから、今後、介護分野での技能実習制度の活用がさらに拡大していくことも予想される。また、2019 年から始まった特定技能制度では、介護を含めた 14 の業種に外国人就労が解禁され、介護分野のスタッフに占める外国人の割合は今後増加していくことが見込まれる。

さらに、2016 年の入管法の改正で在留資格に「介護」が新設されたことで、外国人留学生は介護福祉士の国家資格を取得すれば、在留期間の制限なく日本で就労することが可能になった。このように、外国人が日本の介護分野で働くための制度はここ 10 年ほどの短期間に急速に拡大しており、日本で長く働きたいと考える外国人にとって、介護分野は重要な選択肢の 1 つになっていくとみられる。

1.1　EPA（経済連携協定）等に基づく外国人介護福祉士受け入れ枠組みの概要

　この仕組みは、母国の看護師資格等の一定の要件を満たす外国人が日本の国家資格の取得を目指すことを条件として、一定の要件を満たす病院・介護施設の受け入れ施設において就労・研修することを特例的に認めるものである。介護福祉士の国家資格の取得後は、在留期間の更新回数に制限が無くなる。

　この制度は、日本とインドネシア、フィリピン、ベトナム各国との経済連携強化のために行うもので、単に労働者を雇用するためのものではない。この制度において入国した介護福祉士等候補者が介護福祉士等の国家試験に合格し、その後も継続して日本に滞在することが期待されている。外国人が日本の高齢者施設等で働く際、医療福祉の質の向上や安全性の確保、日本の国家資格の取得は必要かつ重要なことである。そのため、候補者が資格取得に必要な知識・技術の習得に努力するだけでなく、受け入れ機関は国の支援を得て、資格取得を目指した研修を実施することが求められている。

1.2　外国人技能実習制度の概要

　外国人技能実習制度は、1993 年に制度化された。その目的・趣旨は、わが国で培われた技能、技術又は知識の開発途上地域等への移転を図り、当該開発途上地域等の経済発展を担う「人づくり」に寄与することである。外国人の技能実習生が、日本において企業や個人事業主等の実習実施者と雇用関係を結び、出身国において修得が困難な技能等の修得・習熟・熟達を図るもので、期間は最長 5 年とされ、技能等の修得は、技能実習計画に基づいて行われる。

　技能実習生の受け入れの方式は企業単独型と団体監理型の 2 つのタイプがある。企業単独型は、日本の企業等の実習実施者が海外の現地法人や取引先企業等の職員を受け入れ技能実習を実施する。一方、団体監理型は非営利団体に加入する企業等の実習実施者が実習生を受け入れるものであり、多くの場合、こちらに該当する。技能実習生は入国直後に、日本語教育や技能実習生の法的保護に必要な情報等の講習を受け、日本の企業等の実習実施者との雇用関係の下で技能の修得を行う。

　入国後 1 年目の技能等を修得する活動（第 1 号技能実習）、2・3 年目の技能等に習熟するための活動（第 2 号技能実習）、4・5 年目の技能等に熟達する活動（第 3 号技能実習）の 3 つに区分される。第 1 号技能実習から第 2 号技能実習、第 2 号技能実習から第 3 号技能実習へ移行するためには、所定の試験に合格しなければならない。

　介護職種での技能実習制度の要件は、2015 年に設定され、技能実習制度そのものによる対応とともに、介護職種に固有の各種要件（日本語能力要件、職歴要件、実習内容に関する要件）が整備された。

1.3　特定技能制度の概要

　特定技能制度は出入国管理及び難民認定法に定められており、日本の深刻な労働力不足に対応するために設置された在留資格である。2019 年に開始され、一定の能力と日本語能力基準を満たしたものに在留を許可される。在留資格（特定技能）には、次の 2 種類がある。特定技能 1 号は、特定産業分野に属する相当程度の知識又は経験を必要とする技能を要する業務に従事し、通算で上限 5

年の在留期限がある。特定技能 2 号は、特定産業分野に属する熟
練した技能を要する業務に従事し、在留期間は 3 年または 1 年で
6ヶ月ごとに更新する。特定技能は、外国人労働者用の在留資格で
あり資格の取得には技能及び日本語能力の試験に合格する、または
技能実習で一定の条件を満たす必要がある。介護業務への従事が可
能なのは、特定技能 1 号のみになる。

　技能実習制度は、技能の移転を目的にした資格なので試験はない
（介護職種のみ入国時 N4 レベルの日本語能力要件あり）が、特定
技能制度は労働力を目的にした資格なので、相当の知識及び技能を
必要とする。また従事する仕事のレベルも特定技能の方が高いもの
となっている。技能実習は原則転職できないが、特定技能は同一業
務であれば転職できる。技能実習制度の内容と特定技能（1 号）の
比較は（表 1-1）のとおりである。また、最近は技能実習 2 号終
了時に特定技能に切り換えるケースがでてきた。

1.4　在留資格（介護）の概要

　2016 年、介護福祉士の資格を有する外国人が介護施設等との契
約に基づいて介護（又は介護の指導）の業務に従事するための在留
資格（介護）が創設された。対象は、介護福祉士の資格を取得した
者である。

　在留資格（介護）は、介護の専門的技術や知識等を活用して、高
齢者施設等で活躍することを目的にしている。就労期間は最長 5
年で更新できるので、長期間日本に在留することができる。

　介護福祉士の主な業務は、利用者に対する「身体介助」「生活援
助」「レクリエーション」、利用者のご家族に対する「相談・助言」、
介護スタッフに対する「マネジメント」である（表 1-2）。

表 1-1　技能実習制度と特定技能（1 号）の比較

項目	技能実習制度	特定技能（1 号）
関係法令	外国人の技能実習の適正な実施及び技能実習生の保護に関する法律／出入国管理及び難民認定	出入国管理及び難民認定法
在留資格	在留資格「技能実習」	在留資格「特定技能」
在留期間	技能実習 1 号：1 年以内 技能実習 2 号：2 年以内 技能実習 3 号：2 年以内（合計で最長 5 年）	通算 5 年
入国時試験	なし（介護のみ入国時の日本語能力要件 N4 レベル）	技能水準、日本語能力水準を試験等で確認
外国人の技能水準	なし	相当程度の知識又は経験が必要
送り出し機関	外国政府の推薦又は認定を受けた機関	なし
監理団体	あり	なし
支援機関	なし	あり（受け入れ機関からの委託を受けて特定技能外国人に住居の確保その他の支援を行う。出入国在留管理庁による登録制）
外国人と受け入れ機関のマッチング	通常監理団体と送り出し機関を通して行われる	受け入れ機関が直接海外で採用活動を行い又は国内外のあっせん機関等を通じて採用することが可能
受入れ機関の人数枠	常勤職員の総数に応じた人数枠あり	人数枠なし（介護分野、建設分野を除く）
転籍・転職	原則不可	同一の業務区分内において転職可能

表 1-2　介護福祉士の業務と業務内容

介護福祉士の主な業務	業務内容
身体介助	利用者の疾病の状態や身体能力に合わせて、食事介助、排せつ介助、入浴介助等を行う。
生活援助	利用者の衣類の洗濯、部屋の清掃、食事の準備、買い物等、身の回りの世話をする。
レクリエーション	ゲーム、歌、体操等によって、利用者の身体機能の維持・回復を目指したり、メンタルケアを行う。
相談・助言	利用者のご家族に対して、介護に関する心配や不安の相談を受けたり、福祉用具の選定や使用、自宅介護のアドバイスを行う。
マネジメント	介護スタッフに対して、現場のリーダーとして、労務管理や業務への指導を行う。

　勤め先は介護施設（特別養護老人ホーム、介護老人保健施設、グループホーム、サービス付き高齢者向け住宅、デイサービス、デイケアなど）などがある。利用者の居宅においてサービスを提供する業務の事業所や開設 3 年以内の事業所では技能実習を行うことができないが、介護福祉士の資格を取得すれば、そのような制限が無くなることも特徴の 1 つである。

　介護福祉士になるには、介護福祉士の国家試験に合格し、介護福祉士の資格を取得する必要がある。介護福祉士の資格を取得するルートは「実務経験ルート」「養成施設ルート」等がある。実務経験ルートは、実務経験 3 年以上で、介護福祉士実務者研修の修了によって、国家試験の受験資格を得ることができる。技能実習や特定技能を 3 年以上継続し、実務者研修を修了することで、国家試験を受験できるが、このルートでの合格率は低い。養成施設ルートは、介護福祉士養成施設を卒業することで、国家試験の受験資格を

得ることができる。日本語学校修了後、あるいは、母国で JLPT の N2 を取得すれば、介護福祉士養成施設に進学することができる。2026 年度までの卒業生は、国家試験を不合格や未受験の場合でも卒業後 5 年間は介護福祉士の資格が暫定的に認められる。その後も介護福祉士資格を保持するためには、暫定期間（5 年）の間に国家試験に合格するか、5 年間続けて介護の実務業務に従事することが必要である。

2 介護福祉士養成施設での取り組み

　実際の留学生の介護福祉士養成について、森ノ宮医療学園ウェルランゲージスクールでの取り組みを紹介したい。

　森ノ宮医療学園ウェルランゲージスクールは、日本語学科と介護福祉学科があり、介護福祉士資格取得を目指す外国人留学生が日本語学科、あるいは介護福祉学科に入学する。入国時の日本語能力によって日本語学科の在籍期間を選択できる様々なコースを用意し、日本語学科と介護福祉学科による日本語習得と介護福祉士養成の一貫教育を行っている。日本語能力が N5 や N4 の留学生が入国するケースであれば、日本語学科には 2 年あるいは 1 年 6ヶ月在籍し、介護福祉学科へ進学する。N3 の留学生が入国するケースであれば、日本語学科に 1 年あるいは 6ヶ月在籍し、介護福祉学科へ進学する。N2 の留学生が入国するケースであれば、介護福祉学科に直接入学する（表 1-3）。

　介護福祉士として日本に在留したいと考え、入国を希望する留学生の多くは、ベトナムをはじめとした東南アジアの出身者である。このような留学生が、従来の学校のように授業料等の学納金を前納

表 1–3　入国時の日本語能力と学校への在籍期間

入国時の日本語能力	日本語学科 在籍期間	介護福祉学科 在籍期間
JLPT N2 取得	無し	2 年
N3 程度	半年ないし 1 年	2 年
N4、N5 程度	1 年半ないし 2 年	2 年

することは困難である。森ノ宮医療学園ウェルランゲージスクール
では、高齢者施設からの奨学金や社会福祉協議会の修学資金貸付制
度等を利用して、日本語学科と介護福祉学科の学費を納入する仕組
みを作っている。留学生は母国で入学試験とアルバイトの面接を受
け、学校とアルバイト先を決定する。留学生は、日本語学科入学時
から介護福祉学科を卒業するまで、高齢者施設でアルバイトをしな
がら奨学金を受けている。資格取得後は、これまでアルバイトをし
てきた高齢者施設へ就職する。

3 ｜ 制度格差が生み出す問題

　技能実習制度・特定技能制度と留学から介護福祉士取得の場合を
比較すると以下のとおりである（表 1–4）。
　技能実習制度・特定技能制度のメリットは、採用面接後、約 1
年で入国すること、日本語能力 N4 を取得しているので、日本語に
よる少しの会話が可能で、週 40 時間就労できることである。デメ
リットは、在留期間が限られていることと、就労先が限定されてい
ることである。
　留学から介護福祉士取得の場合のメリットは、介護福祉士の資格

表1-4　技能実習制度・特定技能制度と留学から介護福祉士資格取得の比較

	技能実習制度 特定技能制度	留学から介護福祉士資格取得
採用面接から入国までの期間	約1年	留学生として入国まで約半年、その後、資格取得まで、3年から4年
入国時の日本語能力	N4以上	留学時N5あるいはN4、卒業時N2
労働時間（1週間）	40時間	28時間
在留期間	3年、5年程度	更新すれば長期間在留が可能
就労場所	訪問サービス系以外	どこでも可

を取得し、日本で継続して在留することができ、日本語教育と介護福祉士養成の教育によって、将来外国人のリーダー的存在を養成できることである。デメリットは、留学時は週28時間しか働けないことと、介護福祉士になるまで2年から4年の教育を受けるため、資格取得にある一定の期間が必要となることである。

　いずれにせよ、どの在留資格もメリット、デメリットがある。外国人就労者等を採用する際は、いくつかの在留資格の人材を組み合わせて採用することによって、そのデメリットを補うことができる。

　技能実習生や特定技能の外国人は期限がある一方、留学から介護福祉士の資格を取得した者は、長期間在留が可能になるため、他の制度で来日した外国人を指導する立場として活躍することが望まれる。

参考文献

EPA 看護・介護受け入れ事業　公益社団国際厚生事業団
　　https://jicwels.or.jp/?page_id=14（2021 年 2 月 15 日閲覧）
外国人技能実習制度について　厚生労働省ホームページ
　　https://www.mhlw.go.jp/stf/seisakunitsuite/bunya/koyou_roudou/
　　jinzaikaihatsu/global_cooperation/index.html
　　　　　　　　　　　　　　　　　　　　（2021 年 2 月 15 日閲覧）
介護分野における特定技能外国人について　厚生労働省ホームページ
　　https://www.mhlw.go.jp/stf/newpage_000117702.html
　　　　　　　　　　　　　　　　　　　　（2021 年 2 月 15 日閲覧）
大阪府版在留資格「介護」による外国人留学生受入れガイドライン
　　大阪府社会福祉審議会介護・福祉人材確保等検討専門部会（平成三〇年三
　　月）

　　　　　　　　　　　　　　　　　　　　　　　　（小島賢久）

第2章
諸外国における外国人介護人材の受け入れ事情

　人口の高齢化は欧米の先進国から始まり、現在はアジア諸国でも進んできている。日本の高齢化は欧米諸国に比べてスピードが非常に速く、今や世界一の超高齢社会となっており、韓国、台湾、シンガポール等は更に速い速度で人口の高齢化が進んでいる。このような中、高齢化に起因する様々な社会課題が各地で顕在化してきており、なかでも介護人材不足は最も深刻な、そして各国共通の課題の1つだと言える。日本でも多様な人材の介護分野への参入を促すような取り組みが行われており、EPAや介護技能実習制度といった外国人材を受け入れる動きが出てきている。こうした動きは人材確保の福音となる一方で、現場からは様々な声が聞かれつつある。本章では、外国人介護人材の受け入れを積極的に行ってきている韓国、台湾、シンガポールについて、現状を整理し、日本が学ぶべきヒントを探る。

1 ┃ 世界の外国人介護人材受け入れの動向

　日本の高齢化率が 7％を超え、高齢化社会に到達した 1970 年から 50 年が経った今、高齢化は日本を含む先進国だけでなく世界の様々な地域で進展し、共通課題となりつつある（図 2-1）。人口の高齢化は欧米諸国から始まり、たとえばフランスは 1840 年、スウェーデンは 1987 年に高齢化社会に入った。その後両国はそれぞれ、115 年、85 年という時間をかけて、高齢化率が 14％へと推移し高齢社会に移行した。2019 年時点でフランスは 20.39％、スウェーデンは 20.20％と緩やかに高齢化が進んでいる（Global Note）。一方で、日本をはじめとするアジア諸国では欧米諸国に比べ急速に高齢化が進展している。その先陣が日本であり、1994 年には高齢化率が 14％を超え高齢社会に、また 2007 年には 21％を超え超高齢社会に突入した。倍加年数[1] は 24 年とフランスやスウェーデン等の欧米諸国と比べ短いが、これは、日本のみでなく、他アジア諸国でも認められ、韓国 18 年、シンガポール 20 年、中国 24 年と、日本同等または上回る速度で高齢化が進んでいくとされている（図 2-2）。更にアフリカ、中東、中南米と全世界で今後社会が高齢化していくと見込まれている（図 2-3）。

　このような世界の高齢化に伴い、様々な地域で高齢化に起因する社会課題が浮き彫りになってきているが、中でも深刻な問題の 1 つが、介護人材の不足である。日本では、2019 年に要介護（要支援）認定者数が約 656 万人を記録し（厚生労働省 2019）、2040

1）高齢化率が 7％を超えてからその倍の 14％に達するまでの所要年数（内閣府 2020）

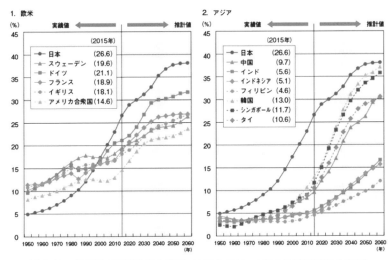

図 2-1　主要国の高齢化率の推移（内閣府 2020、令和 2 年度版高齢社会白書）

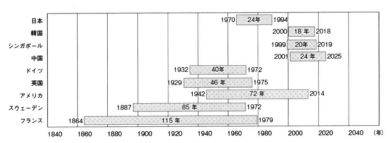

図 2-2　主要国における高齢化率が 7％から 14％へ要した時間
（内閣府 2020、令和 2 年度版高齢社会白書）

	1950 年（昭和 25 年）	2015 年（平成 27 年）	2060 年（令和 42 年）※中位推計
総　人　口	2,536,431 千人	7,379,797 千人	10,151,470 千人
65 歳以上人口	128,709 千人	607,548 千人	1,810,398 千人
先進地域	62,737 千人	220,834 千人	357,344 千人
開発途上地域	65,972 千人	386,714 千人	1,453,053 千人
65 歳以上人口比率	5.1 ％	8.2 ％	17.8 ％
先進地域	7.7 ゜％	17.6 ％	28.2 ％
開発途上地域	3.8 ％	6.3 ％	16.4 ％
平均寿命（男性）	45.49 年	68.53 年	76.29 年
同　　　（女性）	48.49 年	73.31 年	80.64 年
合計特殊出生率	4.97	2.52	2.11

資料：UN，World Population Prospects：The 2019 Revision
(注1) 合計特殊出生率及び平均寿命は 1950 - 1955 年、2010 - 2015 年、2060 - 2065 年
(注2) 先進地域とは、ヨーロッパ、北部アメリカ、日本、オーストラリア及びニュージーランドからなる地域をいう。
　　　開発途上地域とは、アフリカ、アジア（日本を除く）、中南米、メラネシア、ミクロネシア及びポリネシアからなる地域をいう。

図 2-3　世界における人口の動向（内閣府 2020、令和 2 年度版高齢社会白書）

年には 988 万人となると推計されている一方で、2035 年時点で
79 万人の介護人材不足に直面するとされている（経済産業省
2018）。単純労働という呼称で表現されることもある介護職であ
るが、1 人 1 人の高齢者に寄り添った安全で適切な介護を提供す
るには専門的な知識と技術、コミュニケーション力などが必要とさ
れ、また感情労働とも表現される通り（吉田 2014）、身体のみで
なく精神的疲労も大きい。その職務や負担に見合わない給与水準の
低さ、労働環境や処遇、キャリアパスの立てにくさといった事が要
因で、不人気な職であり離職も多い。これに対応するため、介護未
経験者の参入、介護福祉士を目指す学生を増やすといった多様な介
護人材の参入を促すことが必要とされている。この文脈から、現在
日本政府は、外国人介護人材の受け入れを様々な枠組みで進めてい
る。筆者は 2017 年から 2020 年までタイに在住し同国の高齢化
対策関連の仕事をしてきたが、日本からの介護事業所の方々とタイ
の高齢化や介護人材について情報・意見交換する機会が何度もあっ
た。国外に住んでいながら、日本の介護現場が外国人介護人材を必
要とし、動きだしていることを肌で感じとってきたのである。

　高齢化社会、高齢社会である多くの先進国また一部アジア諸国で
も、類似する要因から介護人材は不足しており、これらの国々では
外国からの介護人材の受け入れが加速している。特に東アジア・東
南アジアでは、南方の低所得国から東アジアの高所得国への介護人
材の動きが活発化しており、一般的に、日本、韓国、台湾、香港、
シンガポールの五ヶ国が主要受け入れ国、フィリピン、ベトナム、
インドネシアが三大送り出し国とされている（ILO 2017）。たとえ
ば、台湾では施設で働く介護労働者の 40％をフィリピン人、ベト
ナム人、インドネシア人が占め（安里 2009）、日本でも EPA に
てフィリピン、ベトナム、インドネシアが外国人看護師／介護人材

受け入れの対象国となっている。

　このように介護人材が国境を越えて働くことへの需要が高まってきており、日本もその渦中にいる。一方で、言葉や文化、働き方、更には介護観や働くという概念まで、異なるであろう人々と一緒に働く、ということは未知で簡単ではないと想像できる。実際、現行の EPA、技能実習生制度等により外国人介護人材を受け入れている現場からも様々な声があがっている。そこで、本章では日本に先んじて、外国人介護労働者の受け入れを進めてきたアジア諸国、韓国、台湾、シンガポールについて受け入れの概要と現状を整理し、日本にとってのヒントを探ってみたいと思う。

2 ｜ NIES[2)] 諸国における外国人介護労働者受け入れ事情

2.1　韓国の事例

（1）高齢化の現状と高齢者ケア政策

　日本の 4 分の 1 ほどの国土に約 5170 万人が住む韓国では、世界最低の出産率と平均寿命の延命により経済協力開発機構（OECD[3)]）の中でも最も速いスピードで人口高齢化が進行しており（OECD 2015）、2019 年の高齢化率は 15.06％となっている（Global Note）。2060 年には 40.1％と世界最高水準に達するとされており、2010 年の 11％と比べると、50 年で高齢者が 10 人に

---

2) Newly Industrialized Economies の略。新興工業経済地域、新興国。
3) 欧州諸国、米国、日本などを含む 34ヶ国の先進諸国によって構成（外務省）。

つき 1 人から 10 人につき 4 人と増える（相馬 2016）。更に高齢者の高い貧困率も韓国社会が抱える特徴的な課題であり、同国は OECD 加盟国で高齢者の貧困率[4]が 49.6％で第 1 位となっている（OECD 2015）。元来、家族による介護の概念が根強いことを受けて、国は高まる家族の介護負担の軽減と高齢者を含めた持続的でインクルーシブな社会の実現のため、高齢社会対策重点課題として、①老後所得補償の強化（高齢者の所得の増加）、②画期的で安全な老後の実現（介護・認知症対策・社会参画）、③女性、中・高齢者、外国人材活用の拡大、④高齢者に優しい経済への跳躍（ダウンサイジングへの備え・財政持続可能性）の 4 つを 2015 年に打ち出した（相馬 2016）。ここで外国人材の活用が明言されているように、今後もより深刻化する介護人材不足に対応するため、国は外国人介護労働者の受け入れを積極化させている。

　2008 年には「長期療養保険制度」といういわゆる介護保険制度が導入され、高齢者介護を社会全体で支え合えるよう、公的な仕組み作りが進められている。「長期療養保険制度」におけるサービス内容は日本の介護保険サービス内容と類似し、施設入所サービス（老人療養施設や老人療養共同生活家庭（グループホーム））、通所サービス（昼・夜間保護など）、在宅サービス（訪問療養、訪問入浴、訪問看護、昼・夜間保護、短期保護、福祉用具購入・貸与など）があり、加えて日本にはない支援として特別現金給付や家族介護者への介護関連資格取得支援がある（金 2020）。一般的に日本は韓国の「長期療養サービス[5]」のモデルとされており、「長期療養サービス」を受けられるのは日本の介護度に相当する 6 段階の“等級”

4）日本は 19.4％で第 4 位（OECD 2015）。
5）韓国における介護保険制度、「長期療養保険制度」下のサービス。

を認定された者となる。一方で、日本のようなケアマネジメントの
システムは存在せず、個々の高齢者に沿った適切で包括的なサービ
スパッケージの提供は難しい（古川ほか 2019）。このような課題
はあるものの、「長期療養保険制度」の認知度は高まっており、申
請者数は 2008 年の 34 万人から 2018 年には 100.9 万人に、認
定者は同 21.4 万人から 67.1 万人に増加した（金 2020）。

　2008 年の「長期療養保険制度」の導入と共に「療養保護士」と
いう国家資格も作られた（Song 2019）。資格習得内容は日本の介
護職員初任者研修（旧ホームヘルパー 2 級）同等程度とされてお
り（壬生、金 2014）、養成学校で 240 時間（1 級）もしくは
120 時間（2 級）の教育課程を修了し、国家試験に合格すること
で取得できるが、試験の難易度はさほど高くなく、2019 年 3 月の
1 級試験の合格率は 89.7％であった（金 2020）。「療養保護士」
有資格者は約 150 万人と把握されているが（金 2020）、2018 年
時点、「長期療養サービス」下で「care helper[6]」として働いてい
る者は約 38 万人という韓国統計局による報告もあり（KOSIS）、
有資格者と実労働者数にはいくらかの乖離があると推察できる。ま
た、2018 年時点で韓国において正規労働者の月平均賃金は 351
万ウォン（約 31.7 万円）であるのに対し、「療養保護士」は 225.5
万ウォン（約 20.4 万円）で前者の 64.2％程度と（金 2020）、介
護職の給与水準の低さがうかがえる。

（2）韓国における外国人介護労働者の受け入れ

　1970 年代までは外国人労働力の送り出し側であった韓国である
が、経済成長や教育水準の向上に従い非熟練分野での労働力不足が

6）「療養保護士」有資格者かどうか等定義は不明。

高まったことから、1990 年代には、日本の技能研修・技能実習制度に類似した「産業研修生・研修就業制度」を導入し、外国人非熟練労働者[7]の獲得に国レベルで動き始めた（野村 2019）。これらの制度は研修を建前としてはいるものの、実際は低賃金労働者の確保の意味合いが強く、また研修生であるため労働法の対象とならないために、賃金不払いや暴力などの人権侵害や不法滞在といった様々な問題が発生した（OECD 2019）。

　2000 年代に入り、これらを改善すべく外国人材政策の改革が行われ、2004 年に雇用許可制（Employment Permit System：EPS）を導入して以降、研修生としてではなく、企業が合法的に外国人非熟練労働者を雇用することが可能[8]となっている（野村 2019）。この EPS は、過去の「産業研修生・研修就業制度」に比べ、採用プロセスの透明化、送り出しにかかるコストの低下、不法滞在の大幅な減少、労働環境、といった点で改善が見られ、国際労働機関（ILO）などからも高い評価を得ている（野村 2019）。また、外国人労働者の韓国社会への参画と定着を促進するため、2009 年より社会統合プログラムという支援体制が実施されていることも特徴である。このプログラムでは、基本レベルの韓国語の習得から文化教育、韓国社会の理解促進等を目指した一般教養教育のほか、韓国生活で直面する困りごとへの対応として相談窓口の設置など様々な外

7）韓国において、外国人労働者は、優遇措置がなされている①高度人材（専門人材）、②雇用許可制による非熟練労働者の 2 つに分けられる。本章では後者の非熟練労働者について述べている。
8）二国間協定により送り出し国となっているのは、ベトナム、フィリピン、タイ、モンゴル、インドネシア、スリランカ、中国、ウズベキスタン、パキスタン、カンボジア、ネパール、ミャンマー、キルギス、バングラディシュ、東ティモール、ラオスの 16 か国（JILPT 2018）。ただし、飲食、宿泊、家事、介護等業種は中国や旧ソ連地域など 11 か国（佐野 2014）。

国人労働者向けの支援が展開されている（野村 2019）。また、在留期間は原則 3 年とされているが、一定の条件をクリアすれば最長 9 年 8ヶ月の就業活動が可能であり、更に一定の条件を満たすことで高度人材（専門人材）への在留資格切り替えや永住資格取得の道も用意されている（OECD 2019）。

　外国人介護労働者の受け入れは、2002 年 12 月に導入された就業管理制度にて開始され、2007 年にこれが EPS に統合されている（野村 2019）。EPS 下では、労働タイプによって大きく 3 つのビザ分類があるが、そのうちの訪問就業（H–2）ビザが、飲食、宿泊、家事、介護等業種を対象としており、韓国で介護労働を行う外国人は基本的にこのビザを取得する必要がある（佐野 2014）。訪問就業（H–2）ビザの取得要件に、言語や介護技能に関するものは含まれていないが、ビザ取得後かつ就業開始前に外国人就業教育プログラムを受講することが雇用労働部により定められている（Ministry of Employment and Labor, South Korea）。一定条件を満たした外国人労働者に対しては「療養保護士」の受験が認められており（Song 2019）、「長期療養保険制度」下での外国人介護労働者の増加を狙うたてつけのようにも見える。一方で、実際は、「長期療養保険制度」外の二次労働力として、もしくはインフォーマルワーカーとして民間施設や一般家庭で働く外国人介護労働者も多く[9]（ILO 2017）、民間セクターの介護人材の 7–8 割が外国人労働者であるとも報告されている（JH Kum 2013）。また、現在、大半の外国人介護労働者が、在韓中国朝鮮族[10]と言われており、全

9）特に在韓中国朝鮮族の女性の多くがこのような形で介護に従事している（Song 2019）。
10）中国同胞とも呼ばれ、中国国籍をもつ朝鮮系中国人。中国における朝鮮半島からの移民及び彼らの子孫。韓国では 1990 年代前後から増え続け、最大の外国人グループとなっている。

く新しくリクルートしてきた外国人というよりも、何らか韓国に縁や関係があり、既に長期滞在をしている（他の長期滞在ビザを有している）といった者が多い（Song 2019、ILO 2017）。

（3）受け入れの課題と対応

　前述のように EPS の導入と発展によって、外国人非熟練労働者の人権擁護と韓国社会への包摂が様々な形で進んできているが、一方で課題も残っている。たとえば、職場で不当な扱いを受ける者も依然として多い（図 2-4）。そもそも、一般的に韓国人介護労働者においても労働条件は劣悪で、労働時間は長く、賃金も低いだけでなく、介護士が虐待されるケースもある（YJ Choi 2014）。まして、マイノリティで弱者となりやすい外国人労働者、特にインフォーマルワーカーとして介護に従事している者や「長期療養保険制度」外で二次的労働力として働いている者の労働環境は過酷であることは想像に難くない。

　また、介護の質に関して、外国人介護労働者は韓国人介護労働者より知識や業務態度に課題がある（BI Park 2015）、外国人労働者の介護サービスの質は低評価されている（Song 2019）といった報告がある。さらに在韓中国朝鮮人介護労働者は異文化への適応により葛藤とストレスを抱え、多くが転職を経験するため、介護サービスの質にも影響を及ぼすとも報告されている（ST Hong, KJ Kim 2010）。これらに対し、介護従事者としての職業アイデンティティをもち、介護への責任を持てるよう、定期的な職業教育プログラムが求められており、加えて国や機関からの適切な給与補償と業務環境の改善は必須との示唆もある（Song 2019）。

　また、今後は、「長期療養保険制度」外で働く多くの外国人介護労働者の同制度への取り込み、もしくは同制度との位置づけについ

ても検討が必要であろ
う。加えて、近年では
ベトナム人等、在韓中
国朝鮮民族以外で介護
労働に従事している外
国人も出てきており
（二文字家 2019、Ito
2017）、高まる介護
人材不足から、介護労
働を主目的として新し

	(%)
職場での不公平な扱いや虐待の経験なし	5.6
ひどい扱いを黙って我慢し働き続けた	38
会社・雇用主に訴えた	18.2
出身国の大使館に通知した	2.3
韓国の市民・宗教団体に接触した	2.8
政府雇用労働部／韓国産業人力公団に接触した	6.8
告訴した	2.3
職場を変わろうとした	8.5

（資料）Kim, M.［2015］　（注）回答数 752。

**図 2-4　韓国において不当な扱いを受ける外国人
　　　　労働者の対応**
（野村 2019）より抜粋

く韓国にやってくる外国人労働者が将来的に増加することも考えら
れ、介護の現場では言語や文化的な差異がより課題となる可能性を
はらんでいる。外国人介護労働者に対し、労働と生活を支える包括
的な対策の一層の発展が必要になるだろう。

2.2　台湾の事例

（1）高齢化の現状と高齢者ケア政策

　台湾は九州よりやや小さい国土に約 2,360 万人（外務省 2020）
の人口を抱えており、日本から近く、物価も安く、また治安も良い
ため、多くの日本人が訪れる国である。近年、同国でも高齢化が進
んでおり、高齢化率は 1993 年に 7％を超えて高齢化社会となり、
2019 年時点で 14.56％であるが（Global Note）、2027 年には
21.5％に到達し、超高齢社会に突入するとされている。高齢化率
が 2 倍になるまでの年数（倍加年数）は日本と同程度の 25 年で
あった（野村総合研究所 2019）。このような高齢化を見据え、衛
生福利部（Ministry of Health and Welfare）は 1995 年に五大重

点政策の 1 つとして高齢化対策を掲げた（宮本 2016）。近年では
福祉予算の伸びも大きく、特に高齢者介護分野について 2021 年
度は 491 億 7 千万台湾元（約 1,780 億円）を確保の方針と発表さ
れ、これは前年度比＋27.2％、全体予算の約 2.3％を占める過去最
高の額である[11]（NNN アジア経済ニュース）。

　一方で、議論されはじめてから 15 年以上が経過しているにもか
かわらず、現在に至っても介護保険の導入は実現していない。
2015 年に公的介護サービスや財源、中央政府、地方自治体の役割
などを定める「長期介護サービス法（長期顧服務法）」が制定され、
2017 年の施行となっているが、2016 年の政権交代以降、介護保
険制度導入について審議がとまっている（西下 2019）。なお、台
湾では家族介護が中心的であるという背景があり、それを支えるも
のとして、税方式による公的介護サービスと民間事業所による有料
サービスという構成になっている（陳 2007）。

　公的介護サービスの対象は重度の要介護者と限定されている上
に、要介護者本人だけでなく扶養義務者の所得等でも条件が設定さ
れているため、公的介護サービスを受けられない要介護者も存在す
る（陳 2007）。なお、公的介護サービスのメニューは大枠で日本
と類似しており、ケアマネジメント、長期入所サービス、ショート
スティサービス、訪問サービス（介護・看護）、通所サービス、リ
ハビリテーション、移送サービス、配食サービス等が揃っている
（西下 2019）。介護関連職種には関連法の下、「照顧服務員」（介
護サービス員）、「照顧服務技術士」（介護サービス技術士）、「居宅

11）日本の 2019 年度一般会計予算における社会保障関係費は約 34.5 兆円で過去
　最高、前年度比＋3.2％、一般会計予算（全体予算）の 33.6％。社会保障関係費
　の内、医療給付費約 11.9 兆円（約 35％）で前年度＋2.1％、介護給付費は約 3.2
　兆円（同約 9％）で前年度＋3.7％。（西尾 2019）

服務督導員」（在宅サービス提供責任者）などの資格がある。また、台湾の介護保障の特徴として、家族介護手当制度の存在が挙げられる。これは一定の条件を満たした世帯（低所得世帯）に対し高齢者介護用に現金給付を行うものである。日本でも介護保険導入時、現金給付について議論されたが、介護の脱家族化を目指しこれを導入しない選択をした（西下 2019）。民間事業所による有料サービスでは在宅サービスと施設サービスが提供され、前者の主な担い手が無資格の外国人介護労働者という現状がある。

　儒教思想の根付く台湾では、介護の概念として「親の面倒は子供がみるべき」という家族主義の価値観が主流であることから、在宅介護が慣習化しており、近年では在宅介護サービスの供給・需要が伸びている（野村総合研究所 2019）。実際に介護者の 84％が家族と「外国人居宅介護ヘルパー」（後述）であり、16％が介護施設で働く介護労働者と報告されている (野村総合研究所 2019)。「外国人居宅介護ヘルパー」[12] とは、居宅に住み込みで育児・家事・介護等を実施する外国人非熟練労働者を指し、1980 年代以降の経済発展に伴い特に都市部の中流層にて需要が高まった背景がある（宮本 2016）。このように社会的に、外国人労働者を居宅での介護労働力として活用する素地があったことも影響し、現在では彼らが台湾における高齢者介護の実質的な担い手となっている。

（2）外国人介護労働者の受け入れ

　台湾では産業構造が製造業中心となって以降、特に 3K を理由と

12）原語では「外籍看護工」という。本章では制度上の意味合いに則り「外国人居宅介護ヘルパー」と呼ぶが、介護以外にも家事労働全般を実施し、職域は実質曖昧になっている。

して労働力が不足し、1991 年より外国人労働者の受け入れが始まった（西野、大野 2018）。台湾の外国人労働者は専門性や技術が高い業務に従事する外国人熟練労働者、と製造・建設業等の単純労働に従事する外国人非熟練労働者に大別でき[13]、後者は更に産業分野で働く外国人と、社会福祉分野で働く外国人に分類される[14]（西野、大野 2018）。社会福祉分野で働く外国人は、ほぼ介護労働者で、彼らは①施設で介護業務につく者、②訪問サービスで介護業務につく者[15]、③居宅にて住み込みで働く「外国人居宅介護ヘルパー」、そして④個人の自宅に通いで働く「家政婦」に分かれている[16]（西下 2017、中華民国労働部 1）。滞在期間は原則 3 年とされているが、最大 15 年まで延長が可能である。

　外国人非熟練労働者の受け入れ実施当初（1992 年）は、全体のうち産業分野が 96％を占め、社会福祉分野は 662 人であったが、2020 年 8 月末で外国人非熟練労働者約 95.4 万人のうち産業分野は約 70 万人（73.3％）、社会福祉分野は約 25.4 万人（26.7％）となっている（中華民国労働部 1）。社会福祉分野のうち①施設で介護等の業務につく者が約 1.5 万人、③「外国人居宅介護ヘルパー」が約 23.8 万人、そして④家政婦が約 1,700 人であった（中華民国労働部 1）。この事から、福祉分野で働く外国人の約 93.2％が居宅介護ヘルパーとして在宅介護に従事していることがわかる。

13）それぞれ、原語で「外国専業人員」「外籍労工」という。

14）それぞれ、原語で「産業外籍労士」「社福外籍労士」という。

15）中華民国労働部「労働統計月報」において、人数がゼロとなっており、実際の運用実態は不明。

16）原語で①「養護看護工」②「外展看護工」④「家庭幇雇」という。制度上では、①-③は看護・介護を要する者への介護労働、④は家事労働とされてはいるが、実質的にはその区分が曖昧で、特に③に関しては契約外家事労働を行っていることも少なくない（城本 2010）。

また 2016 年台湾衛生福利部によると介護施設[17]における介護労働者の約 40％が外国人であるとも報告されており、居宅だけでなく施設においても介護労働を外国人材に依存しているといえる[18]（西下 2017）。ちなみに 2017 年時点で要介護高齢者数は約 33 万人、同年の「外国人居宅介護ヘルパー」は約 22 万人とされ、要介護高齢者の大多数が「外国人居宅介護ヘルパー」を利用していることも推察できる（西下 2017）。

　このように、外国人労働者への介護依存が高い一方、実際彼らの需要の大半を占める「外国人居宅介護ヘルパー」は介護の専門性を有しているわけではない。送り出し国内で 100 時間の研修[19]を、また台湾国での 90 時間の研修[19]を受講するようになっているが、後者に関しては言語や文化的側面から実施には課題もある（城本 2010）。公的介護サービス下での認定資格「照顧服務技術士」（介護サービス技術士）は、長期滞在ビザをもつ外国人にも受験資格があるものの（宮本 2016）、外国人介護労働者全体でみると有資格者は決して多くない。

　一方で台湾は長く外国人労働者の受け入れていることから、各地に各国のコミュニティができており、長期に渡り異文化社会で生活するために有益な同郷の人的ネットワーク基盤があることは、外国人労働者にとってより安心して住みやすい環境といえるであろう。筆者も数ヶ国において長期滞在の経験があり、生活の質が労働成果

17）公的介護サービスによる施設のみか、民間の施設も含めてかは不明。
18）2016 年時点で非熟練労働者の受け入れ対象国はフィリピン、マレーシア、タイ、ベトナム、インドネシア、モンゴルの 6 か国（宮本 2016）、社会福分野の内訳ではインドネシアが最も多く約 19.6 万人、続いてフィリピン（約 2.9 万人）、ベトナム（約 2.8 万人）、タイ（418 人）となっている（中華民国労働部 2）。
19）生活ケアの仕方など簡単で一般的な内容であり台湾文化や中華調理といった内容が中心のものも多い（城本 2010）。

と効率にいかに影響するかを体感している。様々な課題はありつつも、蓄積された外国人受け入れ経験から、こういった意味で利点も持ち合わせていよう。

(3) 受け入れの課題と対応

台湾における外国人介護労働者受け入れの課題の 1 つに労働条件や待遇がある。賃金は台湾人介護労働者の 3 分の 2 程度と言われており（安里 2009）、2018 年時点で平均月収は約 6.9 万円と産業分野で働く外国人労働者の約 9.7 万円に比べ低く、また雇用主との明確な労働契約がない状態で働いている者もおり、2018 年時点で 1 日平均 10.2 時間と長時間労働が明らかになっている（中華民国労働部 3）。更にハラスメントや残業代未払いなどから雇用主とのトラブルに発展したり、労働者が失踪したりするケースもある。導入が検討されている介護保険制度下での外国人介護労働を進めることで、彼らの労働条件や待遇の改善と安定化は期待できるが、2016 年時点の案では、介護保険で使用できるサービスに「外国人居宅介護ヘルパー」は含まれていない。

他に、外国人介護労働者の介護の質も課題であろう。現行では、供給量の多い民間による介護サービスにおいて、雇用条件が雇用主に委ねられる部分も大きく、介護の経験・専門性に関して標準化・制度化されていない。年齢等の基本的な条件を満たせば誰でも介護労働に従事できるような仕組みになっている（中華民国労働部 4）。渡航前訓練も形骸化されており、送り出し国の医療・介護に関する人材教育、最終的には個々の労働者に、介護の質が委ねられてしまう一面がある。また、たとえば、施設は介護技術を担保するため送り出し国で看護の資格を有する者をリクルートする傾向がみられ、これを受けてベトナムの一部看護学校で、看護資格が乱発されると

いったことがあった（安里 2009）。

　また、ブローカー制度により、外国人介護労働者を斡旋する業者や送り出し国における人材業者が旅費や手数料等として給与の大半を差し引いてしまうことで、これらの費用を借金により賄い渡航している者も多く発生したが（安里 2009）、これに対し、政府は斡旋会社への取り締まりを強化するなど対策を進めている（城本 2010）。

　加えて、窃盗などの軽犯罪[20]、同国人同士での争い、パワハラやセクハラの被害者になる、といった問題もあげられる。これは外国人労働者という文脈で一般的な問題となっており、包括的な対策が必要とされる。

2.3　シンガポールの事例

（1）高齢化の現状と高齢者ケア政策・実施

　570 万の全人口のうち約 4 割が外国人という構成をもつシンガポールは、様々な人との共生により多様な文化社会を形成しており、社会の構成員として外国人がなくてはならない存在になっている（JILPT 2015）。そのシンガポールも 1999 年に高齢化率が 7％を超え、高齢社会へと突入した。その後、高齢化は急速に進展し 2019 年時点で 12.39％となっている（Global Note）。

　同国の高齢者介護における政府の基本方針は、第一に家族や親族による自助（Individual responsibility）、次に地域による互助（Community support）、政府からは間接的な支援（Government

---

20）1 万人あたりの犯罪発生率では、実際台湾人の犯罪発生率のほうが高い（城本 2010）。

subsides help to keep basic healthcare affordable）という三段構成になっている（CAI 2006）。1995 年には「Maintenance Parents Act」（老親扶養法）が制定され、子が生計を立てられない両親を扶養すると法律で義務付けられており、また社会全体としても「高齢の親は子供が面倒をみる」、という概念が強く存在している。

　このような高齢者介護方針のもと、公的な介護サービスは、急性期医療に対して慢性的な治療やケアと位置付けられている。その内容としては、施設介護、居宅介護、ショートステイがあり、居宅介護では通所介護と訪問介護が提供されている（浜島 2012）。また近年では居宅介護サービスの事業者数の伸びが顕著であり（CAI 2006）、在宅を基盤にあくまで家族等による自助の介護を第一に、これを地域や公的なサービスで支える政府の方針が反映されている。なお、シンガポールには、日本の介護福祉士のような介護の専門職は存在しておらず、フォーマル/インフォーマルを問わずひとくくりに介護サービスとした上で、これに従事している職種は、看護師、看護助手、リハビリテーション職種、外国人家政婦（foreign domestic worker、以降 FDW）などが挙げられる。

　シンガポールでは、これら公的な介護サービスへの財政として、Central Provident Fund（CPF 中央積立基金）という、いわば政府が管理する強制力の強い積立方式の基金が 1955 年より導入されている（浜島 2012、日野 2017）。これは日本の医療保険や介護保険のように納められた保険料をその時々の給付に充てる方式ではなく、将来自分が受け取る年金を自分で積み立ていく方式である。国民 1 人 1 人が CPF のアカウントを保持し、給与から天引きされ積み立てられていく[21]。たとえば、病院で治療を受けた際、

21）雇用主からの負担と自身からの負担がある。

住宅購入の際など一定の条件下で、個人のアカウントにあるお金を使用することができ、また退職後に支給される年金の原資ともなる（浜島 2012）。公的な介護サービス[22)] は CPF からの支払いが可能だが、シンガポールにおける介護の大部分を占めるインフォーマルな介護サービスには CPF からの支払いが認められておらず、別途自費でサービスを受ける。なお、厳密にいうと、たとえば外国人家政婦（FDW）を雇用するのであれば、特定の税率を軽減するなどといった政府からの間接的な支援は別途存在している（Central Provident Fund Board）。

(2) 外国人介護労働者の受け入れ

　シンガポールは、イギリスの植民地であった時代から外国からの労働者を積極的に受け入れてきた。移住者が住民・社会の中核を形成していく時代が続き、その間は緩やかな外国人労働者の管理であった。しかし、独立に向かう 1950-60 年代になると社会経済発展に貢献できる特定の者だけに移住を限定するようになり、1965年にイギリスから独立すると、移住に関する法律をより厳格化するが、産業構造の変化と低賃金な労働力の需要の高まりにつれ外国人労働者の受け入れを再び緩和、その後 1970 年代の石油危機や1980 年代の経済不況を通して、低賃金の外国人労働者の受け入れ規制が再度強化された。他方、高度人材の受け入れに関しては、緩和もしくは積極的な受け入れへの方向に動いている（JILPT 2015）。

　このような国としての成り立ちと発展の観点から、シンガポール

---

22) ここで述べる公的な介護サービスとインフォーマルな介護サービスの他に民間企業が提供する民間介護サービスも存在するが、本章では触れない。

社会全体で外国人労働者の役割は好意的な意味あいで広く認知されてきた。しかし、近年、経済が成熟期に入って成長維持が難しくなることが予想されているなかで、シンガポール人の仕事を奪っているとして、外国人労働者受け入れに対し市民から好意的でない意見も多くなってきている。このため、2000 年代後半から外国人労働者の受け入れを抑制する方針となっている（JILPT 2015）。

　シンガポールの外国人労働者施策は社会状況に応じ方針転換を重ねてきたが、一貫して外国人低技能者（後述）に対しては厳格な管理がなされ、たとえば滞在期間を限定したうえで、若く、独身であることがより望まれ、家族帯同不可、シンガポール市民との婚姻不可、等の条件で労働許可を与えることにより、不法滞在や定住化等の問題を回避してきた（岩崎 2019）。このため、外国人低技能者はあくまで短期的で臨時的な労働力の補完と位置づけられている。

　シンガポールにおいて、外国人労働者で高齢者の介護に携わるのは、直接介護労働者（direct care worker）と呼ばれる介護に従事する看護師、看護助手、セラピスト等（Lien foundation 2018）と外国人家政婦（FDW）が挙げられ、2018 年時点で前者は 8,300 人（Lien foundation 2018）、2019 年時点で後者は 25,880 人（Ministry of Manpower）と報告されている。外国人の労働ビザは高度技能者、中度技能者、低度技能者の 3 つに大きく分けられ、看護師は中度技能者に、外国人家政婦（FDW）は低度技能者に分類される（田村 2010）。高齢者介護に従事する看護師と看護助手は、公的な介護サービス事業所で勤務をしており、後者の外国人家政婦（FDW）は一般家庭内で、家事・育児・介護等の労働を行う。介護サービス供給の点で見ると、政府の基本方針からも想像できるように、公的介護サービス事業は限られており、外国人家政婦（FDW）によるインフォーマルな介護が圧倒的に多い。

　シンガポールでは低賃金である上に心身共に過酷な労働であることから、看護師人材が不足しており、外国人看護師の受け入れが長く積極的に行われてきた[23]（田村 2010）。2018 年のデータによると、正看護師約 3.4 万人のうち外国人労働者は 1 万人近く（29.0%）、准看護師約 8000 人のうち外国人労働者[24]が 4000 人近く（40.7%）を占める（Singapore Nursing Board 2018）。なお、出身国の制限はない。

　一方、シンガポールにおける家政婦はほぼ 100%が外国人労働者であり、受け入れ対象は 13ヶ国[25]、資格要件は 8 年以上の "formal education" を受けた者となっている。外国人家政婦（FDW）として初めて働く際には、政府が用意している "Settling-In Programme[26]" を受講する必要があるが、特段介護技術等の能力は必要とされていない。雇用主は労働ビザを取得するために労働者の健康診断結果を提出する必要があり、6ヶ月ごとに妊娠・梅毒の、2 年ごとに HIV の、2 年以上の滞在で一度の結核の検査をすることも義務付けられている。もし妊娠が発覚したり、こ

23）シンガポールで外国人が看護師として働くにはいくつか方法があり、「シンガポール人同様にシンガポールの看護教育機関で学んで資格を得る」、「看護局が認定した外国の大学や看護学校で資格を取る」、「斡旋業者が仲介して，一定の看護資格を有する外国人を看護助手としてシンガポールに入国させ、受け入れ施設の推薦もしくは業者の推薦を受けて、看護局の試験に合格させる」等がある（安里 2009、田村 2010）。

24）外国人労働者以外にも看護師として働き永住権を持つ外国人の数も相当の数にのぼる（田村 2010）。

25）バングラディシュ、カンボジア、香港、インド、インドネシア、マカオ、マレーシア、ミャンマー、フィリピン、韓国、スリランカ、台湾、タイ（Ministry of Manpower）

26）シンガポールでの仕事と生活への適応や雇用条件、労働安全、人間関係とストレス管理について FDW の母国語で実施される 1 日のオリエンテーションプログラム。入国後 3 日以内に受講する必要があり、これを経て業務を開始することができる。受講費は 75 シンガポールドルでこれは雇用主に支払い義務がある。

れらの感染症に感染したりした場合は労働ビザが取り消され母国に
強制送還となる。

　2013 年の調査では、対象者（1190 組の何らかの介護サービス
を利用する 75 歳以上の高齢者と家族介護者）の 49％が外国人家
政婦（FDW）によるインフォーマルな介護サービスを利用してい
るのに対し、何らかの公的な介護サービスを利用している者は、
サービス内容によって異なりはあるものの、0.3％〜4.5％と非常
に少ない割合であった（Chan A 2013）。またインフォーマルな介
護サービスを提供している外国人家政婦（FDW）のうち、介護技
能に関するフォーマルな訓練を受けたことがある者は 45％であっ
た。シンガポール保健省（Ministry of Health）は介護者トレーニ
ングの助成金制度を設けており、家族介護者や外国人家政婦
（FDW）の介護技術研修参加に関して最大 200 シンガポールドル
を支給するが（Ministry of Health）、介護職として体系だった公的
教育プログラムや資格は見受けられない。

　次に外国人介護労働者の待遇面であるが、看護師は大きく 3 種
類ある労働ビザの中で中度技能者と分類されており、比較的安定し
たものとなっている（田村 2010）。また、外国人労働者のサービ
スの質を維持するため、受け入れ施設の在職訓練実施には金銭的イ
ンセンティブが設定されている。更に一定のスキルがあれば、より
長く在留することができるような制度にもなっている（安里
2009）。外国人家政婦（FDW）については前述の労働ビザのうち、
低技能労働と分類され、政府による収入の規定等もないため、雇用
主により決められる。

（3）外国人介護労働者受け入れの課題と対応

　ここまで述べてきたように、シンガポールには公的な介護サービ

スとインフォーマルな介護サービスがあり、後者の方が供給能と実
質的利用が圧倒的に多いという現状がある。インフォーマルな介護
の中心的担い手である外国人家政婦（FDW）の待遇、また滞在する
ための条件は厳しく設定されており、人権の観点から大きな問題を
抱える（岩崎 2019）。たとえば、移民権利擁護団体、Humanitarian
Organization for Migration Economics（H.O.M.E.）の報告によ
ると、外国人家政婦（FDW）について、事業雇用主からの暴力や
給与不払い等の問題が多数挙げられている（Chok 2019）。

　また、前述のように制度上、外国人家政婦（FDW）には介護に
関しての専門性が求められていないことや、介護に関する知識や技
能を補完するような研修プログラムの不足等は、介護の質の観点で
課題と考えられる。加えて、言語の壁や、認知症高齢者への対応も
課題として報告されており（Ngoc 2018）、多種多様な介護ニーズ
への対応能力、介護の質を高めていくことの難しさがうかがえる。
一方で、公的な介護サービスの場で活躍する外国人看護師の介護従
事者については、その質の確保のため、受け入れ後に人材のレベル
分けと分業を行い、また在職訓練制度も実施、労働者の権利や待遇
改善の観点で、政府が改善を進めている（安里 2009）。

　高齢者介護について家族や親族による自助を第一としている政府
方針の一方で、75 歳以上の潜在的要介護/支援高齢者とその家族
を対象（792 組）とした調査では、対象家族の 47％が、「政府が
高齢者介護の主たる担い手になるべき」と考えていることがわか
り、「高齢の親は子供が面倒をみる」という伝統概念は残りつつも、
高齢者やその家族がより公的支援を期待していることもうかがえる
（Chan A 2013）。いずれにせよ、進展する高齢化と人々のニーズ
に対応するため、更なる介護人材の確保は不可欠となり、今後も外
国人介護労働者の受け入れは進んでいくであろう。公的な介護サー

ビスを提供する事業所の数も増加傾向にあり（CAI 2006）、外国
人家政婦（FDW）のみでなく、こういった事業所で活躍する外国
人労働者の増加も期待される。

　外国人との共生が日常で多様な社会となっている点や少なくとも
生活面においては英語が活きる点等、外国人労働者にとって生活し
やすい条件も多く、これらは外国人労働者の精神的安心感や生活の
質にも繋がるであろう。こういった利点も持つシンガポールは、高
齢者へのより良い介護のため、特に外国人低技能者・外国人家政婦
（FDW）の待遇と労働環境の保障、更に技術補完といったことをバ
ランスよく実施していく必要があると考えられる。

3 ｜ 日本は今後どのような受け入れ方針をとるべきか

　ここまで、韓国・台湾・シンガポールと 3ヶ国の外国人介護労働
者受け入れ状況を見てきた。それぞれの国で、高齢化への対策（政
策と介護サービス提供体制・実施）、外国人介護労働者受け入れ政
策（制度の発展、受け入れ要件などの制度内容、待遇・労働環境、
外国人介護労働者の量・質）、そして外国人労働者を受け入れる社
会・文化的土壌が異なり、多様な介護サービスが形成されている
（図 2-5）。また、外国人労働者の受け入れはそれぞれの国の成り
立ちや経済成長、社会の変遷と共に移り変わるニーズに応じて、変
化し、発展してきている。今後の日本政府による介護人材受け入れ
政策とその詳細を注視し、読み解いたうえで、自分なりの視座を持
つことは大切であろう。

　高齢化への対策に関して、シンガポールと台湾では家族による介
護が中心に据えられ、公的な介護サービスより民間やインフォーマ

ルな介護サービスの方が実際の利用としては多い。この中で、中心
的な介護の担い手となっているのが外国人低技能者・外国人非熟練
労働者であった。彼らは過酷な労働環境であったり、待遇が十分で
なかったりと、人権の点で様々な問題を抱えている。韓国では、「長
期療養保険制度」が制定されて公的な介護サービスが実施されてい

	韓国	台湾	シンガポール	日本
人口 (2019)	5170.9 万人	2359 万人	570.4 万人	1 億 2626.5 万人
高齢化率 (2019)	15.06%	14.56%	12.39%	28%
倍加年数	18 年	25 年	約 20 年	24 年
高齢者数 (2019)	778.7 万人	352.4 万人	707 万人	3535.7 万人
年金制度	国民年金	国民年金等	CPF (積み立て)	国民年金、 厚生年金等
介護保険	長期療法制度 (2008 年開始)	なし *導入検討中	なし *財源は CPF (積み立て)	介護保険制度 (2000 年開始)
介護専門 人材	療養保護士	照顧服務員、照 顧服務技術士、 居家服務督導員 等	なし	ケアマネー ジャー、介護福 祉士等
外国人 介護人材数	不明 *最大 25.5 万人	約 26 万人 (2020)	約 25.6 万人 (2018)	不明 *2019 年 時 点 で 最 大 7,238 人程？

図 2-5　高齢化関連情報比較

*以下を基に筆者作成：
https://www.chinadaily.com.cn/a/201909/09/WS5d761e83a310cf3e3556a92f.html
（2020 年 9 月 10 日閲覧）
https://www.globalnote.jp/post-3770.html　（2020 年 8 月 1 日閲覧）
https://data.worldbank.org/indicator/SP.POP.65UP.TO?name_desc=false
（2020 年 8 月 1 日閲覧）
https://www.chinadaily.com.cn/a/201909/09/WS5d761e83a310cf3e3556a92f.html
（2020 年 8 月 1 日閲覧）
https://www.statista.com/statistics/953137/singapore-foreign-domestic-workers-empl
oyed/#:~:text=Number%20of%20foreign%20domestic%20workers%20in%20Singap
ore%202013%2D2019&text=In%202011%2C%20the%20number%20of,thousand%
20as%20of%20June%202019.　（2020 年 8 月 1 日閲覧）
https://21manpower.com/pages/4175/　（2020 年 8 月 1 日閲覧）

るが、大半の外国人介護労働者は制度外の民間事業所や一般家庭で働いており、彼らの状況は、シンガポールと台湾の外国人介護労働者に近い側面がある。他方で同国では、非熟練労働者も含めて外国人労働者の韓国社会への包摂を前面に掲げた政策と包括的な支援体制をとっており、この点は、シンガポールや台湾よりも優れたものであろう。

　外国人介護労働者の介護の質を考えるとき、まずは、各国によって介護労働の定義や分類が異なる（ILO 2017）、すなわち介護に求められることや、介護として実施すべきとされる行為と程度が異なるということを理解する必要がある。基本的に、東アジアは「家族による介護」を善とする価値観が共通しているが、日本や韓国は、公的な介護保険制度を立ち上げ、サービスとして実施することで、「家族による介護」から「社会全体での介護」に移行させようとしてきた。その理由は色々あるが、端的に言えば「家族のみによる介護に限界がきた」、ということが多くの人々の間で認識されるようになったからであろう。介護保険制度とそのサービスを過去 20 年で発展させてきた日本では、他 3 ヶ国と比べると"介護行為"そのものが何を指すのか明確でより精緻に、詳細になってきている。比べて、シンガポールや台湾では「家族のみによる介護が限界を迎えるかもしれない」という時に、公的サービスに属さない低賃金な外国人介護労働者を活用することで、「社会には頼らずそれぞれの家庭内での介護」を実現させている。その過程では、福祉の観点から、高齢者が必要とするより良い介護の提供、という側面が抜け落ちてしまっているのも事実である。

　3 ヶ国の取り組みの比較から、短期的視野による一時的な介護労働力不足の補填を目的とした政策・実施では、様々なところに綻びが出てくるということが示唆される。外国人介護労働者を安価な労

働力としてのみ期待し受け入れるのではなく、福祉の視点を持ち合わせ、どういった人材を獲得し育成していく必要があるのか長期的な視野で検討した上での政策・制度設計と実施が必要であろう。また外国人介護労働者の人権と尊厳を考慮し、働きやすくモチベーションが向上・維持できる労働環境と、安心して暮らせる地域社会の醸造が必要ということも言える。

　外国人介護人材に、日本社会が必要としている介護の知識と技術レベルに到達してもらい、現場で日本人同様に働いてもらうことには、大きな困難も伴う。介護現場では決して安くないコストをかけて受け入れている外国人介護人材だが、実際には「日本語で読み書きができないため記録がとれない」「もともと人員配置の少ない夜勤は緊急対応等も考えると任せられない」「自己主張や意思の主張が強い」「期間を終える前に辞めてしまった」といった声も聞かれる。一方で「素直で一生懸命に働いてくれる」等も耳にする。こういった事例をたくさん積み重ね、共有し合い、多くの介護従事者間で恒常的に議論していくことが大事だと考える。

　外国人材・外国人労働者の受け入れには利点も難点もある。前者は基本的に人手不足解消とされているが、欧米諸国では移民や外国人労働者の若さと野心が地域社会・国への活力になっているとも認識されている（ジャレド 2020）。他方で、彼らを異質とみなさず、活力として活かせるだけの社会的土壌も必要となる。その意味では、シンガポールのような社会は外国人労働者にとって、言語のみでなく、社会の「異文化への認知とその受け入れ」という点で、利点があろう。日本のように比較的均質な社会を持続してきた国では、時間のかかる作業ではあるが、この準備に政府・社会・組織・個人レベルで正面から取り組んでいく時期なのかもしれない。

参考文献

安里和宏（2009）「外国人介護労働者と労働市場の形成」『季刊家計経済研究』2009 SPRING No. 82、pp. 45–52

大森弘子、安里和晃、林彤恩、山崎イチ子（2016）「台湾の高齢者介護福祉施設の現状と課題─価値観と介護サービス労働力に焦点を当てて─」『福祉教育開発センター紀要』(13)、pp. 57–68

岩崎薫里（2019）日本総合研究所、第 8 章シンガポールの外国人労働者受け入れ策─徹底した政策の効果と問題─（JILPT 外国人労働者施策総論）
https://www.jri.co.jp/MediaLibrary/file/report/jrireview/pdf/11437.pdf

外務省、台湾基礎データ、https://www.mofa.go.jp/mofaj/area/taiwan/data.html、（2020 年 9 月 29 日閲覧）

「将来の介護需給に対する高齢者ケアシステムに関する研究会報告書」経済産業省（2018）
https://www.meti.go.jp/press/2018/04/20180409004/20180409004-2.pdf
（2020 年 9 月 29 日閲覧）

厚生労働省（2019）介護保険事業状況報告（暫定）平成 31 年 1 月分
https://www.mhlw.go.jp/topics/kaigo/osirase/jigyo/m19/1901.html
（2020 年 9 月 29 日閲覧）

金明中（2013）韓国でも外国人労働者が増加傾向─外国人労働者増加のきっかけとなった雇用許可制の現状と課題を探る─
https://www.nli-research.co.jp/report/detail/id=61191?site=nli
（2020 年 9 月 29 日閲覧）

金明中（2020）韓国の老人療養長期保険制度─2020 年 3 月現在─
https://www.nli-research.co.jp/report/detail/id=64119&pno=3?site=nli
（2020 年 9 月 29 日閲覧）

佐野孝治（2014）「韓国の「雇用許可制」と外国人労働者の現況─日本の外国人労働者受入れ政策に対する示唆点(1)─」『福島大学地域創造』26、1、pp. 33–52

ジャレド・ダイアモンド他（2020）『コロナ後の世界』文藝春秋

城本るみ（2010）「台湾における外国人介護労働者の雇用」弘前大学人文学部『人文社会論叢．社会科学篇』24、pp. 27–64

相馬直子（2016）「韓国の低出産・高齢化対策：ダブルケア時代への包摂的な少子高齢化対策を考える」『人口問題研究（J. ofPopulationProblems）』72–3、pp. 185–208

台湾労働省、「Work Qualifications and Rules for Foreign Workers」（資格要件）

https://www.wda.gov.tw/en/NewsFAQ.aspx?n=26470E539B6FA395
&sms=0FCDB188C74F69A0（2020 年 9 月 29 日閲覧）
田村慶子（2010）シンガポールで働く外国人看護師―シンガポールの受け入
れ体制と日本への示唆―、国際ジェンダー学会誌 Vol 8、pp. 9–24
中華民国労働部 1、「労働統計月報」2019 年 8 月版（職業分類別）
http://statdb.mol.gov.tw/html/mon/212050.htm
（2020 年 9 月 29 日閲覧）
中華民国労働部 2、「労働統計月報」2019 年 8 月版（出身国別）
http://statdb.mol.gov.tw/html/mon/212020.htm
（2020 年 9 月 29 日閲覧）
中華民国労働部 3、「107 年外籍勞工管理及運用調查統計結果」
https://www.mol.gov.tw/announcement/2099/38907/
（2020 年 9 月 29 日閲覧）
中華民国労働部 4、「Work Qualifications and Rules for Foreign Workers」、
https://www.wda.gov.tw/en/NewsFAQ.aspx?n=26470E539B6FA395
&sms=0FCDB188C74F69A0 （2020 年 9 月 29 日閲覧）
陳 真鳴（2007）「台湾の介護サービスとホームヘルパー」『日本台湾学会報』
第九号、pp. 217–230
富家隆樹（2019）「外国人材への期待とその定着に向けて」『慢性期医療協会
誌』126　Vol 27、pp. 2–4
内閣府（2020）令和 2 年度高齢社会白書
https://www8.cao.go.jp/kourei/whitepaper/w–2020/zenbun/02pdf_
index.html（2020 年 9 月 29 日閲覧）
西尾真純（2019）「平成 31 年度（2019 年度）社会保障関係予算―全世代型
社会保障の構築に向けた財政基盤強化への取組―」『立法と調査』2019.2
No. 409、pp. 103-122
平成 31 年度（2019 年度）社会保障関係予算（sangiin.go.jp）
西下彰俊（2017）「台湾における高齢者介護システムと外国人介護労働者の特
殊性―在宅介護サービスを中心に―」『現代法学：東京経済大学現代法学
会誌』（32）、pp. 3-28
西下彰俊（2019）「台湾における 2 つの長期介護プランの展開：外国人介護労
働者の過酷労働及び高齢者虐待との関連で」『現代法学：東京経済大学現
代法学会誌』（36）、pp. 217–161
西野真由、大野真二（2018）「台湾における外国人単純労働者受け入れの実態
―日系企業 A 社の事例より―」『桃山学院大学経済経営論集第 60 巻第 2
号』pp. 53–78

野村敦子（2019）「9 章 韓国における外国人人材政策―共生社会に向けて錯誤する取り組み―」『JRI レビュー』Vol. 10、No. 71、pp. 139-158
https://www.jri.co.jp/MediaLibrary/file/report/jrireview/pdf/11436.pdf
（2020 年 9 月 27 日閲覧）

野村総合研究所（2019）平成 30 年度国際ヘルスケア拠点構築促進事業（国際展開体制整備支援事業）アウトバンド編（介護分野）報告書：台湾における介護分野の実態調査
https: //www. meti. go. jp/policy/mono_info_service/healthcare/iryou/downloadfiles/pdf/30fy_outboundkaigotaiwan_NRI.pdf
（2020 年 9 月 29 日閲覧）

浜島清史（2012）「シンガポールにおける高齢者福祉と施設介護」『社会科学研究』63(5-6)、pp. 131-148
https://jww.iss.u-tokyo.ac.jp/jss/pdf/jss630506_131148.pdf
（2020 年 9 月 28 日閲覧）

日野原由未（2017）「福祉分野における外国人労働者の受けいれの展望―シンガポールの取り組みを手がかりに―」『岩手県立大学社会福祉学部紀要』第 19 巻、pp. 31-44

二文字屋修（2019）「医療・介護現場における外国人材受け入れ体制の整備と課題」『慢性期医療協会誌』126　Vol 27、pp. 39-45

古川和稔、大川井宏明、Donald Glen Patterson、野田由佳里、落合克能（2019）「日本、韓国、シンガポールに共通する少子高齢化への多面的解決可能性の探索」『聖隷クリストファー大学社会福祉学部紀要』17：33-42

壬生尚美、金美辰（2014）韓国における療養保護士の仕事継続に関する研究

宮本義信（2016）「台湾の外国人介護労働者の今日的動向：介護保険制度化をめぐる状況を中心に」『同志社女子大学生活科学 50』pp. 33-43

吉田輝美（2014）感情労働としての介護労働　サービス従事者の感情コントロール技術と精神的支援の方法、旬報社

BI Park（2015）A study on the influence of care-givers knowledge of and attitude toward elders with dementia over care-giving practice: comparison between Korean and Chines-Korean care-givers, Master's Thesis, Hanyang University of Korea, pp. 30-32

CAI（Committee on Ageing Issue）, Ministry of Community Development, Youth and Sports, Singapore（2006）Report Of The Committee On Ageing Issues 2006,
https://www.msf.gov.sg/publications/Pages/Report-of-the-Committee-

on-Ageing-Issues-2006.aspx　（2020 年 9 月 28 日閲覧）
Chan Angelique, Ostbye Truls, Malhotra Rahul and Athel J. Hu,（2013）
The Survey On Informal Caregiving,
https://www.msf.gov.sg/publications/Pages/The-Survey-on-Informal-
Caregiving.aspx#:~:text=The%20Survey%20on%20Informal%20Caregi
ving%2C%20commissioned%20by%20then%2DMinistry%20of,least%
20one%20Activity%20of%20Daily　（2020 年 9 月 28 日閲覧）
Chok Stephane（2019）Behind Closed Doors: Forced Labour in the
Domestic Work Sector in Singapore,
https://www.researchgate.net/publication/330465481_Behind_Closed_
Doors_Forced_Labour_in_the_Domestic_Work_Sector_in_Singapore
（2020 年 9 月 28 日閲覧）
CPF board, Singapore government, CPF Overview,
https://www.cpf.gov.sg/Members/AboutUs/about-us-info/cpf-over
view?fbclid=IwAR0JA8deKkdQrXbYwattxi7P1dWPyBRimosunG8wv-P
1h4Nez_0rTSHepXY　（2020 年 9 月 28 日閲覧）
Global Note, 世界の高齢化率（高齢者人口比率）国別ランキング・推移
https://www.globalnote.jp/post-3770.html　（2020 年 9 月 28 日閲覧）
ILO, Peng Ito,（2017）Transnational Migration of Domestic and Care
Workers in Asia Pacific,
https://www.ilo.org/global/topics/labour-migration/publications/WC
MS_547228/lang--en/index.htm　（2020 年 9 月 29 日閲覧）
In-Jin Yoon（2009）Korea University, A comparative analysis of
immigration policy of South Korea and Taiwan: with a focus of foreign
immigration workers
JH Kum, KS Yoo, SH Kang, HK Shin（2013）Promotion of Private
Employment Service, Seoul: Korea Labor Institute
JILPT（独立行政法人労働政策研究・研修機構）（2015）主要国の外国人労働
者受入れ動向：韓国
https://www.jil.go.jp/foreign/labor_system/2015_01/korea.html
（2020 年 9 月 29 日閲覧）
JILPT（独立行政法人労働政策研究・研修機構）（2015）主要国の外国人労働
者受入れ動向：シンガポール
https://www.jil.go.jp/foreign/labor_system/2015_01/singapore.html
（2020 年 9 月 29 日閲覧）
JILPT（独立行政法人労働政策研究・研修機構）（2018）諸外国における外国

人材受入制度—非高度人材の位置づけ—第 5 章韓国
KOSIS （Korean Statistical Information Service）, Professionals in Long-Term Care Institutions by District,
http: //kosis. kr/eng/statisticsList/statisticsListIndex. do? menuId=M_01_01&vwcd=MT_ETITLE&parmTabId=M_01_01#SelectStatsBoxDiv
（2020 年 9 月 29 日閲覧）
Lien foundation （2018） Long Term Care Manpower Study,
http://www.lienfoundation.org/sites/default/files/LTC%20Manpower%20Study%20FINAL.pdf　（2020 年 9 月 29 日閲覧）
Ministry of Employment and Labor, South Korea, 外国国籍同胞 （H-2） 就業教育ホームページ、http://eps.hrdkorea.or.kr/h2/main/main.do
（2020 年 9 月 28 日閲覧）
Ministry of Health, Singapore, CAREGIVER GRANTS & SUBSIDIES
https: //www. moh. gov. sg/ cost- financing/ healthcare- schemes-subsidies/caregiver-grants-subsidies　（2020 年 9 月 28 日閲覧）
Ministry of Manpower, Singapore, Number of foreign domestic workers （FDW） employed in Singapore from 2013 to 2019
https://www.statista.com/statistics/953137/singapore-foreign-domestic-workers-employed/#:~:text=Number%20of%20foreign%20domestic%20workers%20in%20Singapore%202013%2D2019&text=In%202011%2C%20the%20number%20of,thousand%20as%20of%20June%202019.　（2020 年 9 月 28 日閲覧）
NNN アジア経済ニュース （2020/9/15）、 "21 年の高齢者介護予算、過去最高の 492 億元"、
https://www.nna.jp/news/show/2093922　（2020 年 9 月 29 日閲覧）
Ngoc Huong Lien Ha （2018） Caregiving burden in foreign domestic workers caring for frail older adults in Singapore, International Psychogeriatrics, Volume 30 Issue 8: issue theme: caregiver stress, pp. 1139-1147
OECD （2015） OECD Pensions at a Glance
OECD （2019） Recruiting Immigrant Workers Korea, Chapter 3 Low skilled labour migration in South Korea,
https://www.oecd-ilibrary.org/sites/9789264307872-8-en/index.html?itemId=/content/component/9789264307872-8-en
（2020 年 9 月 29 日閲覧）
SH　Heo, Josconjok （2017） 「Home-base care workers」emotion

management and coping styles in Korea,

Singapore Nursing Board（2018）Singapore Nursing Board ANNUAL REPORT 2018, https: //www. healthprofessionals. gov. sg/docs/librariesprovider4/publications/snb-annual-report-2018.pdf

（2020 年 9 月 28 日閲覧）

Song In Sik（2019）「A Study on the Influence of the Quality of the Care Service of the Caregivers in a Nursing Hospital for the Elderly in the Intent of Reuse: Focusing on Chinese-Korean Caregivers」

ST Hong, KJ Kim（2010）A Study of the acculturation meaning among Chinese-Chosun residential care attendants in long-term care settings, Korean Journal of Research in Gerontology, Vol 30, No. 4 pp 1263-1280

VIETJO（2020/6/1）、2019 年の海外派遣労働者数 14 万 7387 人、日本が 2 年連続トップ、

https://www.viet-jo.com/m/news/statistics/200103132223.html

（2020 年 9 月 29 日閲覧）

Young Jun Choi（2014）Long-term care for older persons in the Republic of Korea Development, challenges and recommendations,

https://www.unescap.org/sites/default/files/Long-term%20care%20for%20older%20persons%20in%20the%20Republic%20of%20Korea.pdf　（2020 年 9 月 29 日閲覧）

（米田裕香）

第 *2* 部

外国人介護士
受け入れの手順

第3章
受け入れ施設における体制構築のポイント

　これまで述べてきたように、超少子高齢社会となったわが国において介護業界の人材不足は危機的状況であり、外国人材の力を借りなければ日本の介護は崩壊する。

　本章では、筆者が属する医療法人グループにおける外国人介護人材受け入れと外国人介護人材採用をめぐる日本の制度と現状について、受け入れを決めた理由、日本で働く若者たちの背景と現状、受け入れまでの手続きや費用、現場での教育体制、生活面のサポートなど具体的な観点から述べて、外国人介護士の今後について展望する。

1 ｜ 受け入れに至った経緯

　2002 年の介護保険制度発足当時は、介護福祉士を目指し、介護
を学び、向上心と夢を持って真剣に取り組もうとする若者が多く集
まった。しかし、度重なる介護保険制度のマイナス改定、複雑化す
る介護保険制度、盛んに取り上げられる介護職は低賃金であるとい
うメディア報道などによって、若者が夢をもって介護業界を目指す
状況はすでに過去のものとなっている。

　筆者が属する法人グループは、本部を山梨県の最北端に位置する
山梨県北杜市に置き、県内で 7 ヶ所の事業所を運営する。北杜市
（人口約 4.6 万人）は、八ヶ岳や南アルプス連峰、甲斐駒ヶ岳のふ
もとに位置し、首都圏からの移住者も多い。2020 年の高齢化率
は、全国平均より約 9 ポイント高い 40.3％である。人口は自然減
少、出生増、首都圏からの移住などの増減をおしなべて、なだらか
に減少している。

　わが国における超少子高齢化社会のますますの進展と介護人材不
足が叫ばれ始めた 2013 年頃から、高校、専門学校、介護福祉士
養成校からの新卒者や介護福祉士養成校への入学希望者数が減少す
るなど、介護職志望者が明確に減少していることを実感した。そし
て、危機的な介護業界の人材不足の課題について真剣に考えていか
なければ日本の介護は崩壊すると、非常に大きな危機感を持つよう
になり、法人として、人材教育、人材育成、人材の定着等、様々な
観点から取り組みを続けながら、外国人介護人材の受け入れについ
ても考えていく必要性を感じ、方法を模索するようになった。

　外国人介護人材を採用する方法は、現時点では EPA（経済連携
協定）と留学生、技能実習生、特定技能の 4 つである。このうち

2014 年からスタートした EPA に基づく外国人看護師・介護福祉士候補者の受け入れ、外国人留学生による高度人材としての受け入れはすでに行われていた。

　EPA については、看護学校卒業などの資格要件や高い日本語力を条件としているために、ハードルが高く、すでに人材の確保が難しくなっているということであった。また、高度人材としての外国人留学生の受け入れは、資格の取得までに時間がかかり、多額の留学費用がかかるという問題もある。さらに、留学生は週 28 時間以内しか働くことができないために、多くの借金を抱えて苦しむケースが多く、失踪や悲惨な事態も起こっている。

　一方、技能実習生の場合は、配属後はフルタイムとして雇用できるので、すぐに収入を得ることができ、多くの借金を抱えるというリスクも少ない。受け入れ側としては、半年後からは常勤として換算ができるが、後に述べるとおり、日本人を採用する場合に比べるとコスト的には少し高いと思われる。2017 年には詳細は示されないまま、「骨太の方針」において新たな外国人材受け入れ制度に介護分野が加えられた。

首都：ネーピードー（人口 5,141 万人）
面積：約 68 万平方キロメートル
民族：ビルマ族（約 70%）、その他多くの少数民族
言語：ミャンマー語
宗教：仏教（90%）、キリスト教、イスラム教等

図 3-1　ミャンマー連邦共和国の概要（外務省 HP）

　こうした流れを受けて、当法人は、技能実習生による外国人介護人材の受け入れを決めた。アジアのいくつかの国の中からミャンマーを選んだ。

1.1　ミャンマー連邦共和国の歴史と特徴

　ミャンマーは、インドシナ半島西部に位置する共和制国家である。中国、ラオス、タイ、バングラデシュ、インドと国境を接し東南アジアの重要な場所に位置する。アウン・サウン・スー・チー氏の軟禁が日本でもテレビなどで報道され、知られるようになった。ミャンマー連邦共和国は、ビルマ族（ビルマ族が 70％をしめる）をはじめシャン族、カレン族、カチン族など 135 の様々な民族により構成される。

　ヤンゴン市内を歩いていても様々な顔立ちの人がいることに気づく。気候は熱帯、亜熱帯に属し、主要産業は農業であるが、ルビー、サファイア、ヒスイなどの宝石や良質なチーク材の産地である。また、天然ガスは東南アジア第 3 位の埋蔵量を誇る。ビルマ族による最初の統一王朝は 11 世紀に成立し、1886 年に英国の植民地となるが、アウン・サウン将軍らにより 1948 年ビルマ連邦として英国から独立を果たす。1960 年代のビルマは、農業、宝石、木材などの産地として東南アジア有数の豊かな国であった。しかし、1962 年の軍事クーデターにより社会主義政権となり、閉鎖的な経済政策により国は困窮を極め発展が遅れた。その後 1988 年クーデターにより軍事政権となり、民主化運動の弾圧やその指導者アウン・サウン・スー・チー氏の拘束・自宅軟禁などに対し国際社会から厳しい非難が向けられ、欧米諸国の経済制裁等により経済は大きなダメージを受け、再び発展が遅れた。2011 年、民事政権に移管

され、2016 年には、アウン・サウン・スー・チー国家最高顧問率
いる国民民主連盟（NLD）政権により、外国からの投資をより促
進する仕組みを整備しつつあり、ここ数年目覚ましい経済発展を遂
げている。

　ミャンマーの人口は、約 5400 万人「アジア最後のフロンティ
ア」と称される。国民のおよそ 90％が敬虔な仏教徒とされる。勤
勉な国民性で識字率が高く、高学歴な若者が多い。漢字圏ではない
が、ミャンマー語の文法は、日本語に似ているといわれる。ミャン
マーの 2015 年時点での高齢化率は 5.4％、生産人口（15 歳〜64
歳）も全人口の約 67.1％を占めており、高齢化についての危惧は
まだない。2011 年に軍事政権から民事政権に移行してから急速な
経済成長を遂げているが、ヤンゴンやマンダレーといった大都市で
も経験の少ない若者が就職を見つけることは難しく、まして、地方
都市で就職を探すことは非常に厳しい。日本とミャンマーは歴史的
にも、長く良好な関係を築いてきており、アウン・サウン将軍など
のミャンマー独立の英雄たちは、第二次世界大戦中、日本軍の訓練
を受けている。現在でも親日国であり、日本語を学び日本で働きた
いという若者が多い。

　我々が望む人材がこの国からは長い期間、日本に来てくれるので
はないかと考え、ミャンマーからの技能実習生の受け入れを決め
た。

1.2　ミャンマー訪問で感じたこと

　2016 年 4 月、初めてミャンマーを訪れ、いくつかの送り出し機
関と高齢者の施設、病院を訪問してたくさんの若者たちに会った。
キラキラ輝く瞳、礼儀正しい態度、人懐っこい明るい笑顔、希望に

写真 3-1　ヤンゴン市内にある
シュエダゴン・パゴダで
祈りを捧げる人々
（撮影：田中謙次）

写真 3-2　仏教信仰の礎である
ゴールデン・ロック
（撮影：田中謙次）

夢を膨らませ、やさしさに満ち溢れ、純心そのもので、熱心に日本語を学ぶ若者たちに大変心を打たれた。経済成長を遂げた今の日本人が失ったものと忘れ去った心を思い出させてくれた。

「どうして介護の仕事を選んだのですか？」という質問をすると、「ミャンマー人は、敬虔な仏教徒が多いので、現世で徳を積むと良い来世があると信じている。人の役に立つ仕事（介護）は、徳を積む良い仕事。」という答えが返ってきた。

ミャンマーではあちらこちらに金色の神々しい寺院がみられる。ミャンマー最大の聖地として知られるヤンゴン市内にある「シュエダゴン・パゴダ」は、高さ 99.4 m の黄金の仏塔が目印で数多の仏塔や仏像が大集合し、2500 年以上の歴史がある。多くの人が穏やかにそれぞれの祈りの時間を過ごしていた。

高齢者施設は、介護保険によって運営される日本の高齢者介護施設とは異なり、身寄りの

いない高齢者が生活する施設であった。ほとんどが、寺院や慈善家によって造られ、寄付によって運営されている。ミャンマー人は、衣食住が満たされ余った分は施す、寄付をするのだという。我々が訪れている間にも何人もの方が寄付に訪れていた。

　ミャンマーにはまだ、介護という言葉は存在しない。しかし、施しの文化や親や年長者を大切にする文化、国民性がこの国にはある。文字どおり、介護には最適だと思った。

　数回のミャンマー訪問を経て、2017 年 11 月いくつかの送り出し機関の中から、一番良い教育を行っているという理由で選んだヤンゴンの送り出し機関の事務所で 11 名の面接を行った。1 週間ほど前にこの送り出し機関の日本語学校に入学したばかりの 17 歳から 24 歳の女性たちだった。みんな礼儀正しく、希望に夢を膨らませ、キラキラ輝く純心そのものの瞳にやはり感動した。これから日本語検定 3 級を目指し、全寮制のこの学校で日本語を学ぶことになる。全寮制の生活の中で、靴を履き替える生活、掃除、ごみの分別、冷蔵庫、冷凍庫の使い方、日本での生活のルールなども学んでゆくという。非常に厳しい生活だと聞いた。我々も真剣に彼女たち

写真 3-3
介護福祉士を目指して
現地の日本語学校で学
ぶ学生たち
（撮影：筆者）

を受け入れる努力をしなければならないと強く思った。

　面接した 11 人のうち、日本語検定[1] N3 に 5 人が合格し、日本への入国が決まった。2019 年 2 月には、第 1 期生受け入れ 10 施設、送り出し機関、監理組合とともにミャンマーを訪れ、3 月の来日が決まった 25 名の家族を招いてヤンゴン市内のホテルで激励会を行った。遠くは 3 日も 4 日もかけて地方から出てきたという家族もいた。介護とはどんな仕事なのか、どんなところでどんな人たちと仕事をするのか、わが子との別れに涙ぐんでいる母親もいた。彼女たちが日本で働く施設の動画や宿泊する場所の写真をみて、説明を聞いて安心してわが子を送りだしてくれたと思っている。

1.3　技能実習生たちの背景

　彼女たちは、技能実習制度に介護職種が加えられるという日本政府の方針を受けて、学費や寮費、渡航に必要な費用等を借金して、日本で一日も早く働くことを夢見て日本語の勉強に励んでいた。しかし、技能実習制度に介護分野が確定するまでの両国間の認可に予想以上の時間がかかり、そこから技能実習生として日本に入国するまでには、様々な手続きが必要である。実現までの日々は長かった。様々な困難を経て、2019 年 3 月 8 日、ミャンマーからの第 1 期介護技能実習生 25 人が入国した。1 ヶ月の国内研修を経て、全国 10 ヶ所の施設に配属となる。当法人グループには、2019 年 4 月 12 日に 5 名が着任した。第 1 期生は全員が女性である。彼女ら

---

1) 日本語を母国語としない人の日本語能力を認定する語学検定試験である。N1〜N5 の 5 つのレベルがあり、N5 が一番やさしい。国際交流基金と日本国際教育支援協会が運営する。

の多くは高学歴で大卒、大学院卒あるいは高卒である。その後、資格取得のために看護学校などのコースを歩んでいた。年齢は、18歳から 27 歳で、平均年齢は、22.2 歳。志望動機としては、「親孝行がしたい」が最も多く、次いで、「介護、お年寄りのお世話をしたい」、「将来のために、日本語の勉強がしたい」、「仕事につきたい」、「日本の文化を知りたい」と続く。実習期間の貯蓄目標は、平均 300 万円以上である。帰国後の仕事希望は、お金をためて自営業をしたい、日本語の教師、通訳、日系企業への就職などが挙げられていた。介護職に就きたいと誰も語ることはなかったが、現在のミャンマーには、そもそも介護職が職業として存在しない。

　彼らの来日の動機は、家族を助けたい、親の役に立ちたいといったいわゆる出稼ぎである。ほとんどが農家の出身であり、一家の収入は、日本円で月 2 万円から 5 万円である。300 万円の貯金を目的とすることは彼女たちにとって夢であり、技能実習生として来日することはその実現への大きな一歩である。彼女たちは純粋な気持ちで、大きな夢を抱いて日本にやってくる。どうしても日本に来て良かったと思ってもらえるよう、彼女たちの気持ちに応えたいと思った。

2 ｜ 受け入れに要した手続きおよび費用

　受け入れの手続きは、監理組合を通じて行われる。事業所概要、報酬に関する説明書、労働協定に関する書類、住まいに関する図面・写真・概要等、技能実習責任者、技能実習指導者、生活指導者の履歴書、承諾書など多くの書類があり、手続きには 6 ヶ月ほどを要する。「技能実習計画　認定通知書」が届いたら、正式に技能実

表 3-1　技能実習生の入国前・入国後の主な費用（2019 年 8 月現在）

送り出し国（中国・ベトナム・インドネシア・ミャンマー等）			備考
入国前（配属前）費用			
	入国前日本語介護実習費	100,000〜300,000 円	
	技能実習計画認定申請費	3,900 円	外国人技能実習機構に振込
	入国費	実費	航空券・送迎費等
	ビザ申請手続代行費	35,000 円	収入印紙代含む
	入国後研修費	200,000〜300,000 円	（概算）実習生の日本語レベルにより異なる
	入国後研修参加手当	60,000 円	入国後実習生本人に支給
	入国前費用合計	350,000〜500,000 円	
	外国人技能実習生総合保険	30,950 円	（概算 3 年間基本プラン）保険種別により異なる。
入国後（配属後）費用			
技能実習1 号（11ヶ月）	管理費（月額）	25,000〜35000 円	送出機関管理費・訪問指導費・監理監査費・緊急時対応費
	技能実習評価試験受講費（2 号移行）	27,620 円	
	技能実習計画認定申請費（2 号移行）	3,900 円	外国人技能実習機構に振込
	資格変更費（2 号移行）	8,000 円	収入印紙代含む
技能実習2 号（2 年間）	管理費（月額）	20,000 円	送出機関管理費・監理監査費・緊急時対応費
	期間変更費（3 号移行）	8,000 円	収入印紙代含む
	技能実習評価試験受講費（3 号移行）	27,620 円	3 号移行の場合
	技能実習計画認定申請費（2 号移行）	3,900 円	外国人技能実習機構に振込（3 号移行の場合）
	資格変更費（2 号移行）	8,000 円	収入印紙代含む（3 号移行の場合）
	帰国費	実費	航空券・送迎費等
	再入国費	実費	航空券・送迎費等（3 号移行の場合）
技能実習2 号（2 年間）	管理費（月額）	20,000〜30,000 円	送出機関管理費・監理監査費・緊急時対応費
	期間変更費（3 号移行）	8,000 円	収入印紙代含む
	技能実習評価試験受講費（最終）	27,620 円	
	帰国費	実費	航空券・送迎費等

習生を受け入れられる事業所となる。監理組合、送り出し国、送り出し機関によってかかる費用は、多少異なる。入国前・入国後費用は表3-1の通りである。

　毎月の給与は、住居費、社会保険料等を差し引いて、ミャンマーの場合は、基本給の最低が手取り12万円以上/月と決められている。住居についての基準は、1人3㎡以上。夜勤の場合は、個々の睡眠が配慮できる環境が必要となる。生活に必要な電化製品（冷蔵庫、洗濯機、炊飯器、電子レンジ、掃除機、ベッド、調理器具、食器など）は、事業所が用意する。給与は、日本人と全く変わらないが、賞与については規定がない。日本人を雇用するより費用はかかるというのが実感である。

3 ｜ 外国人介護士受け入れに伴う職員の反応

　ミャンマーの面接から帰国して、技能実習生受け入れの体制づくりを始めた。まずは我々がミャンマーを訪問した際のミャンマーの印象、送り出し機関での教育の様子などを職員に伝えて、理解を得ていった。配属する事業所ごとに①技能実習責任者②技能実習指導員③生活指導者を選任して講習会（講習会費用は、10,000円〜15,000円程度）に参加し、資格取得を進めた。

　こうしてみんなが心からミャンマーからの技能実習生を待ち望む雰囲気ができていった。初めての外国人技能実習生を受け入れるにあたり、着任から1ヶ月は、体を壊して働けなくなるという事態を回避するため、基本的な介護技術の研修から始めた。トランスファー、移乗のノウハウ、車椅子等介護機器の使い方、様々な症例への対応の仕方、食事介助、入浴介助、口腔ケアの知識、専門用語

について、システム入力等をリハビリ専門職、技能訓練指導員等が担当して指導した。

　彼女たちは、とても真剣で理解力もあり、上達も早く、1ヶ月で現場に早く配置してほしいというスタッフからの声も聞かれたほどであった。日本人職員たちの間では、外国人に対しての偏見は一切感じられない。レクリエーションで彼女たちがミャンマーについての話やクイズをしたり、ミャンマー語を教えたりするなかで、「昔『ビルマの竪琴』という映画があったね。」「日本の兵隊さんが助けてもらったね。」などと声をかけられることもあったという。彼女たちとスタッフはすぐになじんで、お弁当のミャンマー料理を分けあうなどして、楽しく仕事をしている。

　ミャンマーの女性は控えめで、あまり自己主張をしない。聞くと「小さいころから、親や目上の人の指示には従うと教えられてきました。日本人が、指示されたことだけでなく、自分の考えで仕事をするのは、ミャンマー人と違います。」ということであった。お互いの文化を共有し、理解しながら、楽しんで仕事ができている。外国人技能実習生を受け入れたことによるデメリットは、全く感じていない。

　入所者からも外国人を排除する声や態度は全く見られていない。むしろ、彼女たちのまじめに働く姿勢や素直さ、純粋さに、現在の日本人がなくしてしまった心を思い出させてくれたという職員の声が多く聞かれる。職員から季節の野菜を分けてもらったり、食事会に招待し合ったり、泊まり込みで新米の刈り取りを手伝いに行って、日本の家庭生活を体験したり、成人式のお祝いもしたという。休日には、施設の職員と富士山や八ヶ岳、清里などにも出かけている。それぞれが、職場にもなじんで楽しく働いている。

4 ｜ 日本語・国家試験対策・書類業務に対する教育体制の整え方

　着任して 6 ヶ月は、1 日の終わりに研修責任者と 1 日の振り返りの報告を行い、日誌を書くことを実施した。実習生たちは毎日のパソコン入力、漢字の練習も熱心に取り組んでいた。実習生たちから介護福祉士を目指したいという意思表示が早々にあったので、介護福祉士試験のための教科書と問題集を購入し、スタッフが講師となって一緒に勉強している。当初は介護福祉士を目指すのはかなり難しいと言っていた教育担当スタッフも、半年が過ぎるころには理解力が目に見えて向上してきたという感想を述べている。日本語については各自で勉強しているが、介護職は毎日利用者や職員との会話などで、日本語を使わなければならないことになる。また記録やパソコンへの入力が日々の業務となっているため、必然的に日本語の上達は非常に早い。入国 9 ヶ月後には 3 名が N2 に挑戦して 2 名が合格、N1 には 1 名が挑戦して合格している。

5 ｜ 生活面でのサポート

　インターネット通信に必要な Wi-Fi 環境が不可欠であるという要望を受けて、寮にはその環境を整えた。彼女たちは驚くほど広いネットワークで繋がっており、ミャンマーの家族や友人とも毎日のように連絡を取っている。

　寮での暮らしは、生活指導者が中心となり買い物の援助や掃除、生活面、健康面での悩み等を聞いている。掃除当番表を作成して生活指導者が管理し、お互いにトラブルがないよう指導している。買

写真 3-4　ミャンマー実習生と浴衣で
夏祭りを開催
（撮影：筆者）

い物は、週に 1 回程度、職員が車で連れていくようにしていたが、仲良しの職員と出かけたり、自転車やバス、電車でも出かけたりするようになった。また、できるだけ日本の文化にも触れる機会を作っている。山菜天ぷら会、竹の子掘り、お花見、夏祭り、花火大会、紅葉ドライブも楽しんだ。施設が地域住民を対象に行っているイベント（オレンジカフェ）にも参加し、餅つきやほうとう作り、こんにゃく作りなども楽しんだ。施設内の畑では、季節の野菜もそれぞれが育てている。これからは、手芸教室やスイーツ、お菓子作り、料理教室などを開催してほしい、と意欲的な意見が出ている。

6 ｜ 外国人介護士の展望

　我々は介護現場の絶対的な人材不足を解消するために、介護人材の採用方法の 1 つとして技能実習生の受け入れを選択した。
　技能実習制度の役割は、発展途上国の必要な技術・技能を伝える国際貢献という理念のもとに行われている。介護職は他の産業より対人関係と日本語能力を必要とする職種である。介護技能実習生のビザ発給の条件は N4 以上となっているが、これは漢字圏ではない

国からの実習生にとっては高いハードルで、短い者でも 1 年以上の時間がかかっている。しかし、雇用側にとっては、技能実習生を獲得するまでにすでに時間とお金をかけてきたことも考えると、せっかく育てた技能実習生には、できれば帰国することなくできるだけ長く日本で働いてもらいたい。

　送り出し国によっても、この技能実習制度の目的、認識は異なっている。アジアの送り出し国には、すぐにでも国家レベルで介護政策をとる必要がある国（韓国、中国）と、まだ高齢化が進むまでには時間的余裕があるが、将来必ずその時が訪れる国（タイ、ベトナム、インドネシア、フィリピン、ミャンマーなど）がある。中国は、2025 年には高齢化率が 14％となり、日本の総人口に匹敵するほど高齢者が増加していくことになる。かつて日本がそうであったように、農村型社会は、産業の発達とともに都市型社会と変化し、介護は家族が行うものから社会的介護に移行していくであろう。すでに中国では、介護力の強化は国の政策（養老政策）として最重要課題となっている。中国は、日本の介護技能実習制度に着目し、皮肉にも、日本で技能実習制度を終えた人材が中国の介護施設で中心的な役割を果たすようになることを目指し、日本で学んだ実習生を指導者として厚遇するということが起こりつつある。

　2019 年、新たに日本就労の単純労働者を目的とした特定技能制度が創設され、滞在期間が 3 年から 5 年に延長された。資格取得などさらに努力をすれば、5 年の就労に加え家族の帯同と永住も可能になる。この制度によって、日本に就労した外国人は出稼ぎに徹することができるようになり、技能実習制度のように事業所に縛られることなく、よりよい条件を求めて自由に事業所を選択することができるようになった。また事業所としてもスキルアップのための技術や知識の向上、教育に力を入れて、長期的な労働を期待するこ

とが可能となった。

　アジアで最初の超高齢社会となった日本は、「介護先進国」となった。現在、また将来において、日本が世界に誇る先進的な介護技術を習得した人材が送り出し国で必要とされる時が必ずやってくるだろう。しかし、人材不足にあえぐ日本の受け入れ事業所にとっては、指導し育てた人材は、そこで必要な人材、必要な労働力である。双方の関係を保ちながら、「介護先進国日本」における新しい取り組みを作り出すことが望ましい。

（中込節子）

第 **4** 章

外国人介護士の育成・定着と
活躍できる環境づくりのポイント

　いま日本の介護現場で活躍する外国人介護士の多くは、母国で慣れない日本語の勉強をし、仕事を求めて海を超え、夢と覚悟を持って来日している。しかし、私が出会った外国人介護士のなかには「辞めたい」「早く母国に帰りたい」とストレスを抱えながら働いている人たちも少なくない。理想と現実のギャップに悩んでいるのが実態だ。原因は、彼ら自身の意識やスキル、仲介する業者の説明不足、サポート不足の場合もあるが、受け入れる事業者の“準備不足”の場合が大半である。事業者としては、はじめての受け入れで、どうしてよいかわからないというのが本音かもしれない。

　介護業界の人手不足は、年を追うごとに深刻化している。それを補う外国人介護士は、これからますます増えていくはずだ。彼らが定着し、成長して活躍することは、法人の明るい未来をつくる上でも大事な条件である。そこでこの章では、外国人介護士の採用・定着に失敗しないためのポイントを、事例を交えてお伝えしたい。

1 ┃ なぜ “ミスマッチ” がおきるのか

1.1　事業者と外国人材の間にあるギャップ

　これまでに筆者が出会った外国人介護士は、主に「出稼ぎ」「日本の先進的な技術・ノウハウの習得」「日本での生活へのあこがれ」の 3 つを来日の理由としていた。介護福祉士の資格を取得して、そのまま日本で働き続けることを目標にしている方、自国に帰って日本で得たノウハウをもとに羽ばたくことを夢みている方など様々であったが、いずれも希望ややる気に満ち溢れていた。

　一方、彼女らを受け入れる介護事業者のなかには、外国人材を“安い労働力” としか考えていないところもある。今の介護業界は、過去に経験したことがないほどの採用難に見舞われており、事業者としては、できれば日本人の有資格者、経験者を採用したいけれども、とてもそれが叶わない状況というのが実情である。そこで「無資格未経験の人材」、「シニア人材」と募集の範囲を広げ、それでも人手を充足できない場合の “奥の手” として外国人を採用する。妥協の結果として受け入れる外国人材に、日本人ほどの高い賃金を払うつもりはない。中堅・幹部として育てる意思もないので、バックヤード業務や、入浴介助などの体力的にきつい業務に就かせることになる。

　つまり、日本語を 1 日も早く習得し、高い知識・技術を身に着けたいと前向きに考える外国人材と、（決して全てではないが）安い労働力として、体力的負担の大きな業務に就かせたいと考える事業者では、意識の上で大きな隔たりがあるのである。

1.2　ミスマッチ（離職）の原因

　このような状況により引き起こされる離職は、次のような理由による。

業務の不満	日本人がやっている現場リーダー、業務記録、接遇コミュニケーションなどの知識・技術レベルの高い業務につかせてもらえず、補助的業務にばかりつかされる。これを繰り返すと、現場も「補助人材」としかみなさないようになり、体力的にきつい業務、面倒な業務を押し付ける文化となる。そのことで不満が募っていく。
賃金の不満	"出稼ぎ"を目的としている外国人材は「もっと稼ぎたい」と考えて、一生懸命働いている。しかしそれを正しく評価せず、昇給もない状態が続くと、やがて不満・不信に繋がる。外国人材は横の繋がりは強いため、他法人と比較して離職（転職）するケースも出てくる。
ホームシック	"補助人材"としての位置づけでバックヤードの清掃、準備や力仕事を中心に任せていると、その外国人材は現場で孤立する恐れがある。休憩を日本人と別にとっているケースもたびたび目にした。職場内に仲間ができなければ寂しさを感じ、ホームシックになるのは当然の結果である。

　もちろん外国人材のすべてがやる気に満ち溢れているわけではない。中には遅刻が多く、何度指示されても同じ失敗を繰り返し、勉強も熱心にしない人もいる。しかし、多くは"覚悟"を持って来日しており、彼らの介護士としての就労目的を正しく理解し、仕事ぶりに適正な評価を与えていけば、きっと定着し活躍してくれるはずである。

1.3　早期離職による３つのリスク

　外国人材を受け入れると、彼らをフォローする担当者や現場スタッフに、教育指導から心理的フォロー、プライベートのサポート

まで大きな負担がかかる。それだけに、離職による影響の大きさは、計り知れないものがある。先日も、ある医療法人に入社したばかりの外国人が、たちまち仕事に来なくなってしまった。「大きな一軒家にひとりで住むのが怖い。家に帰りたい。」というのが理由であった。

　彼女はモンゴル人で、自国では狭い家に家族と一緒に暮らしていた。それがはじめての海外で、２階建ての古くて広い民家で暮らすことになり、極度のホームシックにかかってしまったのである。住み始めた当初から、眠れない日々が続いたのだが、そのことを吐露してくれなかった彼女に対して、教育担当者も「力不足だった」ととても落ち込んでいた。

　彼女の場合には、すぐに別の外国人材が入国し、２人で暮らすようになったために難を逃れたが、もし辞めてしまったら、きっと次のような影響があったであろう。

（１）代替スタッフの採用・育成コスト

　彼女にかけていた採用までの費用や、渡航前後の教育コストがまったくの無駄になってしまう。代わりとなるスタッフをすぐに補充しなくてはならないし、そのスタッフにも同様のコストがかかるので、金銭的負担は少なくとも２倍かかることになる。

（２）指導者・同僚スタッフのモチベーションダウン

　外国人材の現場サポートは、日本人以上に骨の折れる仕事である。それだけに、辞めてしまったときのショックは大きく、担当していたスタッフのモチベーションが著しく落ちることも考えられる。

（3）利用者からの（外国人に対する）イメージダウン

　担当者だけでなく周囲のスタッフも含めて「外国人は信用できない」という印象を持っても不思議ではない。仮に、それが１人目の外国人材であったならばなおさらであろう。次の外国人材が来ても「また辞めてしまうに違いない」と、協力を拒む可能性もある。

　このような事態を回避するためにも、受け入れたからには定着してしっかりと活躍するところまでサポートしなくてはならない。

2 ｜ 外国人の受け入れ準備の要点

2.1　「人財」として受け入れる

　前述のように、最初の立ち位置が事業者と外国人材間でずれると、悪くすると離職にまで発展してしまう。そうならないために、事業者としては彼女らを受け入れる際の「目的」「位置づけ」の見直しが必要である。彼女らを“安い労働力”としてではなく、法人・事業者の未来を担う“財産”として、つまり「人財」として受け入れる準備ができているかを再確認する方がよいだろう。

　「人財」にしようとなれば、日本人介護士同様に教育をしっかりと施し、彼女らの成長とともに業務範囲を広げ、仕事ぶりに正しい評価を与えてそれに見合った給与を支給しようという意識になる。場合によっては役職に就かせることもあるだろう。日本人だから、外国人だからと区別せず、できるだけフラットな意識で受け入れる

ことが肝要である。

2.2　入国までに行うべきこと

　もし外国人材を事業者として初めて受け入れるのであれば、最初が肝心である。職員によっては「面倒だ」「一緒に働きたくない」とまで考える人も出てくるかもしれないので、受け入れ前にしっかりと外国人材を受け入れる「目的」「将来像」を職員に伝え、「人財」として受け入れられるような環境を整備する。筆者はコンサルタントとして、クライアントに次の 3 つを行うようにアドバイスしている。

（1）担当者の渡航

　技能実習生の場合、外国人材は日本国内に在住しておらず、自国で日本語等の学習をしながら日本への渡航ビザの発給を待つことが多い。できれば受け入れ責任者、指導担当者は、実習生が自国にいる間に渡航して観光したり、学校訪問や、実習生の自宅訪問をしたりすると良い。その国の文化や暮らしを肌で感じて、彼女らの母国を深く理解することで、その後のサポートが彼女らに寄り添ったものとなる。また、彼女らも自国を訪ねてもらったことで、事業者への忠誠心が上がると思われる。

（2）説明会の実施

　外国人材を受け入れる前に、職員を集めて説明会を実施して理解を深めてもらうことをお勧めする。その際には、次の 7 点を説明するとよい（表 4-1）。

表 4-1　説明会でのポイント

1）受け入れの目的（そもそもなぜ外国人を受け入れるのか） 2）制度の説明（技能実習制度や特定技能の制度など、どのような制度に基づいて受け入れるか） 3）母国の情報（彼女らの生まれ育った国の文化、生活、金銭レベル、暮らし、宗教、流行等） 4）人物紹介（受け入れ予定の人材の紹介） 5）受け入れ後のスケジュール 6）想定される現場負担とそれに対する協力依頼 7）事業者としてのサポート体制

　このうち 3）、4）については、写真や動画を使うなどして、できるだけ興味を持ってもらえるように伝えたい。また、6）、7）については特に十分な説明が必要である。

（3）トレーナーの任命と役割の明確化

　現場で教育指導するトレーナーには、最も大きな負担がかかる。彼らには、教育指導だけでなく、外国人材に合わせて現場の動き方や記録、申し送りの方法を見直し、他のスタッフと調整をするなど、とても広範囲の役割が求められる。あらかじめ任命し、役割を明確にして教育指導のためのマニュアル等の整備のほか、心の準備もしておいてもらう方がよいだろう。

　また、彼らの業務負担増大の対価として「トレーナー手当」を期間限定で支給することも検討しておきたい。

3 外国人指導の効果的手法

3.1　日本人との違いを理解する

　暮らしてきた環境も文化も金銭価値も違うところからやってきた外国人材が、すぐに日本の環境に慣れて仕事ができるとはとても考えられない。違いをよく理解して指導していくことをお勧めする。

　特に仕事上でトラブルになりがちなのは、表 4–2 のような点である。

表 4–2　外国人材を受け入れた際に仕事上で起こりやすいトラブル

時間感覚	「外国人は時間にルーズ」という話はよく耳にする。また、1 つ 1 つの業務にかける時間も、日本人の感覚とは違うので「できるだけ早く」といったあいまいな表現は避けて「●分くらいでやって」と具体的に指示すること。
役割の範囲	日本人は、余裕があれば自分に与えられた業務以外の仕事にも手を貸すというのが当たり前。しかし、与えられた仕事さえできれば良いと考える外国人材は多くいるので、手があいたときの動きも、あらかじめ伝えておくこと。
接遇・マナー	足や腕を組んだり、人の話を聞きながらスマホをいじるなどは、外国人にとっては失礼にはあたらないこともある。事前に、利用者や家族にも文化の違いを伝えておいて、ある程度は寛容になってもらうことを提案する。
コミュニケーション	「気配り」や「暗黙の了解」が通用しない。ダイレクトな指示が不可欠となる。また「●●してください」よりも「●●しないでください」と伝えた方が、うまく伝わる場合もある。

　こうした点をクリアするために「指導方法」「指導手順」「指導ツール」の 3 つのテーマでポイントを説明しよう。

3.2　指導担当者の指導

　指導担当者には、日本人との感覚、価値観の違いを理解した上で指導してもらわなければいけない。できれば最初の外国人受け入れ時だけは、母国を訪問して違いを体感してもらうと良いだろう。その上で、以下のような点を意識して指導してもらうとよい。

表 4-3　指導のポイント

ジェスチャー	日本語の「4」は「よん」とも「し」とも読む。日本語を母国で学習しても、早いと聞き取れないことがある。このような場合は、指で4をつくって伝えるなど、ジェスチャーを混ぜてコミュニケーションをとってほしい。
あいまい表現をさける	「しっかり」「やさしく」「ていねいに」などでは伝わらない。それが何を意味するのかを、数字などもまじえて具体的に伝える。
セリフを決める	利用者への声かけや、スタッフとの申し送りの際に、最初は模範的なセリフを決めて、それが言えるようにトレーニングしたい。セリフを決めておくことは、利用者に失礼な態度をとることを予防することにも繋がる。
復唱させる	外国人の「わかりました」を信用すべきではない。「わかりません」と言いづらくてわかったふりをしたり、理解できていないこと自体が認識されていない場合もある。理解度を確認するために、指導内容を自分の言葉にして復唱してもらいたい。
計画的に褒める	スキルがあがってできるようになったことがあれば、その都度、褒めるべき。国民性によっては、他人の評価を日本人以上に気にする。評価されないことで、モチベーションが著しくダウンするケースもある。しかし、褒めるのが苦手な方も多いと思う。定期面接や申し送りの際など"褒める場"を決めておけば"褒め忘れ"を予防することができる。

3.3　指導方法

(1) 業務範囲を決める

　まずは、外国人材にどの業務をやってもらうのかを決めよう。多くの法人が、記録、夜勤（たとえ人員基準に含めることができても）、送迎業務にはつかせないようにしている。他にも、危険を伴う食事介助をさせていない法人もある。

(2) 各業務の達成水準を決める

　それぞれのテーマにおいて、どれくらいの水準までできてほしいのかの"完成度"を明確にする。その上で、初期教育の期間を設定して、その時点でどの程度まで習得してほしいのかを具体化する。ある法人では、長期的（最終的）にはここまで。初期教育の６ヶ月経過時点ではここまでのように、２つの基準を設定して外国人材に示している。

(3) 習得すべき時期を決める

　初期教育までに身に着けなければいけない項目について、何をいつまでに習得するかを明確にする。教育指導において、もっとも避けなければいけないのは、指導内容が"過剰"になることである。短期であれもこれも教えようとするために、かえって理解が進まずに時間がかかってしまうケースを数多く目にしてきた。そうならないために、基本から応用に向かって、徐々に難易度を上げながら計画的に指導するのである。

(4) 指導方法と担当者を決める

　それぞれのテーマでは、指導するにふさわしい人物がいるだろ

う。すべてを教育指導担当者が担おうとせず、他の職員に協力を求めながら、チームで育成していこう。その意味では、教育指導の担当者は "教育管理責任者" とも言える。

　重要な項目については、それをどう教えるべきかも合わせて決めておこう。たとえばある法人では、入浴業務、排泄介助業務をそれぞれ 1 ヶ月連続で担当してもらうことで、短期でスキルが身につくようにしている。

(5) 評価とフィードバックの方法を決める

　習得の進捗状況を定期的に評価して、指導方法を見直していこう。評価のためには、後述するツールのうちの「2) 教育チェックリスト」、「3) アセスメントシート」を準備しよう。

　また、これらを活用して「個別面談」を実施しよう。現状を双方で確認し、できる業務とできない業務を把握する。できない業務、わからない業務については、その後、どのように教育指導するかを双方で決定する。私はクライアントに「1 週間、2 週間、3 週間、1 ヶ月、1 ヶ月半、2 ヶ月、3 ヶ月」の合計 7 回、面談を実施することを勧めている。

3.4　指導のためのツール

指導のためには教材が必要である。他にも、以下のようなものを準備しておくと良いだろう。

表 4-4　指導に役立つツール

1）マニュアル	主にやってもらう業務について、写真付きで平易な日本語で書かれたマニュアル（手順書）を作成する。
2）教育チェックリスト	入社からの期間ごとに、身につけなければならない項目をリスト化し、期間ごとに評価する。チェックリストの期間は、個別面談の実施時期に合わせると良い。
3）アセスメントシート	技術評価だけでなく、その時々の「心理面」、「チームワーク」、「日本語力（コミュニケーション）」などを評価して、教育担当者、同僚、冗長、メンターなどと情報共有する。
4）タブーリスト	「やるべき」より「やってはだめ（NG）」の方が伝わることもある。例えば「缶は分別して捨てましょう」よりも「缶を "もえるゴミ" として捨ててはいけません」の方が伝わりやすい。業務上でも、タブー集をつくっておくこと。できればイラスト入りが良い。

マニュアルについては、母国語に翻訳してあるとさらに理解が深まると思われる。しかし、業務で使う専門用語を翻訳するのは、プロでも難しい。翻訳サイトなどを使って翻訳した言葉では、誤解を招く可能性もある。

もし皆さんの施設で、母国語でのマニュアル化が難しいようであれば、筆者が製作に関わった「ハピトレジャパン」という外国人向け教育プログラムを利用されたい。インターネットが利用できる環境であれば、どこでも学習が可能である。（https://www.happytr.jp/home）

4 外国人定着のための仕組み

4.1　メンター制度

　教育指導の担当者は同じポジションにいる同僚、先輩の中から選ばれるだろう。日本人が海外で生活するとしたら、いろんな不安があるのと同様に、彼女たちも最初は日本での生活、仕事に不安ばかりだと思われる。担当者はできるだけ頻繁に声をかけて、相談しやすい雰囲気作りをするように心がけていくべきである。

　年齢が離れていたり、同性でない場合、業務以外の悩みを打ち明けるのは憚られるだろう。一緒に仕事をしているだけに、遠慮もあると思われる。しかしだからといって、不安や悩みを抱えたまま働き続けるのも問題である。

　たとえばある事業者のインドネシア人は、教育担当者が「大丈夫？」「心配なことはない？」と頻繁に声をかけていたが、そのときはいつでも笑顔で「OK！」「心配ない」と答えていた。ところが入職から 3 ヶ月たったころ、体調を壊して 3 日ほど休むこととなった。日本の食材に慣れることができず、ろくに食事をしていなかったことが原因であった。教育担当者は、そのことを見抜くことができなかったのである。

　そこで筆者は、（特に外国人受け入れ当初は）それぞれの外国人材に“メンター”をつけることをお勧めしている。ここで言うメンターとは、精神的なサポート担当者ともいえる。人物像としては、次のような方が良いだろう。

　またメンターの主な活動として、以下のようなことを検討したい。こうした活動の中で関係を築いて本音を引き出し、悩みや不安に対応していくのである。

表 4-5　メンターの主な活動

寮訪問	初日は、寮に迎えに行って一緒に出社すること。メンターが寮を定期的に訪問している事業者もある。
休憩	最初の 3ヶ月だけでも、できるだけ休憩をあわせ、一緒に昼食をとるなどして話しやすい（相談しやすい）関係を築くこと。
食事会	息抜きのため、他スタッフとの関係づくりのために食事会などのイベントを計画すること。観光や休日の遊びに連れ出している事業者も多い。

4.2　評価と昇給

　ある施設を訪問した際、モンゴル人介護士に「相談がある」と声をかけられた。話を聞くと「理事長は、私のことを全く評価してくれません。こんなに頑張っているのにひどいです」と泣き出した。しかし実態は、理事長はもちろん役職者、指導担当者から同じポジションで働く同僚までが彼女の仕事ぶりを大変評価していた。会議などでも、皆の前で度々、称賛の言葉を伝えているとのことであった。

　そこで彼女に、もう少しつっこんで聞いてみた。不満の理由は、

入職当初と比較してスキルが向上し、職場での業務範囲がかなり拡大しているにも関わらず、給与が全く上がっていないことだった。"稼働時間" の対価として給与を得る意識の強い日本人と違って、多くの外国人材が "成果" と対価（給与）のバランスをとても強く意識している。少なくとも、日本人スタッフと同様に、定期昇給の際に仕事ぶりを正しく評価して賃金を上げていくべきだと思う。

　もし昇給ができないのであれば、その理由はオブラートに包むことはなく、ダイレクトに「ここができていない」「もっとこうしてほしい」と伝えるべきであろう。日本人スタッフを対象にして運用している「人事考課制度」や「キャリアパス制度」を外国人にも適用させて、長期的な視野で育成していくことが重要である。

4.3　長期勤務のための対応

　せっかく成長した人材なので、できるだけ長く働いてほしいというのが多くの事業者の本音だろう。技能実習制度では通常 3 年、最長でも 5 年で帰国しなくてならない。しかし特定技能ビザに移行したり、介護福祉士資格を取得したりすることで、それを超えて滞在し、勤務することができる。

　いまは介護福祉士の養成校に通う費用を貸付する「介護福祉士等修学資金貸付制度」というものもある。貸付を受けた都道府県内で、5 年間介護職として勤務すれば、返済は免除される。こうした制度も最大限活用しながら、外国人のキャリアパスを構築していくことが求められる。

5 ｜ 将来、外国人介護士が活躍するために

5.1　これからは「ダイバーシティ」の時代

　少子高齢化は今だけの課題ではない。これからも生産年齢人口は、5 年で 4%ずつ減少していくことが見込まれる。介護事業では"人員基準"があるので、機械化をいくら進めても、ファミレスのようにスタッフ数を極限まで減らして運営することはできない。基準以上のスタッフを確保し続け、サービス品質を維持していかなくてはならないのである。

　今後、減った分を補うのは「ダイバーシティ人材」と呼ばれるシニア、外国人、障害者などになってくるだろう。こうした多様な人材が活躍できる環境をいかにつくるかが、事業者としての大きな課題となる。

　ダイバーシティ人材が増える中で、減りゆく働き盛り世代の日本人スタッフだけに要職を任せるのにも限界があるだろう。近い将来、外国人材が役職に就いて現場をマネジメントすることがあるかもしれない。

5.2　外国人役職者の誕生

　ある都内の事業者では、現在 22 人の外国人材が活躍している。これくらいの人数になると、先輩外国人スタッフが、後輩外国人スタッフを指導するという流れが自然とできてくる。フィリピン、ネパール、モンゴル、ミャンマー、中国などの 13ヶ国の人材がいる

が、モンゴル人がインドネシア人を指導したり、フィリピン人がネパール人を教育したりしている。

　この法人では、在留資格を持った中国人スタッフが、外国人としてはじめて課長に就任した。就職当初は、日本語がまだ流暢とは言えず、仕事でも不安がたくさんあったが、今では日本人同様、いやそれ以上に日本語を操り、外国人スタッフだけでなく、日本人スタッフにも的確に指示を出している。

　このように、外国人にも役職に就く道ができれば、その後に続く外国人材も自分の未来をイメージしやすくなる。身に付けなければならないスキルや知識だけでなく、役職者としてのあり方、人間力なども、想像しやすくなるだろう。外国人材を受け入れるようになったら、次の目標は"外国人役職者"をつくることなのだ。

5.3　本国で活躍できる人財の輩出

　冒頭で述べたように、外国人材の中には、日本にできるだけ長く滞在したいと考えている層と、日本で得たノウハウを自国で活かしたい考える層がある。長期滞在のための環境づくりに目処がついたら、後者の層に対応する方法も視野に入れていくと良い。彼女らの母国は、日本に続いてこれから高齢化していく。高齢者ビジネスは、将来の事業としてとても有望なのである。そこに先鞭をつけることも不可能ではない。

　ある事業者は、中国で介護事業を展開する現地企業と提携した。提携内容は以下の通りで、多くの中国人スタッフを雇用している。

表 4-6　中国企業との提携内容

日本の事業者の役割	・中国企業が運営する養老施設（老人ホーム）の教育プログラム構築 ・日本での中国人介護士の実習受け入れ
中国企業の役割	・日本で働きたい中国人材の日本事業者への紹介・マッチング ・日本事業者を退職した中国人の管理職としての登用

　その結果、昨年、日本の事業者を退職して北京に帰国した職員が、中国企業の養老施設のマネージャーとして採用された。彼女は 20 代で、日本での給与は 22 万円だったが、中国でも同額の給与で勤務することとなった。中国の大都市圏の大卒初任給が日本円で 13〜14 万程度なので、いかに高待遇かがわかる。

　このように、母国で活躍できる人材を輩出することで海外と協力体制をつくり、人材の入口（採用チャネル）と出口（母国での活躍の場）をつくることができれば、外国人材はさらに安定して雇用できるようになるだろう。

（糠谷和弘）

第 *3* 部

異文化介護を
考える視点

第 **5** 章

文化背景が異なる人々との介護コミュニケーション

　本章では異文化介護を異文化コミュニケーションの観点から考察する。異文化介護の目標の1つは、介護の現場で、介護士、利用者、そして利用者の家族の間で生じるコミュニケーションを円滑にし、相互に尊重し合える介護経験を積み上げていけるような環境を創出していくことである。これまでの日本人同士を前提とした介護コミュニケーションの研究でも、利用者本人の個性を理解するとともに、その方の育った背景を知ることで、多くの問題に対処できることがわかってきている。異文化介護におけるコミュニケーションでも、外国人介護士本人の個性の理解と育った背景を知ることで、予想される摩擦の多くが回避できるだろう。他の章で、外国人介護士の送り出し国の習慣、仕事観、死生観、介護観などの諸側面についての知識が論じられているのはそのためだ。本章では、これらの知識と日々の行動を橋渡しするために、異文化コミュニケーションを考える際の視点、研究、理論をいくつか紹介することで異文化介護を考える視点を提供したい。

1 | 文化を考える視点

　異文化コミュニケーションについて考えるには、まず文化という言葉がどう使われているかを確認する必要がある。「文化」が含まれる言葉を思いつくままにあげていっても、日本文化、アメリカ文化、関西文化、西洋文化、企業文化、組織文化、若者文化、食文化、伝統文化、大衆文化、元禄文化などいろいろな次元のいろいろなレベルの「文化」があることがわかる。それぞれ「文化」を修飾している言葉を分類していけば、日本やアメリカといった国や民族、関西や西洋といった地域、企業や組織といった集団、若者や高齢者といった年代、食や自動車といったライフスタイル、伝統や大衆といった価値判断、縄文や元禄といった時代区分など、様々な視点から「文化」の概念が規定されている。しかも、いくつかの文化は包含関係にあるため 1 人が異なるレベルの複数の文化に同時に属しているのも自明であろう。たとえば、関西に住む若者なら日本文化・関西文化・若者文化・大衆文化を同時に享有しているという感覚は多くの人が持っている。

　この複数の文化に同時に所属できるという視点は重要で、たとえ国や民族レベルの文化が異なっていても、一定の職場の文化を共有することで良好な仕事関係を築くことが可能であると想定できる。異文化介護では、このような関係を目指していくことになる。ここでは、文化を考える際の 2 つの視点を紹介したい。

1.1　文化の氷山モデル

　「氷山の一角」という表現があらわすように、氷山の水面上に現

れている部分は全体のほんの一部に過ぎない。「文化の氷山モデル」とは、文化として目に見える（容易に認識できる）事柄は文化全体のほんの一部に過ぎず、この部分はより大きな目に見えない体系に支えられているという考え方だ。たとえば、目に見える文化としては、服装、建物、食、絵画などが想定され、それを支える形で水面下に、自然観、死生観、歴史認識などがある。しかも、水面上の現象も水面下の価値観も固定的なものではなく、教育、年齢、経験とともに変化することがあるという点には注意したい。俗に「新しいファッションに目覚める」、「人生観の変わるような経験」といった表現はこの変化を指していると考えてよいだろう。

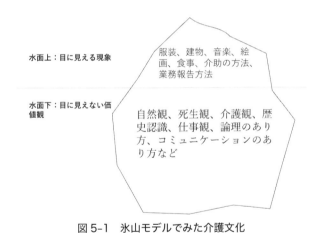

水面上：目に見える現象
　服装、建物、音楽、絵画、食事、介助の方法、業務報告方法

水面下：目に見えない価値観
　自然観、死生観、介護観、歴史認識、仕事観、論理のあり方、コミュニケーションのあり方など

図 5-1　氷山モデルでみた介護文化

　もちろん、一部には、「認識できる/できない」では分けられないような「容易でないが訓練や見方によっては認識できる」ものもある。介護士／看護師が経験によって、利用者の身体所見だけでなく好みに合った適切なリハビリテーションの方法を提案できる場合があるのは、水面上の症状だけでなく、水面下の価値観も見えている

からであろう。

　いずれにしても、このモデルの要点は、「自分が当たり前に行っ
ていることが、外からは認識しにくい体系によって支えられてい
る」という構造を自覚することにある。当然これは、「他の人の行
動も水面上に現れている氷山の一角にすぎず、その下部にある明示
されていない価値観に支えられているはずである」という想像力を
持つことに繋がる。

　これを介護の現場に置き換えれば、何が見えてくるだろうか。ま
ず、介護士、外国人介護士、利用者、利用者の家族、これに加えて
施設運営者も異なる文化を持っており、それぞれの行動の水面下に
は、それぞれの人生で培ってきた価値観があると考えなければなら
ない。その上で、一見理解の難しい行動があったとしても、水面下
にはその行動を「あたりまえ」とさせる様々な構造がある可能性を
常に意識しておく必要がある。同じ日本の文化を共有していても、
異なる時代に育った高齢の利用者と若い介護士では、水面下にある
価値観が異なっている可能性は高い。目に見える行動のみを材料に
判断するのではなく、見えない価値観についても配慮することでコ
ミュニケーションを円滑にできるだろう。

　外国人介護士とのコミュニケーションでも同様だ。外国人介護士
が何らかの摩擦を生じさせるような行動をした際に、これを直ちに
個人の性格、性質、能力に原因を求めて、厳しく指導したとしても、
水面下の部分の変化を促すことができなければ、改善が極めて限定
的となり得ることは容易に想像できる。ここでは外国人介護士送り
出し各国の文化や介護観を学ぶことで、現場で接する水面上に出て
いる外国人介護士の行動を見えない部分ごと理解することが求めら
れている。異文化介護の現場では必須の態度といって良いだろう。

1.2　言語相対論

　文化という概念を考える際に重要な視点をもう 1 つ紹介しよう。言語相対論（Linguistic Relativity）という考え方で、提唱した学者の名前からサピア・ウォーフの仮説とも呼ばれる。この言語相対論が提示する「問い」を、誤解を恐れず要約すれば、概念を表現するために言語が考えられるのか、言語があるからこそ概念を認識できるようになっていくのかという議論だ。結論的には、常識的なところに落ち着くが、言語と認識は一方が他方を規定する一方向の関係ではなく、「言語のあり方が認識を形作ることで思考に影響を与える」側面と「言語の発展によって認識できるものの幅が広がっていく」側面の両方がある、相互規定的関係と考えられている。

　この関係は色を例に説明されることが多く、生活上も実感しやすい。たとえば、信号の色は一般に、「あか」、「あお」、「きいろ」という概念で表されている。しかし実際には、国際的慣行とされる緑色が「あお」信号の色として使われている。他にも、緑色のリンゴを「あおりんご」と呼んだり、生き生きとした樹木を「あおあおとしている」などと表現したりする事例も思い浮かぶだろう。みずみずしさを持った緑色を「あお」と呼ぶということを知る者が「あおりんご」と聞いて、ブルーのリンゴをイメージすることいないだろう。つまり、青と緑は別の概念として認識しているにもかかわらず、言語上の約束事として「あお」という言葉の示す概念は青色と緑色の一部の事例という 2 つの相対的に小さな概念を含む言葉として理解され使用されている。小さな子どもが時に信号の色を「あか」「あお」「みどり」と答え、「青りんごを描いて」といわれて戸惑うのは、この社会的合意としての「あお」信号、「あお」リンゴという言葉のさす概念をまだ共有していないからと説明できる。

図5-2　「青りんごの色?」

この事例からは少なくとも2つのことがわかる。1つは、3色信号で使われているような色の概念と、生物的に認識している色、そしてその色が言葉で何と表現されるのかは論理的に導かれるものではなく、恣意的な繋がりであるということ、そしてもう1つは、この概念と言語の繋がりは学習によって変化し得るということである。先述の「概念が先か言語が先か」という問いに即して言えば、先後の関係ではなく、概念と言葉が相互に規定し合っており、しかもその関係は改変可能ということになる。あえて色の例にならうなら、それまで「虹」に見ていた色の数が言葉を学ぶことで多くなったり少なくなったりするような経験といえよう。ひとまとまりとして認識していなかったものに名前が与えられてはじめて、その概念を使った操作、思考が可能となることを示している。

この考え方を文化にあてはめれば、「文化」という概念も「固定的で変化することのない実態」としてとらえることはできない。むしろ、「文化」という言葉によって指し示す大きな概念にいくつもの相対的に小さな概念が含まれており、その包含関係を合意することで成立しているとみることができる。しかも、この包含関係は変化し得るのである。

日本文化を例にとれば、日本文化という大きな概念に、様々な小さい概念（米食、お辞儀、花見、謙譲の心など）が含まれており、その包含関係が総体として合意されることで日本文化が成立してい

るとみることができる。同時に、この相対的に小さい概念の取捨を
する際に日本文化以外の概念（非日本文化：米食をしない、お辞儀
をしない、花見をしない、謙譲の心がないなど）を想定せずには日
本文化を規定できないこともわかる。もちろん、この小さい概念に
はすたれていくものもあれば新しく生まれてくるものもあるだろう
し、時代によってその概念が指し示す内容自体が変わることもある
だろう。いずれにしても日本文化が変化し得ることであることは明
らかだ。このように1つの言語文化を考えるだけでも大変に複雑
な言語と思考が相互に規定し合う過程を経て言語や文化が成立して
いることがわかる。

　では、この視点から第二言語を学ぶこと、具体的には外国人介護
士が日本語、日本の介護文化を学ぶことは、どのように理解するこ
とができるだろうか。まず、言語が思考に与える影響としては、新
しい言語を学ぶことで思考のあり方が変化していくことが考えられ
る。つまり、日本の施設で働く外国人介護士は、日本語を学ぶこと
で、日本語で表現される世界観を身につけていく側面がある。もち
ろん外国人介護士は日本語を学ぶことのみが求められているわけで
はなく、日本式の介護技術、ひいては日本的介護観の習得も求めら
れている。一方、思考が言語に影響を与えるという側面を考えれ
ば、これまで母国で培ってきた価値観が日本語使用中や介護業務従
事中にも表れてくるのが自然だ。この両者を想定する必要がある。

　言語と概念の関係は複雑だ。このような視点から、外国人介護士
が日本語と日本的介護を学んでいるということが理解できれば、異
文化介護を学ぶプロセスの複雑さや困難さが見えてくる。それと同
時に、どのような支援が必要になるのかを考える手がかりも見出す
ことができてくるだろう。

2 ｜ 文化の国際比較を考える

　日本での異文化コミュニケーション論は英語教育のなかで日米関係を軸に語られることが多い。この二国の関係のみで日本文化の特徴を理解していては、外国人介護士送り出し国との関係では大きな齟齬が生まれ得る。ここでは代表的な文化の国際比較に関する研究を 2 つ紹介し、国際比較の意義と限界を考える。これらの研究は、日本と外国人介護士送り出し国の特徴を両者の相対的な関係の中で理解する手がかりを与えてくれるだろう。しかし、その一方で、当然のことながら同じ国の人でも個性がある点は常に意識しておきたいところだ。

2.1　低コンテクスト vs 高コンテクスト

　「コンテクスト」という用語は一般的に「文脈」と訳されることが多いが、決して文学作品を読む際のみに使われる語ではない。異文化コミュニケーションの分野は、一定の共通理解を得るためのコミュニケーションの前提となっている知識、価値観、当然視される論理関係などをまとめて表すのに使われる。そのためコンテクストは言語とともにコミュニケーションを構成する重要要素であり、このコンテクストに従ってコミュニケーション上の多様で無数の情報のうち、何に注意を払い、何に注意を払わないかという選択が行われると考えられている。

　このような考え方を提唱したエドワード・ホールは、コミュニケーションにおいてメッセージ伝達を支える言語とコンテクストが、どのような割合で活用されているかを基準に、「高コンテクス

ト文化」と「低コンテクスト文化」の二極を概念化し、様々な文化
の特徴を説明した。

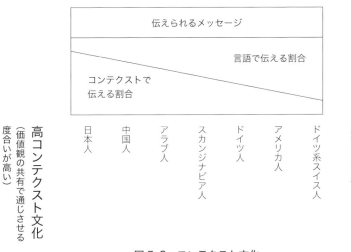

図 5-3　コンテクスト文化
『文化を超えて』（1979）から筆者作成

　ホールによれば、日本に代表される高コンテクストの文化では、
コミュニケーションの前提となっている知識、価値観、当然視され
る論理関係などが高いレベルで共有され、情報のほとんどが受け手
側に埋め込まれているため、言語として明確に伝えられる部分の情
報が非常に少なくとも意思疎通が可能になる。「察しが付く」、「阿
吽の呼吸」、「以心伝心」といった趣だ。長年連れ添ったふたりが
「あれ」「これ」「それ」だけでそれなりのコミュニケーションをとっ
ている姿を想像すると良いだろう。このような言語に頼らないメッ
セージ伝達が可能となるのは、このコミュニケーションが起こるま
でに、様々な経験を通してコミュニケーションの前提となる知識や

価値観などを、（場合によっては世代を超えて）共有してきたため
と考えられている。その過程は極めて長い時間がかかるが、人々は
強く結束する。そのため、一度高コンテクストのコミュニケーショ
ンの形式が確立したらなかなかそのスタイルは変化しない。

　高コンテクスト文化では、少ない言葉でメッセージを伝えようと
する傾向が強いため、コミュニケーションの成否においてメッセー
ジの受け手・聞き手の責任が強調されがちである。「空気が読めな
い」はメッセージの受け手に対して否定的な評価として使われるこ
とが多い。これは意思伝達不全が起こっている状態の責任を、受け
手がコミュニケーションに必要なコンテクストを期待されているレ
ベルで共有できていないことに求めていると考えられる。

　これに対して、低コンテクストの文化では、知識や価値観が高い
レベルで共有できていないことを前提に、言語への依存度を高めて
コミュニケーションを図ろうとする。言語化された以上の意図が相
手に通じることはないと考えるため、言外の知に頼ることなく伝え
ることが重視される。相手による解釈の幅をなるべく小さく、伝達
する情報は全て言語によって表現することが求められるため、話し
手・発信者責任が大きくなり、それを意識した訓練が行われる。具
体的には、直接的な表現や単純な論理構成が好まれる傾向が強い。
一般的に言って、低コンテクストのコミュニケーション形式は安定
して確立された高コンテクストのコミュニケーションに比べて非効
率と考えられるが、構成員の入れ替えが頻繁にある社会ではかえっ
て効率が良い場合も多い。

　さて、高コンテクストといわれる日本文化の中で育った人の中で
も個人差はある。より高コンテクストのコミュニケーションを好む
人もいれば、相対的に低コンテクストのコミュニケーションを好む
人もいるだろう。「言わなくてもわかるだろう！」と「言わなきゃ

わからない！」の論争は日本人同士のコミュニケーションでもよく聞くことだ。自分のスタイルが他の人にどのように受け取られる可能性があるかを知る上で、高コンテクスト・低コンテクストという考え方は、有用な視点である。

　しかし、この考え方は日本の異文化介護の現場において、自己理解の深化以上の意味を持つ。日本の異文化介護の現場は、日本で育った人々が、日本以外で育ったコンテクストを共有しない人々と共に働く職場である。高コンテクストなコミュニケーションスタイルを継続していては、コンテクストを共有していない外国人介護士とコミュニケーションの不全が起こりやすい。そのためコンテクストを共有していない人とのコミュニケーションでは通常よりも多くの言語的補完がなければ同じレベルの理解をすることは困難であることに気が付かなければならない。つまり、異文化介護の現場では同じメッセージを伝えるとしても、より低コンテクストのコミュニケーションが求められているのだ。

　言いかえれば、当たり前と思っていることでも、言葉にして説明する必要がある。確かに業務量が増えるし、そもそもどの部分を言語化してよいのかなどの戸惑いも多いだろう。さらに「褒める」、「叱る」、「苦情を伝える」など価値中立的でないメッセージによっては最適なコンテクストへの依存度が変わってくる可能性があることにも気が付いておきたい。

　ただし、職場環境が持続していくことを前提に考えるなら、このような混乱状況はそれほど長く続かない可能性もある。すべての職場関係者が共同して新しい職場の文化を作り上げていくことができれば、そこに新たなコンテクストの共有状況が発生し、高コンテクストな職場文化を構築することも理論的には可能なはずである。高コンテクスト文化とはコミュニケーションの前提となっている知

識、価値観、当然視される論理関係などの共有度合いが高い関係で
あった。長期的にはこのような職場を創出していくことを目標とす
ることができれば異文化介護の現場でのコミュニケーションを客観
的にモニターしたり、効率のよいコミュニケーション環境を創造し
たりすることも可能となるだろう。

2.2　ホフステッドの理論

　高コンテクスト・低コンテクストのように特定の文化の文化的価
値があらかじめわかっていれば、その文化の人とコミュニケーショ
ンをとる際の目安になる。社会心理学者ヘールト・ホフステッド
は、すべての人間に共通する普遍的な部分と 1 人 1 人がもつ固有
の部分の間に、一定の範囲の人々が共有する部分（文化）を想定し、
その文化ごとの価値観の違いを明らかにすることを試みた。具体的
には、40ヶ国 10 万人を超える国際的な大規模アンケート調査を
行い、その結果を項目ごとに数値化して比較した。この研究は
1960 年代から 70 年代に行われたものだが、その後もこの研究は
発展していき、近年の調査では 100ヶ国を超える国や地域を対象
とした研究結果が公表されている（Dimension data matrix）。当
初 4 つであった項目は研究の発展とともに 6 つに増えたが、ここ
では紙幅の制限から当初の 4 つの項目について、日本、外国人介
護士の主な送り出し 5ヶ国、そして異文化コミュニケーションを考
える際に日本と比較されることの多いアメリカの合計 7ヶ国を対象
に、それぞれの結果を示した。

（1）Power distance index（PDI）　権力格差を是認する程度

　PDI とは、特定のグループで、権力を持たない人がそのグループ

内で権力の格差があることを是認する程度を示す。具体的には、組
織内で下位のものが、上位にある人が日々の業務を行う上での指示
や指導をすることを当たり前と思う度合いと解釈できる。

　日米の関係では「日本は上下関係に厳しく、アメリカは平等」な
どといわれることが多い。しかし、この指標を見る限り、送り出し
国と比較して日本は権力格差を受け入れる程度が最も低い。少し踏
み込んで想像すれば、外国人介護士に「自分で考えて」などという
指示はかえって、出されるべき指示・指導がなされていない状態と
いうように受け取られることも考えられるだろう。

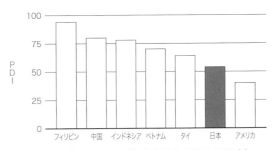

図 5-4　各国の PDI（権力格差を是認する程度）

https://geerthofstede.com/research-and-vsm/dimension-data-matrix/ より一部改変

(2) Individualism（IDV）　個人主義的傾向の強さ

　IDV とは、自分自身が個人として独立した存在と考える程度とさ
れる。これは所属するグループの一員として自分自身を理解する集
団主義と対をなす。個人の選択と組織でのあり方のいずれを重視す
るかと言い換えることもできる。

　日米の関係の中で「日本は集団主義的、アメリカは個人主義的」
といわれることが多い。しかし、送り出し国と比較すると日本は相
対的に個人主義的傾向が強いことがわかる。送り出し国から日本に

来た人にとって、日本人は個人主義的な側面が強いと意識される可能性が高いと推測できる。場合によっては、「ほっておかれる」「冷たい」といった印象に繋がることもあり得るだろう。しかし、程度の差は日本とアメリカの差に比べて、日本とその他の国の差が小さいことにも注意が必要だろう。

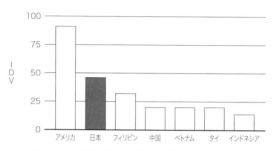

図 5-5　各国の IDV（個人主義的傾向の強さ）

https://geerthofstede.com/research-and-vsm/dimension-data-matrix/ より一部改変

（3）Masculinity（MAS）　男らしさを求める程度

　MAS とは、伝統的に「男性的」といわれる事柄が重視される程度と言い換えることができる。具体的には、意志が強く、身体的にも強靱で、物質的な成功を志向し、仕事と家族のバランスでは仕事をより重視するような態度が典型とされる。

　この指標では、日本が他国に比べて顕著に高いことがわかる。そのためどの国の出身者にとっても日本社会は「男性らしさ」を求める程度が強いと感じられるだろう。しかし送り出し国の中でも程度の差はあるため、中国やフィリピンの人に比べて、タイやベトナムの人はより強くこの点の文化差を感じる可能性が高いことも読み取れる。大胆に解釈すれば、外国人介護士は、日本の職場に「体育会系のノリが強い」と感じることが想定されるだろう。

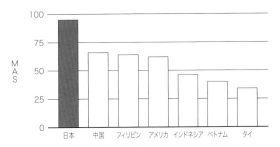

図 5-6　各国の MAS（男らしさを求める程度）
https://geerthofstede.com/research-and-vsm/dimension-data-matrix/ より一部改変

(4) Uncertainty avoidance index（UAI）　不確実性を回避し ようとする傾向の強さ

　UAI とは、不確定であいまいなことに対する寛容さの程度を示し ている。これはリスク回避傾向とは異なり、未知の事態に直面する こと自体に不安に感じ、はっきりとした手順や対処方法を用意して おきたいと考える傾向の強さである。

　この指標でも、日本が他国に比べて顕著に高い。そのためどの国 の出身者にとっても日本の職場では、予想される事態をなるべく多 く想定し、それに対する対策をあらかじめ考えようとする傾向が強

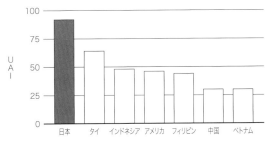

図 5-7　各国の UAI（不確実性を回避しようとする傾向の強さ）
https://geerthofstede.com/research-and-vsm/dimension-data-matrix/ より一部改変

いと感じられる可能性が高い。特に中国やベトナムの人にとって
は、「起こってもいないことになぜそこまでの対策をするのだろう」
と疑問に思われる可能性がより高いと推測されるだろう。

　ホフステッドの研究は、国際ビジネスの分野における異文化コ
ミュニケーションの考え方に多大な影響を与えた。企業活動のグ
ローバル化によって多様な文化的背景の従業員が共に働く機会も増
加したため、異文化ビジネスコミュニケーションのヒントとして重
宝されている。確かに特定の価値観に対する各国の文化の在り方を
数値化して比較するという手法は、異文化コミュニケーションの指
針を考える際の材料として大変「便利」である。特に日本では、日
米間の英語コミュニケーションを想定した異文化コミュニケーショ
ン論が語られることが多いため、その他の国々との関係の中で日本
のあり方を考える視点を与えてくれることは極めて有用な側面だ。

　しかし、その一方で、この研究には様々な批判もある。その中で
も特に重要なのは、それぞれの国の人々をあまりにも均質なものと
してとらえていることへの批判である。当然のことながら彼の調査
の対象となった人々はその国のごく一部であり、しかも当初の時点
では調査協力を受けた企業の従業員がほとんどであった。そのため
年齢、性別、居住地、教育の程度など様々な点で、その国の多民族
多文化多階層な社会を十分に代表していない。このことから「特定
の国の国民が固定的で均質的な特徴を持っているはず」という研究
の大前提までもが疑問視されるようになっていることは指摘してお
きたい。

3 新しい介護文化の創造を可能とする論理

　異文化介護の現場は多様な文化の存在する1つの多文化社会と考えられる。また、介護現場にかかわる人々は日本人か外国人にかかわらず共通の目標をもつ集団でもある。ばらばらの文化が併存しているだけでは十分に協働することは難しい。ここでは、文化に関する代表的な理論を紹介することで、多文化社会に存在する多様な文化のあり方を可視化できる方法や文化同士の関係を理解するための視点を提供する。その上で、介護の現場にかかわる人すべてが共有することのできる介護文化の創造を可能にする論理について考えたい。

3.1　「文化進化主義」と「文化相対主義」

　「文化」と聞くと、無条件になにか「良いもの」といったイメージを持たれることが多い。しかし、歴史を振り返ると文化という概念が、問題の多い使われ方をされてきた時期もある。最も重要な事例としては、19世紀から20世紀にかけて広がった植民地主義を正当化する理論に文化の概念が使われたことだろう。代表的な論者はエドワード・タイラーである。タイラーはダーウィンによる進化論の影響をうけ、文化は、生産、知識、政治、道徳などの分野における発展段階によって低級から高級まで区分できるとし、未開社会から野蛮社会を経て西洋社会へと直線的に文化が発展していくというモデルを考案した。この文化進化主義の考え方が「優れた」西洋が世界の指導的立場に立つことを自明とし、「劣った」他地域の支配を正当化することに使われていったのである。

　このモデルは、当時の国際条約の前提ともなった考え方で、西欧諸国と同等の「文明国」でなければ平等の条約は締結できないとされていた。明治期の日本が西欧諸国との不平等条約の改正を目指す過程で、「日本は文明国である」と認めさせるために様々な努力をした理由はここにある。鹿鳴館での舞踏会開催はその最たるものであろう。

　自分の文化を「発展したもの」、その他の文化を「遅れたもの」とし、遅れたものは自分の指導に従うことが当然、とみるような態度は、現代社会でも各所に垣間見えるのではないだろうか。

　これに対して近年は文化相対主義や多文化主義といった言葉をよく耳にする。これはいわゆる多文化共生などに連なる考え方でもある。文化相対主義とは、文化に優劣をつけず、基本的に全ての文化は対等であるとする考え方である。明治生まれの詩人金子みすゞの「みんなちがって、みんないい」に通じる美しい理想を感じる。ただし、多文化共生を標榜する社会においても、多数派の文化に属している者たちと少数派の文化に属している者たちとではその社会のあり方への影響力が大きく異なることも現実であろう。その一方

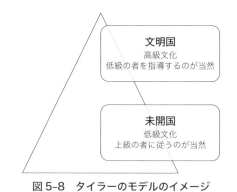

図5-8　タイラーのモデルのイメージ
エドワード・タイラー『原始文化』（1962）から筆者作成

で、それぞれの文化を尊重しすぎるあまり、社会としての安定や
人々の安全を欠いてしまっては社会全体の利益を損なう。文化相対
主義を背景にした多文化社会では文化の尊重と同時に社会全体とし
ての結束も高める必要があるという微妙なバランスが求められる。

　異文化介護を進める際に、自分と異なる文化に対してどのような
態度を取るのかは極めて重要だ。しかし、概して言えば、異文化介
護の世界で求められているのは文化進化主義的立場ではなく、文化
相対主義的な立場だといって良いだろう。「日本の介護文化は『進
化』の頂点に君臨し、その他の介護文化を指導するべきで、他の文
化から新しい要素を取り入れる余地はない」などということはあり
得ない。より良い介護文化の醸成のためには、学べるものは学び、
常に改善をしようとする態度が不可欠だ。介護士同士だけでなく、
利用者や利用者の家族の文化も尊重した文化相対主義的な態度を基
本とした介護を展開したい。

3.2　本質主義と構築主義

　本質主義と構築主義は対をなす概念で、文化を考える際にこの 2
つの立場から眺めると理解できることが多い。

　ホフステッドが示した「ある特定の文化に属する人には固有の共
通する傾向がある」といった文化理解は、本質主義的文化理解と表
現される。本質主義の立場では、特定の文化が、決定的で変化する
ことのない核心的な性質＝本質から成り立っていると考える。この
考え方に基づけば、日本文化には、不変的な性質があり、日本文化
を実践する人々は固有の性質を共有しており、一定の条件下では同
じ思考や行動をするはずと考える。これは一定のグループの人がど
のような性質を持っているのかを理解するうえで役に立つ。ホフス

テッドの研究はまさにこの点を深めたものといえる。

　本質主義的な日本文化理解の表れの例としては、「日本人は勤勉」「日本人は時間に厳しい」などがあげられる。しかし、我々は勤勉でない日本人や時間にルーズな日本人の存在もよく知っている。このように本質主義的な立場のみから物事を考えると本来多種多様である人々をステレオタイプ（紋切り型のイメージ）で理解してしまいがちで、偏見を助長してしまう危険性さえある。そのため一般的に文化の本質と思われていることにも例外があり得ることは常に意識しておきたい。

　一方、構築主義的立場の根底には、本質主義的な文化の考え方への反発がある。すなわち文化は、本質主義が主張するように変化することのない普遍的な本質から成り立っているのではなく、社会的歴史的に構築（様々な要素の関係の中で作られる）されたもので、可変であると考える。つまり、日本文化の表れとされる「勤勉」「時間に厳しい」などの性質は、日本における家庭や学校での教育、社会における勤勉や時間厳守の奨励、非勤勉や非時間厳守的なものへの制裁などによって達成された成果であるとする。このような成果は、それを受け入れ自分のものとしている人々にとっては当然でごく自然なものであり、自分たちの文化の特徴だと思われがちだ。しかし、これらが社会的に作られたものだと考えることができれば、「勤勉」「時間に厳しい」という成果が十分に達成されていない者の存在も当然のこととして想像できるし、教育や社会環境の変化があれば、その結果構築される性質も変わり得ると考えることもできることだろう。

　本質主義は特定文化に属する人々の特徴を、比較などを通して他の文化の人の特徴と明確に区別しようとする傾向がある。一方、構築主義はそのようなアプローチへの批判から出発していることもあ

表 5-1 文化を考える際の 2 つの視点

	本質主義的文化観	構築主義的文化観
文化とは？	文化は、決定的で変化することのない核心的な本質から成り立っている。各文化には、不変的な性質があり、その文化を実践する人々は固有の性質を共有し、一定の条件下では同じ思考や行動をとる。	文化は、変化することのない普遍的な本質から成り立っているのではい。家庭や学校での教育、社会における諸条件などによって社会的歴史的に作られた（構築された）成果であり、可変的である。

り、考察の対象となる文化がどのような要素で構成されているのかを理解しようとうとする傾向が強い。本質主義と構築主義のいずれも、文化を理解するうえで重要だ。しかし、ステレオタイプや職場の文化の可塑性に気が付きやすいという意味で、多文化が共存する介護現場では後者の構築主義をより重視した立場の方が重要で、介護文化構築の道へつなげることもできるだろう。

4 | 異文化コミュニケーションから異文化介護を考える

4.1 協同的な異文化介護の環境構築を可能にする道筋とは

　冒頭にも述べた通り、異文化介護の目標の 1 つは、介護の現場で、多様な文化的背景を持つ介護士、利用者、そしてその家族の間で生じるコミュニケーションを円滑にし、相互に尊重し合える介護経験を積み上げていけるような環境を作っていくことである。これは、いいかえれば異文化介護が行われる職場に新たな文化を作っていくことに他ならない。自分の職場に異文化介護が目指す新たな文

化を作っていくには、まず「文化がどう作られるのか」について共通の認識を持つことが重要であろう。これを知ることによって、人々が文化を作ってきたプロセスが理解でき、新しい文化を作るためのプロセスも考えることができるようになる。

　具体的に本章で紹介した各点に引きつけながら考えれば、まずホフステッドの研究などをもとに文化の多様性についてのイメージをつかむことからはじめたい。しかし、すでに述べたように、目に見える文化の下により大きな目に見えない価値の体系があることや、外国人介護士の出身国も多民族多宗教、かつ複雑に社会階層が構成されており、必ずしもホフステッドが国の文化として想定するイメージと受け入れた介護士の文化が一致しないかもしれないことには注意が必要だ。もちろんステレオタイプに繋がりやすい本質主義に陥ることも避けたい。しかし、言葉を与えることで物事が認識できるようになる側面があると説く言語相対主義を引くまでもなく、知的操作をする上で一定程度の一般化・概念化は不可避でもある。何かの概念を言葉によって定義するということは、他と区別するということでもあった。同様に文化によって人々を分けて理解することも一定程度は不可避に思われる。

　これに関連して、社会言語学の立場から異文化コミュニケーションを説明しているイングリッド・ピラーは、別の文化を想定しながら特定の文化の概念を規定していくこと自体を異文化コミュニケーションと呼んでいる。つまり、一般に考えられるように異なる文化を持つ人々同士の意思疎通の側面ではなく、人と人が関わる中で見えてくるそれぞれの行動や思考の相違点をその人が所属するグループの特徴として理解する行為を異文化コミュニケーションとした。

　ピラーは、異文化コミュニケーションでは、文化の違いが問題視される理由や、文化がどのように作られ、どのようにその文化にか

かわる人々に影響するのかを問い続けることが極めて重要と主張する。なぜならある人の行動原理や思想信条を異文化と意識することは、必然的に 2 つの文化を成立させることに繋がり、このような行為は文化進化論に典型であったように、容易に差別の道具として利用されがちであることを危惧するからだ。

　文化による差別は、多様な文化的背景を持つ介護士、利用者、そしてその家族が相互に尊重し合える環境という異文化介護が目指す価値と決して相容れるものではない。そのため文化が引き合いに出された際には、文化の否定的側面に自覚的になるとともに、誰が、誰と誰を、なぜ、どのようにグループ分けしているのかを問うことで、結果として異文化介護の現場という多文化社会での平等性の実現に資することを目指したい。

4.2　「異文化介護」という概念が介護現場を変える

　外国人介護士の導入は、職場の多文化性に目を向けさせる。しかし、構築主義的文化観の立場に立てば、外国人介護士受け入れ以前も、日本の介護施設は地域の文化や世代ごとの文化、運営母体の企業文化など様々なレベルの多様な文化を包含しながら施設ごとの文化を歴史的社会的に作り上げてきたことは明らかだ。外国人介護士を受け入れるということは、これらに新たな要素が加わるにすぎない。

　それにもかかわらず、ことさら国や民族に焦点を当てた本質主義的な文化理解をもとに、「日本文化」対「外国文化」というように対峙的にこの変化の過程をとらえることは、特に外国人介護士と受け入れ施設という非対称な力関係の中では差別的な理解に陥りやすいことを思い出す必要がある。そのため文化が引き合いに出された際

には、誰が、誰と誰を、なぜ、どのようにグループ分けしているのか
を問うことで、職場における公正性を担保するべきだろう。特定の
文化に対する否定的なステレオタイプが横行する環境では、日本人
外国人双方の介護士が潜在能力を十分に発揮できるとは思えない。

　受け入れ側にはこれまで施設の介護文化を構築してきたという自
負心があって当然だ。しかし、受け入れ側も変化することを想定し
なければ混乱は避けられない。外国人介護士に既存の施設の介護文
化に同化してもらうことを期待するのではなく、新しく加わった外
国人介護士とともに「私たちの施設の文化」を構築するという意識
が重要だ。このような新しい文化の概念を持つことでこそ異文化介
護という新しい文化を作っていくことが可能となる。

　介護にかかわるすべての人が相互に尊重し合える環境の創造こそ
が異文化介護学の中心的価値であり、そこに「異文化介護」という
言葉を与えることによって、そのような概念が形作られていかなけ
ればならない。本章を通して異文化介護の概念を構築していくこと
に少しでも貢献できればと願う。

参考文献
川村千鶴子、宣元錫 編著（2007）『異文化間介護と多文化共生 誰が介護を担
　うのか』明石書店
イングリッド・ピラー（2014）『異文化コミュニケーションを問いなおす ディ
　スコース分析・社会言語学的視点からの考察』創元社
エドワード・T・ホール（1979）『文化を超えて』、岩田慶治、谷泰訳、TBS
　ブリタニカ
エドワード・タイラー、比屋根安定訳（1962）『原始文化』誠信書房
ヘールト・ホフステッド　Dimension data matrix　https://geerthofstede.
　com/research-and-vsm/dimension-data-matrix/
　　　　　　　　　　　　　　　　　　　　　（2021 年 9 月 24 日閲覧）

　　　　　　　　　　　　　　　　　　　　　　　　　（渡辺幸倫）

第6章 やさしい日本語 —同僚は外国人

　介護の現場で外国人介護士と出会うのは今や驚くことではないが、職業としての介護の専門性を考えたとき、外国人と同僚として働くことには不安があるかもしれない。仲間とのコミュニケーションこそ、利用者の安全安心を保証する根本だからだ。しかし、介護を志した皆さんの、自立した日常生活を送れなくなった人たちを助けたいという気持ちは、言葉や文化の違いを越えた、人としての優しさそのものである。その優しさで外国人介護士のかたと話し合えるよう、「やさしい日本語」を紹介したい。これは日本語が苦手な外国人と日本語で話し合うための調整の手法である。「やさしい日本語」の「やさしい」は、心の優しさと、表現としての易しさとを掛けている。優しい気持ちを易しい表現に乗せて、伝えることで、わかりやすく正確な伝達が可能になると同時に、お互いへの信頼が生まれ、国籍や言語、文化の違いを越えて、目指す介護の実践に近づくことができるだろう。

1 そもそも「やさしい日本語」とは

　「やさしい日本語」のきっかけは 1995 年の阪神大震災である。被災地には、在日コリアンをはじめ、ベトナム人、南米日系人、中国帰国者なども多く住んでいた。地震の後、日本語も英語もわからないまま、救いを求める外国人被災者の存在があらわになり、外国人に救助や避難のための情報がなかなか伝わらないという状況が生まれていた（外国人地震情報センター　1996）。外国人被災者の死亡率は日本人の 1.5 倍にのぼったという報告もある（金　1998）。

　それでも何とか外国人にもわかるような、限られた日本語を駆使して情報を伝え、同時に外国人被災者から現状を聞き取っていく過程で、外国人には英語、という従来の思い込みが反省され、災害発生後 72 時間以内を目途に、日本語で外国人に情報を伝えられる手法の開発が研究された（佐藤　1996、1998）。それが「やさしい日本語」の始まりである。

　今現在、日本で暮らしている外国人なら多少の日本語はわかる、ということを前提に、用語や文法を当時の日本語能力試験の 3、4 級に限定して日本語をわかりやすくすることが試みられた。当時の試験は現行のものとは異なるため、3 級は N3 と同じだと考えることはできないが、日本語の初級教科書を終えた程度の文法で、1500 ぐらいの単語を使い、単文で短く簡潔に表現する手法が「やさしい日本語」として世に出たのである。

　この「やさしい日本語」の手法は、その後の災害のたびに被災地で外国人支援にあたる行政職員や国際交流協会職員、ボランティアらによって活用された。2003 年宮城県沖地震、2004 年中越地震、2007 年中越沖地震、そして 2011 年東日本大震災、その後も地震

や豪雨などの大きな災害が外国人の多い地域を襲うたびに、実践を通じて伝達のノウハウが蓄積され、すぐには通訳や翻訳の用意ができない災害現場でのコミュニケーション手段として「やさしい日本語」が評価されるようになった。

　災害現場で「やさしい日本語」を知った人々は、平時の外国人対応にも使い始めるようになり、役所の窓口や福祉の場、地域の日本語教室、観光案内所などに広まっていった。それとともに、やさしい日本語の手引きなども各地で作られ始めた。2019 年、外国人労働者の受け入れに舵を切った日本政府が、外国人に向けた『生活・就労ガイドブック』を多言語で作成した際、同じ内容で『生活・仕事ガイドブック』（出入国管理庁 2019）と題して、やさしい日本語版も作られた。さらに翌年には『在留支援のためのやさしい日本語ガイドライン』（出入国管理庁・文化庁 2020）もまとめられ、日本語を調整して、外国人にわかりやすく伝える方法としての「やさしい日本語」は政府公認になっているといってよい。

　2020 年の新型コロナウイルス感染症関連の情報発信では、政府や多くの自治体で多言語と「やさしい日本語」が用いられた。医療の現場でも実践的な導入の研修が行われている（医療×「やさしい日本語」研究会 2020）。

　しかし、「やさしい日本語」という決まった形があるわけではない。これはあくまでも通常の日本語をわかりやすくする調整手法である。相手や状況によって、どのくらい、どのように言い換えるかは、変わってくる。「やさしい日本語」という特別な日本語が存在するかのような誤解を招かないために、本章でも、ここから先はカギカッコをとって、やさしい日本語と表記することにする。

　もちろん、やさしい日本語の調整ができても、全然日本語がわからない相手に伝えられたりはしない。だが、ある程度日本語が話せ

る、少しは勉強してきた、という人とのやりとりなら、やさしい日本語の考え方に沿って、普段の日本語を調整すると、伝達可能なことの幅が広がる。そして、よく知られているように、ある程度日本語ができる外国人とともに働くのが介護の現場であり、そこに複数の国の出身者がいるような多国籍の場合には、日本語が全員の共通語になる。日本人職員が調整をして日本語を使えば、全員にわかりやすく、毎日の仕事が円滑に運ぶだろう。これからの介護職にとって、やさしい日本語は不可欠のスキルなのだ。

2 ともに働く外国人―日本語能力の見地から

　やさしい日本語の調整手法の説明に入る前に、同僚となる外国人の日本語について触れるが、ここで１つお断りしたいことがある。日本国籍があっても、外国で育ったなどの事情で、母語、つまり生まれて最初に自然に覚えた言葉が日本語ではないという人もいるし、逆に外国籍だが、母語は日本語だという人もいる。そのため日本人＝日本語ができて当然、外国人＝日本語がわからない、という考え方が最近では通用しなくなっている。本章でも正確には、日本人、外国人の区分ではなく、日本語母語話者、日本語非母語話者として使い分けるべきだが、それを踏まえた上で、便宜上、日本人、外国人の語を使うことを了承されたい。

　同僚になる外国人の日本語能力が、個々人によることは当然だが、介護福祉士の資格を持つ外国人であれば、読み書きも含めて一定の水準には到達している。不慣れな事柄に配慮をすれば、日常的な業務で大きく困ることはないだろう。しかし、読み書きを含め、情報伝達の円滑さ、正確さで日本人に引けを取らないといえる人は

まだ多くはない。

　EPA の介護福祉士候補者は、来日前の事前研修を、6ヶ月あるいは 12ヶ月受けているが、来日初年度には当然やさしい日本語の調整が必要である。

　技能実習生として入職した者には、それ以上の配慮が求められる。入国時に日本語能力試験（JLPT）の N4 を持っていて、入職後も継続的な日本語学習が求められているが、N3、N４と言われる日本語力では、現実のコミュニケーションでのトラブル発生は十分ありうることだ。詳しくは日本語能力試験の公式ホームページ（https://www.jlpt.jp/）を参照されたいが、この試験で評価されるのは、基本的に「読む」と「聞く」の分野である。そして、諸条件はあるが、おおよそ半分強できれば合格が可能である。その上で、N4 の「聞く」を見ると、N4 で内容がほぼ理解できるものは、「日常的な場面でややゆっくりと話される会話」であり、N3 でも「日常的な場面で、やや自然に近いスピードのまとまりのある会話」という制限がつく。つまり、日本人が普通に話す日本語では理解困難ということだ。介護での来日を目指す前から日本語を学んでいたような例外的な人を除けば、技能実習生の外国人介護士には、やさしい日本語対応は欠かせない。

　特定技能で来日の者は、日本語基礎テストという別の試験に合格した後に入国する。こちらの試験は実践的な言語力に重きをおいているというものの、N4 を若干上回る程度の実力で合格でき、特別高い能力を保証するものではない。ただし日本で介護経験のある者の受験も見込まれるので、中には日本語が上手な人もいるだろう。

　そのほか、介護系の資格を特に持たないで入職している者もいる。彼らはすでに何年も日本で生活していることが多く、おおむね日本語の会話は達者である。だが、厳しい見方をすれば、高いのは

見かけのコミュニケーション能力だけ、というような例も見受けられる。理解があやふやでも、その場の対応力に秀でているため、応答に不自然さを感じさせないのだ。この力を過信すると思わぬ失敗を招きかねない。確実な伝達をするためには、技能実習生に対応するのと同様に、やさしい日本語の調整から始めるほうがよい。また、無資格で頑張る者の中には、会話は得意でも読み書きには時間がかかる人も少なくない。

　同僚となる外国人の日本語レベルは、このように様々である。そのため、質の高い介護の実践には、相手にあわせた日本語の調整が必須だといえる。調整というと難しく感じられるかもしれないが、耳の遠いお年寄りに、耳元で大きい声で話して聞こえやすくすることと、本質的には変わらない。日本語が母語であればすぐに使える、外国人との簡便なコミュニケーションの方法として、やさしい日本語への調整法を身につけていただきたいと思う。次節ではその具体的な方法を説明する。

3 やさしい日本語への調整

3.1　情報整理と伝える順序

　まずは、何を伝えるか、何から伝えるか、ということだ。

　言うまでもなく、音として口から出た言葉はすぐに消えていく。外国人にとっては、耳に聞こえた音の意味を考えているうちに、話がどんどん先に展開して、理解が遅れ、新しい話題を聞き洩らしたりすることなど、日常茶飯事である。ましてや、前に言ったことに

訂正が入ったり、話が本筋から逸れて予想外の展開をしたりしたら、どれほど困るかは想像に難くない。

　話しながらの訂正や追加を避け、関係のないことを挟まないために、話す前に伝える情報をしっかり取捨選択することが必要になる。伝える情報自体が、日本の文化や生活習慣に深く根差していて理解が難しいと思われるならば、新たな情報を追加して説明するほうがよいし、逆に、本人に関係がないことだから伝えても理解する負担をかけるだけだと考えて、省略することもある。

　内容を選んだ後は、それを伝える順序を考える。

　最初に言うのは、結論、もしくは行動の指示がよい。「何をどうする」「何がどうだ」、具体的な指示があるときは「〜してください」のようなものを優先する。そうなるに至った経緯や諸事情は、必要があれば後で追加する。日本人同士のコミュニケーションでは、経緯や事情の説明を先に出して、相手の共感を得てから結論や依頼になりがちなので気をつける。

　たとえば地域のお祭りがあって、神輿の町内巡行がある場合、「今日はお祭りで、お神輿が来るから、みんなで外で見ましょう。食事時間があまり延びないよう注意しましょう。1時半頃に来るそうです。」と言うより、必要な指示を先に出し、伝えるべきことが確実に伝わるようにする。「昼食は時間通りに終了してください。1時半に利用者さんと外に出てお祭りを見ます。お神輿が来ます。」と伝える。外国人には神輿、人によってはお祭りも何かわからないことがあるので、必要なら、同僚が説明を追加するか、または、伝達時には省いて、見た後で説明をするのでもよい。こうした調節が文化的な配慮である。

　さらに、天候のことでも追加説明がほしい場合がある。「明日は雪の予報が出ていますから注意してください」と言われても、外国

人は、何にどう注意するのか、わからない。道路のこと、防寒具のこと、あるいは交通のダイヤ乱れなど、業務に関わりそうなことがあれば、別途追加で具体的に伝えよう。

3.2　情報は少しずつ短い文で伝える

　外国人への情報伝達に、欲張りは禁物である。情報量が多いと、どうしても先に聞いたことを忘れたり、混乱したりする。高齢者への食事介助ではないが、<u>情報は少しずつ</u>が安全で確実だ。それを<u>短い文</u>にする。

　短い文というと、字数が気になるかもしれないが、話す場合に字数は数えられない。だから、一息で言えるくらいの長さと考えればよい。途中で息継ぎをして話すのはよくない。

　<u>１つの文で１つのことだけ</u>伝えるようにすれば、自然に文は短くなる。

　文の形式で言うなら、途中で２つに切れる文（複文）はやめて、主語と述語が一組の文（単文）にする。「午後は雨が降りそうなので散歩をやめます」ではなく、「午後は雨が降りそうです。（だから）散歩をやめます。」と２つに分ける。

　一文の情報を欲張らないことと、短い文にすることの両方を心がけると、ちょうどよい長さの文が作れるようになる。

　ただし、正確に伝えようとすると、文中の名詞に連体修飾の形で説明をつけて言うことが多くなる。名詞の前にそれが付くのは、日本語の仕組み上、どうしようもないが、極力短くするか、別の文にすることを考える。

　具体的には、「Ａさんが間違えた靴」程度は可としても、「Ａさんがうっかり間違えて家まで履いて帰ったＢさんの靴」となると、

長すぎる。これは「Ｂさんの靴です。先週、Ａさんがうっかり間違えました。Ａさんが家まで履いて帰りました。」のように分ける。

　Ａさん、Ｂさんの連続がややうるさいが、誰が、誰の、誰を、誰に、などの情報は省略しないで、しつこく繰り返すほうが、日本語に不慣れな人にはわかりやすい。あれ、それ、あそこ、そこといった、指示代名詞も難しいことがあるので、伝わりにくいときは、くどいようでも名詞の繰り返しをお勧めする。

3.3　ゆっくり、はっきり、きっぱり言い切る

　早口はいけない。「ゆっくり」を心がけてほしい。そして、文節ごとに少し間をあけて、文の要素を「はっきり」際立たせるように話すと、慣れない人の耳にも、わかりやすく聞こえる。（文節とは、それぞれの間に「ね」を入れられるような、文中の切れ目である。）

　「今日ね、Ｃさんがね、テーブルをね」というように、「ね」を入れれば、文節ごとに分かれるが、外国人介護士のためには、「ね」の代わりに、一息、間を入れる。「今日␣Ｃさんが␣テーブルを␣ふく␣手伝いを␣してくれました」となる。

　最後は「きっぱり」言い切ることが重要である。日本人は自分で結論を言い切らないで、文末を省き、相手に結論を悟らせるような話し方をしがちだ。「Ｄさんの歌はまた今度ね」とか「このことはもう教えたはずだけど……」といった、言いさしで終える話し方をする。言いさしには文化的な背景もあり、日本人にとって「きっぱり」言い切ることは案外難しい。ぶっきらぼうで、品のない言い方になるからだ。しかし、いくら自分がそう感じるとしても、正確な伝達のために「Ｄさんの歌は次のレクで頼みます」「このことはもう教えました」と言い切ってほしい。

3.4　外国人介護士に伝わりやすい言葉を選ぶ

　外国人介護士に伝わりやすい日本語は、彼らが、それまでで一番よく触れてきた日本語である。外国人が日本語を学ぶときは標準語を学び、最初は「です」「ます」の丁寧体から入る。入職してまだ慣れないうちは、できるだけ教科書で学んだ文体の「です」「ます」を使って会話を運んでほしい。方言をよく使う地方でも、<u>外国人には標準語がわかりやすい</u>ので、「言わはる」でなく「おっしゃっる」、「何しようと」でなく「何をしていますか」といった具合に言い換える。ただし、日本に長くいる外国人の場合、丁寧体の「歩きます」より普通体の「歩く」を好み、方言がよくわかる人もいるので、相手に合わせることも大切だ。

　標準語の単語でも、伝わりやすさには差が大きい。外国人にわかりやすく伝えようとする場合、専門用語や漢字熟語、カタカナ語、省略語は避け、敬語は使わないのが原則だが、外国人介護士が対象のときは、彼らがよく触れている語の特殊性を考慮して調整する。

　<u>専門用語</u>であっても、日本で普通に使われる単語を知るより先に、専門用語を覚えたのであれば、専門用語特有の難しさに対する抵抗は見られない。「拭く」より「清拭」、「むくみ」より「浮腫」を先に覚えた外国人は介護現場に少なくない。専門用語の理解度は、現場での経験や知識の度合と相関性が高いので、個人差も大きい。通じていないとわかったら、「（A さんに構音障害があるとき）舌がうまく動きません。だから上手に言えません。（一息おいて）A さんは『構音障害』です」などと、日常的な簡単な語を使い、短い文に分けて説明する。

　<u>漢字熟語</u>は、中国など漢字圏出身者を除き、介護と関係がなければ、どれでも難しい語である。「脱健着患」や「端座位」がわかっ

ていても、「交通渋滞」「異常気象」には首をかしげることがある。介護分野以外の専門用語や漢字熟語はわからなくて当然なので、道が混んで時間がかかる場合なら、「道に車がいっぱいです。早く走れません」、また、天気の様子が異常であれば、「これまでになかったような」の後に「普通と違う天気」「大変な暑さ」「大変な雨」など適宜現場に応じたことを続けて、その場でわかる表現にする。辞書的な説明ではなく、その場の会話に即した言い換えがよい。

　漢字熟語には「放送」と「包装」、「紹介」と「照会」のように同音異義語が多いことも要注意である。しかし、実は平仮名のごくありふれた動詞でも、異なった意味で使われるものがある。たとえば「聞く」は、「音楽を聞く」「今日の献立が何か聞く」「あの人はいつも指示を聞かない」と使うとき、同じ「聞く」でも、それぞれの意味内容が異なる。後の２つを「質問する」「指示を守らない」のようにすれば、誤解は生じない。「注意する」や「見る」なども同様に配慮したい。

　「手」「足」「頭」など体の部位を使った慣用句も誤解に繋がることがある。「手をかける」「足を洗う」「頭が痛い」など要注意である。

　カタカナ語はガス、バス、カード、ロッカーなど、一般的で広く使われるものを除くと、伝わりにくい語が多い。コンプライアンス、インストラクター、ウェルネス、リソースなど、日本語には多くの外来語が無秩序に入り込んでいるので、不用意に使わないようにしたい。

　加えて、薬剤の名称も外国人介護士を悩ますカタカナ語で、聞き間違いが事故に繋がりかねないので、伝達の際は理解を確認したい。

　省略語は、理解困難なので使わない。外国人が「アサイチ」と聞

いても、その音から「朝」と「一番」は連想できない。アポ、リスケ、ローテのような、カタカナ語で省略されているものは、お手上げでしかない。

とはいえ、ケアマネ、レクのような介護現場に欠かせないもの、エアコン、パソコンといった日常的な物の名前は大概習得されている。

現場では施設独自の省略語が使われていることも多いが、これは教科書の語と対照して何を指すのか教えておく必要があるだろう。

また、やさしい言い方だと誤解されるのが、オノマトペと言われる擬音語、擬態語、擬声語の類である。「ばたばた歩く」「ぴかぴかにする」「しくしく泣く」など、実は決して簡単ではない。外国人介護士には「歩くとき大きな音を出す」「とてもきれいにする」「声を立てないで泣く」などと言い換える。

そのほか、意味があいまいな語のときは、具体の日付や数値で言い換える。たとえば「後日、連絡します」は「何月何日ころに言います」となる。大きい、小さいなどの語も「何センチくらい」などと具体の数値で伝えることが望ましい。

あいまいという点では、先に述べた「きっぱり」と言い切らない表現もあいまいだが、指示代名詞（こそあど言葉）が多発する表現、例を出すなら「あそこにあった、あれ、どこに置いた？」のような、ある状況にべったり依存した表現も大変困りものである。こうした指示代名詞は、たとえば「あそこ」は事務室の本棚、「あれ」は歌の本というように、実際の語に言い換える。

最後に敬語である。これは外国人介護士には利用者さんに接する際の言葉だと理解されている。利用者さんには使っていても、敬語のシステムをわかっているとは限らない。従って、彼らに敬語を使って話しかけるのは控え、普通に丁寧体の「です」「ます」を使う。

3.5　現場、実物、絵などの利用

　現場や実物に接したらすぐにわかることがたくさんある。絵や写真のような視覚的補助も便利である。自分の体を使った動作もよい見本になる。「言葉」の説明に頼りすぎないことも重要である。

　口で言った言葉を文字にして見せることも役に立つ。中国や台湾の人に漢字で示すことはすぐ思いつくが、それ以外の国の人にも、平仮名、または読み仮名付きの漢字で書いて渡すと確実である。音は消えても書いた文字は残るからだ。

　同時に、自動翻訳などの IT 機器やアプリも活用したい。音声入力の際に、やさしい日本語で話すと、翻訳の正確さが向上する。

　外国人介護士は日本語が通じなくて困る、とこぼす前に、通じさせる工夫として、やさしい日本語への調整、現場や実物、絵など視覚的な補助の利用、そして日々進歩する自動翻訳をうまく使ってコミュニケーションを図ってほしい。

4 ｜ やさしい日本語への調整をもとに考える

　ここからは実際にありそうな会話を例にして考えてみる。最初は突発的な状況での主任の言葉である。

〈例文〉

あ、よかった、A さんいた！　B さんがまだ役所から戻ってこないものだから、入浴介助の人が足りなくてね。誰かできる人いないかな、と思ってうろうろしていてさ、ほら、今日はあの体格のいい C さんの入浴もあるしねえ……わたし困っちゃって。レクは今日そんなに手

がかからなさそうよね、悪いんだけど、Ａさん、これから入浴介助に
入れないかなあ？　どう？　レクのリーダーには私が言っておくし、
Ｂさんが来たらすぐ交代していいから。

　どこからどこまでが一文なのかわかりにくいが、誰しも普段の話
ぶりはこんなことが多い。ここで思い出してほしいのは、情報整理
と伝える順序である。
　まずは行動指示にあたる「Ａさん、これから入浴介助に入ってく
ださい」を伝える。その次に、その指示を出す背景となる事情―急
に人が足りなくなったこと、主任からリーダーにＡさんが入浴介
助に入る旨を言うこと―を伝えて、Ａさんがその指示を受け入れや
すくする。Ｂさんが戻れば交代できるということは補足的に加えれ
ばよい。しかし、Ｂさんが戻ってこないとか、今日のレクは手がか
からないとかの諸事情は、大事なことをしっかり伝えるために、あ
えて省略する。伝えすぎると、混乱する場合があるからだ。

　〈やさしい日本語への調整例〉
　Ａさん、これから４時まで入浴介助に入ってください。入浴介助の
　人が足りません。リーダーには私から「Ａさんが入浴介助にいく」と
　言います。Ｂさんが戻ったら、交代できます。

　次は申し送りの場面である。

　〈例文〉
　自宅外泊中の転倒による腰椎骨折で入院されていたＣ様のご家族か
　ら、来週の水曜日ころに退院ができそうだとのご連絡がありました。

　この例文は長い連体修飾部分と引用部分を持つ。通常、日本語では最後の述語が一番重要である。最後の述語にあたる動詞「ご連絡がありました」と、その主語にあたる「C様のご家族から」でまず一文をつくる。C様がどういう人かを説明している長い連体修飾はいったん後に回し、2つめの文には、連絡の内容を続ける。そして、最後にC様についての説明をつける。

　〈やさしい日本語への調整例〉
　C様のご家族からご連絡がありました。C様は来週の半ばに退院できそうです。C様は腰椎骨折で入院されていました。自宅外泊中の転倒が原因です。

　もしも腰椎骨折という語がわからない外国人介護者がいたら、「背骨の下のほう」と言いつつ、そのあたりを自分の体で指し示せばわかる。「腰の骨」では、指す範囲が広くなりすぎるおそれがある。
　退院や転倒は使用頻度が高い語なので、理解できて当然だ。万が一理解に不安が残る場合、スマートフォンの翻訳アプリや辞書を見せればすぐにわかるはずだが、もし、それもできないときには、カレンダーを見せて、「この日、病院に行きました。怪我がひどいです。家へ帰りません。病院で寝ます。次の日もです、その次の日もです……ずっと病院です」などと日付を指差して示し、「C様は入院しています」と言うことで、「入院」の意味を理解させることができる。そして「この日、家に帰ります。もう病院にいません。」と言ってから「この日、退院です」と伝える。転倒は絵がわかりやすい。

もう一例みてみよう。麻痺の残る D さんの食事についての介護職同士の情報伝達である。

〈例文〉
D さんは少し麻痺があってうまく食べられないと、イライラすることがあるから、よく見てあげないとね。イラつくと思い通りにならなくて、爆発したりして、ますます大変なの。

この例でも、指示の「よく見てあげないとね」を冒頭において文を作るが、このままでは「きっぱり」した言い切りになっていない。「よく見てあげてください」「よく見てあげないといけません」を使いたい。前者の表現は後者よりも難易度が低く、わかりやすい。
そしてこの「見る」の目的、即ち予想される混乱を未然に防ぐために見るという目的が果たせるよう、適当に補足する。そしてもちろん、わかりにくそうな用語があれば適宜言い換える。

〈やさしい日本語への調整例〉
食事中の D さんの様子を、気をつけて見守ってください。D さんは麻痺のせいでうまく食べられません。機嫌が悪くなります。機嫌が悪くなると、もっと食べられません。そのとき介助してください。

大事なことは、D さんが食事に支障をきたさないことで、イライラを募らせて癇癪を起すことの共有ではないので、不要なところは省略し、より必要と思われる「介助してください」を付ける。なお「爆発する」という比喩的な表現はわかりにくいので、そこまで伝える場合は「急に怒りだします」などに言い換える。

【力だめし】　ここまでの内容を参考に、以下の①～④の例について、どんなところが問題か、また、外国人介護士にわかりやすく伝えるにはどうしたらよいかを考えてみてください。(解答例は次頁)

①　これ、Ａさんのご家族からお預かりした衣類だけど、うちで洗えるかどうか、ちょっと見ておいてください。

②　Ｂさんは家で息子さんからがみがみ叱られることが多いとのことで、このところ少しふさぎこんでおられます。

③　現在、人身事故で○○線が運転見合わせになっており、定時に出勤できない職員が出そうなので、みなさん、よろしくお願いします。

④　けさ食堂の席とりでひと騒動あったから、Ｃさん、まだご機嫌ななめなのよ。後から来て、「俺の席だ」って言って、食べていたＤさんをいきなり怒鳴りつけるし、Ｄさんはおへそを曲げて食べなくなるし、大変だったの。あの２人にしばらく気をつけてね。

5 ｜ やさしい日本語は相手に合わせて

　日本語に不自由のない外国人の中には、「やさしい日本語は嫌いだ」と言う人がいる。外国人に対して、やさしい日本語での対応を推奨するのは、外国人は日本語ができないという先入観に繋がると言う。例えば「扶養家族」と言わず、いきなり「あなたのお金で生活している家族」と言い換えられると、バカにされた感じがするそうだ。

　確かに、普通の日本語は外国人にわからない、と決めつけてはよくない。やさしい日本語は、決して一律の言い換えの押し付けであってはならない。日本語の能力は人によって違うので、あくまでも目の前にいる相手の意向を尊重し、その人にわかるように配慮

し、工夫することが、やさしい日本語への調整である。通常の日本
語で通じるのなら、普段通りに話せばよい。

　そして、話すときだけではなく、聞くときにも、優しい心が必要
である。外国人の日本語のささいな間違いや、外国語の訛りを意識
したり、話題にしたりすることは、もう終わりにしたい。正確なや
りとりが可能なら、訛りは問題ではない。日本語を使う外国の人が
増えれば、日本国内の地域による訛りがあるのと同じように、外国
語訛りが生まれても、それは自然なことだ。地球規模で人が移動す
る時代に合わせ、変化しつつある日本語をともに創るような気持ち
で、外国人介護士とコミュニケーションを重ねて相互理解を深め、
質の高い介護に繋げてほしい。

参考文献
医療×「やさしい日本語」研究会（2020）　https://easy-japanese.info/
外国人地震情報センター（1996）『阪神大震災と外国人─「多文化共生社会」
　　の現状と可能性』明石書店
金宣吉（1998）『都市政策』92 号、（公財）神戸都市問題研究所
佐藤和之（1996）『月刊言語』25 巻 2 号、大修館書店
佐藤和之（1998）『月刊言語』28 巻 8 号、大修館書店
出入国管理庁（2019）『生活・仕事ガイドブック』
　　http://www.moj.go.jp/content/001311741.pdf
出入国管理庁・文化庁（2020）『在留支援のためのやさしい日本語ガイドライ
　　ン』　http://www.moj.go.jp/isa/content/930006072.pdf

【力だめし】の解答例
①　これはAさんのご家族からお預かりしました。Aさんの服です。ここ[1)]で洗濯ができるかど
　　うか、タグ[2)]で確認しておいてください。
　　1)「ここ」は施設名でもよい。
　　2)「タグ」は、「洗濯表示タグ」だが、職員が普段使う呼び方があれば、それがよい。
②　Bさんはこのごろ少し心に元気がありません。家で息子さんによく叱られるそうです。
③　みなさん、少しだけ帰るのを待ってください。たぶん遅刻する職員がいます。事故で、いま
　　電車が動かないからです。
④　CさんとDさんを、しばらく気をつけて見守ってください。けさ、食堂で、Cさんは、D
　　さんがCさんの席に座っていると思いました。怒って大きな声を出しました。Dさんは嫌
　　になりました。そして食事をやめました。Cさんはまだ機嫌が悪いです。
（解答は実際の状況やそれぞれの日本語能力に応じていろいろ考えられますので、あくまでも 1
つの例にすぎません。）

（坂内泰子）

第7章

異文化の死生観と看取り

　生きることと死ぬことについて、判断や行為の指針となるべき考え方、生と死に対する見方、というのが「死生観」の辞書的な意味合いである（小学館『デジタル大辞泉』）。これに対し、本章では「死生観」を「死の不安や恐怖を緩和するための見方や考え方」といった具合に捉え直してみることにしたい。「死生観」の機能に着目しようというわけである。医学がいくら進歩しても、人間は死から逃れることはできない。死の不安や恐怖は人間に突きつけられた普遍的な課題であり、それらを緩和するといった意味での「死生観」は宗教の形態をとってそれぞれの社会に備わっている。また、人によっては自分に合った形でその技法を工夫して実践しているかもしれない。死の不安や恐怖に慄きながらも何とかそれらを和らげたいと願う存在、目の前にいる高齢者をそのように捉え直してみることも必要なのではないだろうか。本章では、タイ人の死生観を手がかりに考えてみることにする。

1 ｜「臨床の知」

　本章では、タイ人の死生観と看取りについてわかりやすく説明する。その際、読者の理解を助けるために日本（人）の場合を比較対象として参照することにしたい。ただし、死に対峙した時の不安やそれを緩和したいという欲求は人間にとって本質的で共通なものであり、文化間の違いを強調しすぎるのは控えたほうがよいかもしれない。これから述べるタイ人の死生観や看取りのあり方は、長く落ち着かない、１人でいることがあたりまえの多死社会を経験しつつある日本人にとって大いに参考になるはずである。

　さて、私の母は５年前に亡くなったのだが、その１年前に脳梗塞を発症し、失語症と格闘していた。脳梗塞という状況をどうとらえるか、私と妻の間でまったく異なるとらえ方をしていたことからこの章を説き起こそう。私の妻はタイ人である。

　まず私の方はというと、担当医から脳梗塞についての科学的な説明を受けるも、半ば上の空でうろたえたままであった。他方、タイ人の妻はそれを見て、「年寄りの病気」と言ってのけたのであった。つまり年寄りなら皆そうなる「もの」だという理解のしかたである。この一言を聞いてずいぶん心が楽になったことを覚えている。哲学者の中村雄二郎に従えば、この担当医の説明は「科学の知」であり、妻の説明は「臨床の知」となる。「臨床の知」とは、人が互いの身体感覚の交流を通じて創りあげる知のことである（中村 1992）。このことに関連して、同一の現象に対して、別の理解の仕方をする、あるいは別の視点から眺めることを「回心」（えしん、仏教用語）とかメタノイア（ギリシア語）という。「科学の知」を聞いた後にうろたえた私は、妻の「臨床の知」を聞いて回心し、安心を得たと

いうことになる。思うに、人は病とか死という恐怖に対して、おの
ずと回心やメタノイアの技法を身に付けるのではないだろうか。こ
うした技法がある程度その社会に一般的に観察される場合、これを
文化と称してもよいかもしれない。タイの仏教では不安や恐怖心を
はじめとする人の心をサルや毒蛇に例えることがある。南タイのあ
る古い寺院に伝わる絵解き（仏教の教えを絵で説明するもの）では、
サルを弓で射る様子や毒蛇を逃れて涅槃の域に昇華する様子が描か
れている。回心の技法でもって不安や恐怖心を緩和しようとするわ
けである。もっともこうした技法がタイに特有かといえばそうでは
ない。後述するように、京都の八坂神社にほど近い庚申堂の「括り
猿」（紐で括られた猿）も同じ趣旨だ。

　以上のことを心理学ではどのように考えるのだろうか。心理学に
は「認知的不協和」という考え方がある。人は不快な状態を避ける
ために認知のあり方を変えるとするものである。死期が迫っている
人が亡き親等の姿を見るいわゆる「お迎え」現象は、精神医学的に
は「せん妄」（意識レベルの低下による認識障害）ということにな
るが、これも死の恐怖を緩和するための 1 つの作用であると考え
られるのである。

2 | 「流れ」

　タイの死生観において中核を成すのが輪廻あるいは輪廻転生の考
え方である。仏教では死を終点とはみなさず、ある 1 つの世界な
いし存在形式から、別の世界ないし存在形式への移行と考えられて
いる。「三世」の考え方、すなわち前世（チャート・ゴーン）、現世
（チャート・ニー）、来世（チャート・ナー）はタイでも存在してい

るが、これらは連続体としてとらえられる。この輪廻転生を左右する要因が業（ガム）や因果応報である。輪廻転生はタイ語ではソンサーンといい、サンスクリット語で「水の流れ」を表すサンサーラが語源である。タイ語のソンサーンは名詞では輪廻転生を意味すると同時に現世をも意味する。他方、動詞として用いる場合は「憐れむ」という意味になる。輪廻転生であれ現世であれ、苦しみに満ちた人間存在を憐れむという意味合いをそこに読み取ることができる。日本にもこれに通じる考え方がある。「もののあはれ」である。年寄りなら皆そうなる「もの」というという時の「もの」は運命、動かしがたい事実を意味し、「あはれ」は感動詞でそのとおりだという共感のまなざしで対象をみるときの人間の思いを指している。また、仏教用語に「自然（じねん）」というものがあるが、これは自ずからそうであること、そうなっていること、あるいは避けられないこと、どうしてもそういうことになることを意味している。タイ語で自然はタンマチャートであるが、このうちタンマは法とか道理のことであり、チャートはすでに言及したが世とか世界という意味である。このように、タイ語の自然には自ずからそうであることという意味合いが含まれている。

　この輪廻をどのように理解するかについてであるが、さしあたり3つほどある。生まれ変わりとしての輪廻、縁起の作用としての輪廻、心の状態としての輪廻である。以下、説明しよう。

2.1　生まれ変わりとしての輪廻

　インドで仏教が生まれる以前に存在していたヴェーダ思想では、輪廻は生まれ変わりを意味していた。すなわち、人は肉体と魂で成り立っており、物質である肉体はいつか滅びるが、物質ではない魂

は不滅で、肉体が滅びるまでの行い、つまり業によって、次に宿る肉体および世界（来世）が決まるとされた。生前に善い行いをして徳を積めば善き世界へ生まれ変わり、悪しき行いをすれば悪しき世界へと生まれ変わる。悪行をすればその魂は犬などといった獣に転生する。こうした考え方は、六道（「地獄」「餓鬼」「畜生」「修羅」「人間」「天上」）の考え方に通ずる。

　ここで2020年春の『神戸新聞』に掲載された看取りについての特集の一部を紹介しよう。タイ東北部にあるスカトー寺のスティサート師は死期が迫った人の枕元で次のように話しかける。「その時が来たら、体を手放していきましょう」。「人が死ぬことは自然のサイクルの一部です。誰にも訪れることです。『体を手放して……』という言葉は、壊れそうな家にしがみつくのは苦しいですよ、といった感じです。もうそこに死期が迫っている患者に使うようにしています」。「体がだめになっても、心が元気ならいいんです。体は自分ではなく、物体なんです。タイの多くの人は、生まれ変わりを信じているんですよ」（『神戸新聞』2020年4月11日付）。「体を手放す」で使われたタイ語は、おそらくプロイ（手放す）・トゥア（体）である。タイの仏教寺院に行くと、境内の売店で小鳥が、あるいは川べりで魚が売られたりしていることがある。動物を買ったのちにそれを放して徳を積む（タンブン）わけであるが、ここで使われる動詞もプロイである。いずれも軛（くびき）から解き放って、自由になる（させる）というニュアンスになる。もっともこうした思考法は、何もタイに限ったことではない。禅では「放下（ほうげ）」という言葉があるが、これは投げ捨てる、放り出す、捨て切る、の意である。またキリスト教とりわけドイツ神秘主義では、キリストへの委ねを意味する。後者では委ねる対象が神であるのに対し、仏教では手放した後に委ねる対象がとくに明示されているわけでは

ない。蛇足になるかも知れないが、日本の考古学の分野では、縄文期にすでに「生まれ変わり」の考え方が存在したと言われ始めている。考古学者の大島直行が認知科学の知見でもって縄文時代の土器や土偶を分析した結果、「生まれ変わり」の考え方が列島全域に流布し、「死」の概念は希薄だったことがわかったのである。

2.2　縁起の作用としての輪廻

　輪廻は縁起との関連で考えることもできる。この場合の縁起とは縁起がよいとか悪いといった場合の縁起とは異なる。ここでの縁起とは、人を含むすべての存在や現象は無数の因縁によって生滅するのであるとする考え方である。因縁の「因」は、結果を生じさせる直接的な要因であって、「縁」はそれを側面から助ける要因である。例えるならば、種を撒いて芽が出るといった場合、種を撒くことが「因」で水や温度が「縁」である。種を床や道路に撒くのではなく土に撒いてはじめて芽が出るのであり、適量の水と適度な温度などの条件が揃ってはじめて植物は成長する。その後も除草したり肥料を与えたりするなどいろいろな条件が重なってはじめて順調に成長するのである。これも輪廻についての1つのとらえ方であるが、魂が「前世」「現世」「来世」と生まれ変わると考える先のとらえ方とは異なり、この場合は因果の作用が次々と「瞬時に」起こっているととらえるのである。別の言い方をするならば、エネルギーが性質を変えながら持続し続けていくのである。輪廻を表すサンサーラのもともとの語義が「水の流れ」であることはすでに述べたが、まさにこうしたとらえ方と一致する。さらにこうしたとらえ方は、魂という実体を想定する先のとらえ方とは異なって、実体よりも「流れ」を重視しているわけであり、無我や無常を根本概念とする仏教

のあり方と基本的に矛盾しないといえる。

　以上のことを日常生活で考えるならば、他人に親切にすれば巡り巡って自分に返ってくるとか、ある人が亡くなった場合、その人の生前のよい行いが子や孫に伝えられるといった具合に因果の作用が連鎖していくのである。別の言い方をするならば、自分がいなくなっても自分の影響力が持続していくというふうに理解されるのである。生まれ変わりとはまったく異なる理解の仕方である。

2.3　心の状態としての輪廻

　人の心においては絶えず怒り、不安、欲などの感情がぐるぐるめぐっている。人はなんとかこれを振り払おうとするのだが、それでも心につきまとってなかなか離れない。こうした感情をコントロールするのが難しいことを、猿が慌ただしく動き回りながらわめき騒ぐのに例えて「心猿」という。心身に起きている現象を自覚的に観察し、これを繰り返していって気づき・洞察を得ることを主眼とするウィパッサナー観法などにおいても人の心が猿に例えられることがある。

　こうした感情について、冒頭で挙げた京都・庚申堂の「括り猿」の場合は紐で括ってその動きを止めようとするのだが、他方、これを右から左に受け「流す」という対処法もある。もしこういう感情がやってきたら、それに意味づけすることなく、触らぬ神に祟りなしといった具合にそっくりそのまま受け流してしまうわけである。輪廻を表すサンサーラのもともとの語義は「水の流れ」であるとすでに述べたが、まさにこれに通じるものがある。さらに、禅の世界でもこうした対処法が推奨される。たとえば、鈴木大拙は「心があることにとどまることは心の安息にとって大きな障害となる」と

言っているし（鈴木・フロム他 1992）。また沢庵和尚は『不動智神妙録』のなかで次のように言っている「仏法にては、この止まりて物に心の残ることを嫌い申し候。故に止まるを煩悩と申し候」。「心は万境に随って転じ、転処実に能く幽なり。流れに随って性を認得せば、喜も無く復た憂も無し」（沢庵 2011）。また、柳生但馬守宗矩は『活人剣』の中で「およそ病とは、心のとどまるをいふなり」と言っている。

　このように、人のこころのなかで渦巻く怒り、不安、欲などの感情も輪廻であり、他方こうした感情に支配されることなくうまく受け流して自由になることもまた輪廻であるといえよう。

3 ｜「広がり」

3.1　親族構造の観点から

　次に、「広がり」という観点からタイ人の死生観をみていくことにしよう。すでに冒頭の「臨床の知」に関する部分で述べたように、死生観は人が互いの身体感覚の交流を通じて創りあげていくものでもある。そこで、まずは親族構造との関わりでこれをみていくことにしたい。

　自分が年をとったら誰が面倒をみてくれるのだろうか。これまでのタイ研究において、誰が主たる介護の担い手になるかという点については、最後に親の元に残った子供、とりわけ末娘がその役割を担う傾向が高いといわれてきた。その傾向は今も残っているが、その一方で、近年、農村部においては祖父母世代と孫世代、他の兄弟

姉妹やその子供が合同した家族形態（合同家族）が増加し、都市部においては集合住宅や部屋を借りて親子や兄弟姉妹の家族が共に生活するという形態が増加しており（竹内 2009、2015）、それに伴って子供以外の者が介護にあたるケースが増えてきている。もともと、タイの家族は明確な境界線を持ったグループではなく、夫と妻、親と子、キョウダイ間などの二者関係の外延的拡張によって形成される「家族圏」という広い範囲でとらえなければならないといわれてきた（坪内・前田 1977）。つまり、介護が両親とその子供からなる核家族のなかで閉じているのではなく、それを超えた繋がりが現在でも機能しているといえるのである。このような社会関係におけるセーフティーネットの「広がり」が高齢に伴う様々な不安を緩和するうえで重要な役割を果たしているのではないかと考えられる。

3.2　「広がり」の死生観

　さらに、死に伴って執り行われる葬儀は、故人と残された親族あるいは職場の同僚や近隣者などとの間で繰り広げられる共同行為である。この共同行為の構造を簡単にみておこう。まず、先の「生まれ変わり」の項で述べたように、人は肉体と魂で成り立っており、物質である肉体はいつか滅びるが、物質ではない魂は不滅で、肉体が滅びるまでの行い、つまり業によって、次に宿る肉体および世界が決まるとされる。その過程をもう少し詳しくみると、死とは生命を維持していた魂（クワン）が再び身体に戻ることがない状態をさす。肉体に依存していた魂は霊（ウィンヤーン）として独立する。屍としての死者（ピー）は火葬され、遺骨を残して消滅する。他方、身体を離れた霊は、まず地獄へゆき、閻魔のチェックをうけたうえ

で、赴くべき霊界が定められる。生前に善行を重ねた者の霊は極楽に向かい、悪行を重ねた者は地獄へ向かう（林 1985）。一方、残された親族や職場の同僚にとって、故人の死は故人の霊がいくつかの霊界を経て転生へと至る過程への旅だちとされるので、葬儀の主な目的は、故人へふりむけるためのブン（功徳）を積むことにある。具体的には、葬儀に参列するととともに、故人との社会的距離にしたがった額の香典を送る。共同して儀礼を主催する遺族にとって、それは故人の基本的な義務であり、善行を表現する機会なのである（林 1985）。このように、故人が赴く世界と遺族の生活世界は善と悪という価値観を媒介にしながら繋がり、広がっているのである。こうした死生観は、庶民の間である程度安定的に持続している。

　このことに関連して、かつて沖縄で行われた興味深い調査を紹介しておこう。1970 年代の沖縄県佐敷村では、老人性痴呆（原文のまま）と診断された人の割合が、同時に調査された東京のケースと変わらないのに、不安に駆られ、うつや妄想・幻覚・徘徊などのいわゆる周辺症状を出す人はいなかった。そこでは「意味の世界」が尊重され、共同体内でゆっくり落ち着いていることが観察された。沖縄人のコスモロジーは、たとえ若いうちに苦労しても、年とともにみんなが信仰する先祖に近づき、そして最終的にはカミに成るという、おだやかで楽天的なものである。したがって年をとることは尊敬される度合いが高まることであり、それは周囲とつき合う日常経験のうちで常時確認される。器質的な変化が脳に起こっても、この人たちにうつ状態や幻覚・妄想状態は惹起されることなく、「純粋痴呆」（もの忘れや判断力の低下など）だけにとどまるのではないか。すなわち痴呆は周囲とのコミュニケーションがおおきく症状を左右するというのである（大井 2004, 2008a）。タイと沖縄の

死生観を単純に比較することは
できない。たとえば、タイでは
先祖という意識はそれほど強く
ない。しかし、タイでも周囲と
のコミュニケーションや固有の
「意味の世界」が安定的に維持
されている。こうしたセーフ
ティーネットの「広がり」の存
在が、いわゆる周辺症状に対し
て抑制的に働いているのではな
いかと推察される。

写真 7-1　タイの仏教寺院にて、後ろ
は火葬塔（筆者撮影）

　さらに、遺骨をどのように扱
うかについても「広がり」とい
う観点からとらえることができ
る。タイでは基本的に墓はなく、火葬後に遺骨を寺院の周囲の塀に
埋め込んだり、散骨したりすることが多い。タイは暑い国なので、
涼しい場所に眠りたいだろうということで海や川に散骨することが
多い。散骨には、自然の循環のなかに自分を戻したいという欲求を
見出すことができよう。

　そこにあるのは、死という一点に向かうというよりも、自然へと
拡散していく感覚である。

3.3　文化形態論との関連

　ここまで、タイ人の親族構想および死生観を「広がり」という比
喩を用いながら説明した。次に、このことを文化類型論の観点から
補足しておきたい。主にタイやラオスをフィールドに研究してきた

　文化人類学者の岩田慶治（故人）は、人生をマラソンに例えて次の
ようにいう。マラソンには往きと帰りがあり、折り返し地点があ
る。往きは手段と駆け引きを尽くして先頭に出ようとする。人類学
でいうならば「ディオニソス型」（他者に勝ろうと自己中心的に行
動する）に似ている。他方、帰りは「アポロ型」（他者との調和を
重視する）である。基本的に往路でできた秩序のままにひたすら
ゴールを目指して走る。他者を引きずり落とすことより疲れ切った
自己に勝たなければならない。心身を整えながら周辺に生起するす
べてのこと、たとえば吹きわたる涼風、旗の波、子供の声援、光る
湖の眺望、ゴールのある方位感覚などすべてを受け入れながらゴー
ルに滑り込む。いうまでもなくゴールを死に例えているのである。
　偶然かもしれないが、作家でマラソン愛好家の村上春樹もこれと
まったく同じような感覚をゴール付近に見出している。そのうえで
村上はいう。「細かい判断みたいなことはあとにまわし、そこにあ
るものをあるがままに受け入れ、それとともにとりあえず生きてい
くしかないわけだ。ちょうど空や雲や川に対するのと同じように。
そのような（老いた）自分の姿を、言うなれば自然の光景の一部と
して、あるがままに受け入れていくしかない」。さらに続けていう。
「僕は僕であって、そして僕ではない。そんな気がした。それはと
ても物静かなしんとした気持ちだった。意識なんてそんなにたいし
たものではないのだ」（村上 2010）。
　マラソンに往きと帰りそして折り返し地点があるように、人生に
もそれらがあり、もとの位置に回帰するのであると岩田はいうので
ある（岩田 1989）。文化人類学者で医師の大井玄は、岩田の「ディ
オニソス型」と「アポロ型」の対比について、「アトム的自己」と「つ
ながりの自己」という用語を用いるとともに、それらを死との関係
で論じている。大井によれば、「アトム的自己」は他者から切り離

された独立した存在であり、利己的な行為主体である。この「アト
ム的自己」にとって自分の存在がなくなる死は恐怖であり、打ち克
つべき対象である。これに対し、自己を超越した存在との繋がりを
感じている「つながりの自己」の場合は、死の恐怖が露骨に観察さ
れることは少ないという。そこでは、死は「自己」の無化としてよ
りも、感覚的には「回帰」のプロセスとして受け止められる。「自
分の死」は、実体的自己の死ではなく、大海に屹立していた波の1
つが、もう一度海に回帰し広がっていく過程なのである（大井
2008b）。

4 ｜ 老いの長期化と死生観

　病院での長い待ち時間、介護制度におけるいわゆる軽度切り、特
養入所基準の厳格化、年金受給年齢の延伸など、老いの長期化とい
う不安にどう対処するのか、ながく落ち着かない、ひとりでいる老
いにどう向きあうのかは現代社会の大きな課題である（上野
2015；鷲田 2015；山折 2016）。こうした状況下においては、「す
ぐには答えの出ない、どうにも対処しようのない状態に耐える能
力、不確実・未解決の中にたたずみ、希望を手繰り寄せる力」、す
なわちネガティブ・ケイパビリティーが問われると精神医学の帚木
蓬生はいう（帚木 2017）。落ち着かない状況のもとで落ち着く必
要があるという矛盾のなかで生きるということをあらためて考えて
みる必要があるだろう。
　そのためには、こうした不安を生と死の境界にある問題というレ
ベルに引き上げた上でとらえ直してみる必要があるといえる。ある
いは長いこと隠れていた死をふたたび掬い上げて正面から向き合う

という姿勢が問われてくる。その点、タイには３万6000の仏教寺院があり、多くの場合その敷地内に火葬場がある。なかにはその目の前にデイサービス施設がある場合もある。その分、死を意識する機会が多い。ながく落ち着かない、ひとりでいる老いが主流の時代において、自然とか宇宙とかたましいのゆくえなど、死の「大きな物語」（広井　2001）をゆっくり考えてみることが必要であるだろう。それと同時に、同じ不安を抱える者同士が「共にある」という感覚を大切にする重要だろう。この他者と「共にある」感覚を支えているのが、「他者」の集まりを繋ぎとめる根源的な共通項、すなわち「いのちの有限性の肯定」（あって、ない（なくなる）ということ）だろう。冒頭で述べたそういう「もの」という感覚である。「自分」とは、「自（おのず）」からそうあること（いのちの有限性）を「分」有することでもある。今、共にある感覚を家庭あるいは施設で意識できるような仕掛けを今一度考えてみてもよいかもしれない。本章で概観したタイの死生観はこのことを考えるための手がかりになるかもしれない。

参考文献
岩田慶治（1989）『カミと神』講談社学術文庫
上野千鶴子（2015）『おひとりさまの最期』朝日新聞出版
大井玄（2004）『痴呆の哲学』弘文堂
大井玄（2008a）『「痴呆老人」は何を見ているか』新潮新書
大井玄（2008b）「『自分』の死を死ぬとは」島薗進、竹内整一編『死生学［1］死生学とは何か』東京大学出版会
鈴木大拙、エーリッヒ・フロム他（1992）『禅と精神分析』東京創元社
沢庵（2011）『不動智神妙録』たちばな出版
竹内隆夫（2009）「バーンと家族─タイ家族の基層を求めて」『立命館国際研究』21(3)
竹内隆夫（2015）「タイ家族の構造再考」『立命館国際研究』27(4)
坪内良博、前田成文（1977）『核家族再考』弘文堂

帚木蓬生（2017）『ネガティブ・ケイパビリティー　答えの出ない事態に耐える力』朝日選書

林行夫（1985）「東北タイ・ドンデーン村：葬儀をめぐるブン（功徳）と社会関係」『東南アジア研究』23(3)

中村雄二郎（1992）『臨床の知とは何か』岩波新書

広井良典（2001）『死生観を問いなおす』ちくま新書

村上春樹（2010）『走ることについて語るときに僕が語ること』文春文庫

山折哲雄（2016）『ひとりの哲学』新潮選書

鷲田清一（2015）『老いの空白』岩波現代文庫

（河森正人）

第 *4* 部

主要送り出し国の
異文化介護観

第8章 中国における介護観とその実践

　急激な経済発展に伴い、中国は 2010 年に日本を超え「世界第 2 位の経済大国」となり、日中両国間の経済交流が活発化してきたが、近年、経済分野以外のサービス分野（介護産業分野）での交流も注目されるようになってきた。

　中国では日本と同様に高齢化問題が深刻となり、介護問題に注目が集まっている。介護のノウハウの蓄積が浅い上、介護人材が不足しているという問題を抱えており、現在は、他国で介護技能を身に着けた人材を中国国内で活用することを狙い、日本をはじめとする外国資本を受け入れている。日本の介護事業者は中国において「日本式介護」を展開することでサービス供給を拡大し、一方、中国は介護人材の育成ノウハウを持つ日本に関心を寄せている。日本の「介護労働実態調査」（2017 年度）によると、中国はフィリピンに次いで外国人介護労働者の出身国第 2 位となっており、今後、技能実習生制度を通して中国人介護士は増えるだろうと予測されている。

　外国人介護士を養成する際に、その国の介護政策や生活習慣、文化などが介護観の形成に大きな影響を与える。また、日本の介護事業者が中国人職員を雇用して「日本式介護」を展開するなかで直面している課題と、中国人介護士が日本国内で介護を提供する際の課題は似ている点が多くみられる。そこで、本章では中国人介護士を養成する受け入れ施設が把握しておくべき中国における文化や介護に関わる制度、介護事情を紹介し、「日本式介護」の展開と中国の介護観について分析する。

1 | 受け入れ施設が考慮すべき中国の文化

1.1　多民族・多文化国家

　歴史的に中国は多民族・多文化国家であり、現在、漢族以外に55 の少数民族を抱えている。それぞれの民族は特有の言語や文字を持っているが、日常的には、総人口の約 90％を占める漢民族の言語である「漢語」を使用している。現在、一般的に「中国語」と言えば、「標準語」と呼ばれる北京語をベースにした共通語を指すが、広大な中国にはたくさんの個性豊かな方言があり、各々の方言はまるで別の言語のようでさえある。

　宗教について、中国政府が公認している宗教は、カトリック、プロテスタント、イスラム教、仏教、道教の 5 つである。多民族が同居する国土の中で、多くの宗教は、中国の伝統文化と絶えず浸透または融合し、1000 年あまりの発展を経て、鮮明な民族色彩と民間特色を持ちながら中国宗教を形成している。文化大革命期（1966 年から 1976 年）には宗教は封建的なものとして排斥され、すべての宗教活動は完全に停止された。その影響もあり、国全体に普及した有力な宗教というものはない。少数民族の多くは民族宗教を信仰しているが、漢民族では無宗教の人が多い。

　ピュー研究所（アメリカを拠点としてアメリカや世界における人々の問題意識や意見、傾向に関する情報を調査するシンクタンク）の調査によると、中国国民の 22％は民族宗教に帰依しており、仏教徒は 18％という。しかしながら、多くの中国国民が自分自身を民族宗教と仏教との双方の信者だと考えているのを見ると、重な

り合う部分もある点に注意されたい。無宗教の人が多いため、外国にいる中国人たちは宗教を通して集結することは少ない。それよりも地縁的な要素の方が重視されることが多く、出身や風俗習慣、方言などの共通点によって集まる傾向があると言われている。

1.2　中国人の家族観

　中国人は、血縁を大切にしており、家族や血の繋がりのある人を大事にしている。中国人にとって家庭以上に大事なものはなく、家庭があるからこその個人であると考えられている。これは現代の若者にも広く浸透した感覚であり、1 人っ子政策（1979 年から2015 年まで実施された計画生育という人口政策）により各家庭内で唯一の子どもとなった若者たちは、より自分の家庭を大事にする傾向がある。実際、仕事の事情や他の急用があっても、家庭の事情を最優先し、中国の新年である旧正月や、一家団欒の日である中秋節には必ずといっていいほど帰宅し、親戚一同が集まる。これは、中国には儒教の教えが根底にあり、家庭が社会の基盤として続いてきたからである（夏目　2020）。

　中国人の家庭では、親という存在が大きく、子どもが自立しても、その次の世代である孫を養う責任があると感じる人が多い。よって、中国の家族の絆は強く、困ったことがあればお互い様という感じである。儒教の「孝道」はこのような家族観と関連しており、家族の年長者に敬意を示し、孝行を尽くすことの重要さを説いている。中国では、古来より「百善孝為先」（百の善行の第一は親孝行から）という教えがあるほど、「親孝行」が伝統文化の中で美徳として重視されており、「親孝行」に関する教育は小学校の道徳教育から始まる。親は子から孝行される対象であり、豊かな経験と知恵

をもった尊敬されるべき高齢者に対する介護は、伝統的に家庭介護、自助努力と家庭内の責任によって対処されてきた。しかし、「親孝行」をめぐる家庭内外の環境は変貌している。経済成長に伴って、大量の労働力が都市へ流出し、都市化が進み、社会保障の制度が不十分な中で、家庭内での老親の扶養が困難となることが多くなり、社会問題化してきたのである。

1.3　中国における高齢者扶養意識の変化

　中国における親の扶養義務については、中国の憲法第49条に「親は未成年の子を扶養する義務がある。成人した子は親を援助し、扶養する義務がある」と規定されている。高齢化問題が社会的に意識されはじめた頃、政府は憲法を背景として、老親扶養は家族の責任であるという伝統的な親孝行の規範を法律（高齢者権益保障法、1996年）によって強化しようとした。同法第10条では「高齢者扶養は主に家庭に頼り、家族が高齢者に関心を寄せ、家族が高齢者の世話をしなければならない」と明記されている。2013年7月に「高齢者権益保障法」が改正され、「高齢の親と離れて生活している子どもは定期的に帰省して、親に顔を見せなければならない」という条文が新たに追加された。この法改正に対して、ネット上で議論が白熱した。多くの人々は「法的に強

図8-1　「4-2-1」世帯構造

制力がなく実行性に欠ける」と主張し、たとえば、「子どもはどれ
ほどの頻度で親を見舞いに行かねばならないか」について具体的な
規定がないとか、「親に会いたいと思っても仕事や経済的な理由で
行けない」といった意見が出された。加えて、「1 人っ子政策」に
よって世帯構造が「4-2-1」（夫婦 2 人で 4 人の父母を扶養すると
同時に自らの子（1 人）を育てる状況になっている現役世帯のこと）
で定着したことから、核家族化がいっそう進み、高齢者介護を家族
だけに依存することは現実的でない状況になりつつある（図 8-1）。

2 ┃ 中国における介護事情

2.1　年金制度と高齢者介護システム

　中国の社会構造のもっとも顕著な特徴は都市―農村の二元的構造
であり、社会保障制度の設計上でも都市部と農村部は区別されてい
る。高齢者の経済保障としての年金制度について、1955 年に公務
員年金制度、1998 年に都市従業員年金制度が創設されたが、農村
住民を対象にする公的年金制度（新型農村社会養老保険）は 2009
年になってはじめて施行された。その後、中国政府が国民皆年金を
目指すにあたり、2014 年に農村住民を正式に社会保障制度に組み
込み、都市・農村住民年金制度が創設された。
　上述のとおり、高齢化がまだ問題にならなかった時期の中国で
は、身寄りのない貧困層高齢者を除き、絶対多数の高齢者のケア保
障は家族によって行われ、親に対する子どもの扶養義務は法律に
よって明確に規定されていた。すなわち、高齢者福祉では政府が最

小限の事後的な救済保護（高齢者の生活保護に相当する）を行い、それ以外は家族に任せるという伝統的な構造がそのまま維持されてきた。

　2000 年に中国が高齢化社会に入ると、高齢者の要望が増加したことを受けて、政府は介護の「社会化」を進めるという戦略を取った。進行する高齢化と家族の介護機能の弱体化に対し、その解決策として、地域社会の資源を整合させる枠組みが提案され、家族、地域社会、さらに民間企業も福祉の担い手として登場してきた。また、中国政府は高齢者の養老（介護）体制を、在宅養老、コミュニティ養老、施設養老に区分のうえ、高齢者の 90％が在宅で、7％がコミュニティ介護施設で、3％が介護施設で老後生活を送るという方針を明示した。在宅介護を基本にし、コミュニティ介護を拠点にし、施設介護を補充とする考え方といえる。さらに、施設介護には、民間資本の投資を奨励し、在宅およびコミュニティ介護については公共政策の一環として対応するとの考え方も示した。

2.2　中国の介護サービス利用者の特徴

　近年、政府の政策方針により、高齢者福祉サービスの量的拡大が進められている。高齢者の福祉サービスのためのベッド数は 2005 年の 131.4 万床から 2018 年には 769.3 万床まで増え（図 8–2）、高齢者 1000 人あたりのベッド数は 30.9 床（2017 年）に達した（郭 2020）。

　ところが、高齢者サービスが量的に増えているにもかかわらず、空きベッド問題が生じている。その理由は、施設のサービスの質が低いために、高齢者が入所に抵抗感を抱いていることである。それに加えて、中国の高齢者施設は、介護設備・環境の問題、介護職員

図 8-2　中国の高齢者福祉施設ベッド数の増加推移
民政部「社会服務発展統計公報」2005〜2018 年より筆者作成

の質の問題などを理由として、認知症や寝たきり高齢者を受け入れ
るのにはあまり積極的でない（許 2007）。そのため、中国の高齢
者施設は自立度の高い高齢者を対象に、居住の場や娯楽のためのス
ペースと家事支援を主に提供している。中国の高齢者はこうした
サービスを介護としてとらえており、専門職による身体介助や介護
の重要性と有効性等についてはまだ認知されていないし、サービス
を提供する側の介護職員も専門性に欠けている。陳（2010）が中
国大連市の 234 人の介護職員を対象に行った調査では、「重度の要
介護高齢者の介助が難しい、認知症ケアが難しい、転倒予防が難し
い、心理的介護と医療的介護の知識が不足している」と現場の介護
職員からの率直な指摘が示されている。
　中国人介護士はいわゆる「介護」より「介助」をしているところ
が多く、要介護度の高い高齢者を介護する技術が不足している側面
がある。中国には、寝たきり高齢者向けの介護サービスのノウハウ
はないと言っても過言ではなかろう。

2.3　中国における介護の社会化の特異性

　進行する高齢者介護の問題に対する中国政府の策は、介護の「社会化」である。日本は介護の社会化を実現するために介護保険制度を制定しているが、近年、中国の一部の地域でも高齢者のニーズに応えるべく介護保険制度（中国語：長期護理保険制度）の創設が検討され、現在一部の省で実験的に試行されている。しかし、都市と農村間の格差、また地域間格差があるため、全国統一の政策として成立するまでには時間がかかると思われる。

　福祉の社会化を検討する際、「サービス供給の社会化」と「財源の社会化」を区別して議論することが多い。日本では、介護保険制度の導入にあたって介護の「社会化」という概念が明文化されたことは周知の通りである。「介護の社会化とは、"家庭内・家族が担ってきた"介護を、広く社会共通の課題として認識し、実際の介護（ケア）を担う社会資源（サービス）を、税と保険料を中心に拠出された財源によって、"社会全体が担っていく"もの」と説明された。しかし、中国の福祉の「社会化」は、「サービス供給の社会化」である。高齢者がサービスを利用する際、その費用は全額利用者本人あるいはその家族が支払う、と規定された。つまり、「財源の社会化」にはならなかったのである（郭 2018b）。基本的に、サービスの利用に伴い、必ず全額費用の支払い（最低生活保障対象者を除く）が発生する。

2.4　中国における福祉専門職

　これまでに述べてきた通り、公的介護保険制度が全国的には整備されていない中国では、高齢者介護の支え手は家族などの受け手に

とって身近な者が担うべきという考え方が、現在に至るまで根強く支持されている。しかし高齢者介護は長時間、長期間にわたるため、家族員のなかでも生計を維持するための主たる職に就かない者が介護の支え手になれば良い、という環境が形成されやすいのが現状である（鈴木 2019）。

　日本では、多くの学生や介護施設等に勤務する社会人が国家資格である「介護福祉士」の取得を目指しているが、中国で「介護福祉士」に相当するのは「養老護理員」である。「養老護理員」が策定されたのは 2002 年で、2011 年に改正版が発表され、その後、2018 年に一旦は廃止された。2019 年 10 月に入り「養老護理員国家職業技能基準」が配布され、復活した。2002 年からこの基準が施行されているにもかかわらず、中国全土の福祉専門職の従事者数（約 100 万人）に占める割合は、2011 年末で 10%程度に留まっている。このような実態から「養老護理員」資格を取得しても就職の保証がないといった認識まで生じている（閻 2013）。したがって福祉専門職は国家資格を有していなければならない、という機運が高まることはなく、この現実が福祉専門職の専門性向上の大きな防げになっている（鈴木 2019）。「2018 年中国民政統計年鑑」によると、上記の基準に合格した養老護理員は 44102 人しかいない。このデータからも中国において介護という職種は人気がないことがわかる。

　中国では、介護職は「三高三低」と言われている。つまり、「労働負荷が高い、リスクが高い、離職率が高い」、「学歴が低い、収入が低い、社会的地位が低い」というのが現状である。中国の高齢者施設で働いている介護職員は 40 代、50 代の農村出稼ぎ女性労働者が多く、介護人材は農村からの出稼ぎに依存していると指摘されている。介護の性差について、大学生を対象に行った調査では、「介

護は男性と女性どちらに適していると思うか」を尋ねたところ、「女性が適している」とする者が、日本は 14.3％であるのに対し中国は 60.1％と、中国の学生のほうが有意に多い（安・芝木 2013）という結果がある。多くのアジア諸国と同様に、中国でも介護は女性が担うものとされている。

3 ｜ 中国に進出した「日本式介護」の展開からみた中国の介護観

　中国政府が進める福祉の社会化のなか、国内の民間事業者のみならず、外国事業者の参入による産業発展も推進されている。進出している外国資本のなかでは日本の介護事業者が数多く、介護サービス、コンサルティング、人材育成、福祉用具・機器の販売などのサービスを提供している。日本の介護事業者は中国人介護士を現地採用し、「日本式介護」サービス（「日本式介護」とは、日本の介護サービスが日本から海外に進出し、進出国の諸環境・制度、文化・習慣に影響を受け、現地化して形成した新たなサービスであると筆者は定義している）を展開することを目指している。しかし、職員の体制が整えられていないため、日本の強みをなかなか浸透させられないことが、事業者を悩ませている課題である。日本の事業者が直面している課題、特に職員との交流の障害による課題の原因は、中国人介護士の介護観にあるのではないかと思われる。

　中国人介護士が日本に来て介護を行う場合、所属する組織、提供するサービス（日本の介護）、利用者はすべて日本のものである。現場に入る前に、日本の施設はどのようなものか、日本人高齢者の生活習慣や介護内容などの状況はどうなっているか、提供すべきサービスの違いを明確に理解していないといけない。日本の介護事

業者が中国人職員を通して「日本式介護」を展開するなかで直面している課題は、中国人介護士が日本にきて日本の介護を提供する際の課題と似ているところがあり（図 8-3）、ここでは、中国に進出した日本の介護事業者の介護人材への悩みを通して、中国人の介護観、介護実践をみたい。

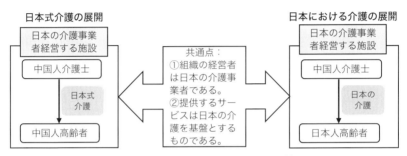

図 8-3　日本式介護と日本の介護展開構造の比較（筆者作成）

　これまで述べたように、日本と同じく、中国でも介護業界は、若者に人気がなく、人手不足が深刻である。このような状況のなか、日本の介護事業者は現地で職員を選択する余裕があまりなく、「面接で弾くよりは、まずやってもらう。そこから、日本の介護指導者は座学や OJT（on-the-job-training）を通して指導していく」という姿勢である。採用された職員の多くはやはり 40 代、50 代の農村出稼ぎ女性労働者である。採用してから、「会社のブランドを背負ってサービス提供をしている職員は必ず研修（日本の初任者研修）を受けないといけない。この研修を受けてからサービス提供を行う。理念やサービスの研修は必須。入口では基本的な認識、知識を学んでもらう」という形で人材を育成している。

3.1　職業観の違い

　一般的に中国では研修制度が日本ほどしっかりしておらず、新入社員にかけるコストも比較的低いことから、人材の流動性が他の国と比べるとかなり高い。1 つの企業で働き始めたとしても、5 年もすれば転職する人が大多数である（夏目 2020）。介護業界も同様で、介護職員は施設の給料や働く環境、手当てなどに影響されやすく、流動性が高い。

　また、介護職は職としての社会的地位が中国ではまだ確立されていないため、被雇用者である介護職員は「お金のために」働く、管理者の顔色を見ながら仕事を行うという現実があり、施設の介護理念や思いなどは二の次になってしまっている状態である。現在、目の前の仕事をこなすために「育成」よりも日々「（不備がないか）チェック」をしている状態になっている。

　そして、介護に対するとらえ方が異なる。たとえば、日本の介護においては、高齢者と会話をすることは大事にされている。日本の施設では、介護者と高齢者が会話している風景をよく見かける。しかし、中国の施設では、高齢者と長く会話すると、サボっていると思われるので、職員は会話をすることを避けるようにしていることがある。

　さらに、日本の介護現場ではチームワークが強調されるが、中国人職員は利用者の情報を共有することやチームで働くことが非常に苦手である、と日本介護事業者の現場管理者から指摘されている。中国において日本の介護サービスを展開する際、サービスが適切に提供されるかどうかは介護職員によると言っても過言ではない。中国人介護職員の雇用に対する価値観や介護に対する認識は日本人と異なるため、介護職員の育成は日本の介護事業者を悩ませている大

きな課題である（郭 2018a）。

　日本では近年、働き方改革により、プライベートをより優先する若者も増えてはいるが、やはり仕事を優先する人が多い。しかし、中国は前述の家族観などの影響により、プライベートを優先する人がかなりいる。介護職に限らず、中国人の職業観について、日本と根本的な違いとしては、「仕事＜プライベート」ということが言えるだろう。

3.2　生活習慣と文化の違い

　重要な介護業務である居室清掃についても、中国と日本では、「清潔」や「きれい」の認識には違いがある。ある日本の介護事業者では、中国人職員に日本人と同様の居室清掃のやり方を身につけさせるため、部屋の半分を中国人職員に、残り半分を日本人職員にさせて、その違いを見せていたという。「きれいにする」という認識のあまりの違いに、口頭での指導に限界を感じ、そうした方法を採ったそうであるが、OJT を通した中国人介護士への教育は非常に大事ということである。

　おむつ交換についても、日本では 1 つ 1 つの動作の前に声をかけるが、中国はそうではない。あまり声かけをしすぎると、利用者は面倒だと思うことがあるため、とされている。

　入浴は日本人に大いに好まれるものだが、中国人は基本的にシャワーで十分という人が多い。介護職員が苦労して入浴させても、日本人の高齢者は喜ぶが、中国人はそれほど価値を感じないという反応が返ってくる。

　また、中国の高齢者は昼寝をする習慣がある。この習慣に合わせるために、横になれるようなソファーを設置する事業者がある一

写真 8-1　施設の二人部屋の様子

写真 8-2　施設で設置した家族見舞い
　　　　　用部屋

方、昼寝が長くなると、夜間に起きてしまう可能性があると心配している事業者もある。

　相部屋と個室について、日本は利用者のプライバシーを尊重するために、ユニットケアが盛んになり、個室が多い。これに対して、中国では、費用が安く、お互い話し相手になると考えている利用者が多く、相部屋の利用が多い（写真 8-1）。

　中国では高齢者の扶養意識の変化に伴って介護の社会化が進んでいるものの、介護は家族が担うのが基本だという考え方を持っている人は依然として多く、親を施設に入れても、面会に行く頻度が高い。施設側も利用者と家族が触れ合う時間や場所を確保するため、入所高齢者の誕生日や記念のお祝いなどのときに、家族で食事できる部屋を設置する（写真 8-2）などの努力をしている。

3.3　介護理念の違い

　「日本式介護」では、予防支援は重要なものと位置づけられ、体操など体を動かすプログラムを導入しているが、中国の場合はそうではなく、こうしたプログラムは「強要している」と感じられてしまう。職員も予防支援の重要性を理解できず、余計な仕事を増やしたくない、と消極的である。どのように職員を啓発するか、どのように福祉教育の中に入れるか、事業者は悩んでいる。

　ケアに対する考え方について、日本における介護は、寝たきりにしないための「自立支援」、身体拘束がない等の「尊厳を守るケア」、相手のパーソナリティをみて考える「個別支援」などの特徴がある。日本は「自立」を介護サービスの中心に据えており、身体機能維持のために、食事やトイレを含めたあらゆることをなるべく自分でしてもらうという考えが根底にある。一方、中国では「高齢者に辛い思いをさせたくない」という考えが根強く（森 2017）、こうした必要最低限の介護しか行わないのは親不孝であり、できる限りのケアを尽くすことが親孝行であると評価される。たとえば、日本の介護事業者の紹介にこのような声があった。中国は健康寿命を延ばそう、大健康ということを推進するとある一方、施設入所者の家族は「なぜ私の両親に自分ができることをさせるのですか。高級サービスというのは、王様のようになんでもしてもらうようなサービスではないのですか」とクレームがあったという。中国の高齢者およびその家族が、このような「召使いのようなサービス」を要求する背景には、公的な介護保険制度が存在せず、受けるサービスを全額自己負担していることにあると考えられる。つまり、福祉サービスの利用というよりも、マーケティングサービスを提供されていると理解している利用者がいるということである。

　さらに、認知症ケアについて、現在の中国では、認知症の人を受け入れる介護施設はあまりなく、ほとんどの人は家あるいは精神病院で介護を受けている。日本のように、認知症高齢者が自宅や介護施設で介護を受けながらも、普段通りの生活を送るというのは、考えられないことである。社会の認知症に対する認識がまだ低いため、介護職員は認知症ケアのノウハウをもっていないのが現状である。今後、中国における認知症高齢者の増加により認知症対策の課題が出てくることが予想される。そのため、認知症ケアは日本の介護の強みになることが考えられる。

3.4　細やかな「日本式介護」

　中国の現場に驚かれた「日本式介護」の特徴の１つは細やかなケアを提供することである。ある日本の介護事業者の施設であるが、公設民営施設（中国政府が設立し、会社を運営している）であるため、建物は政府によって建築されたものである。稼働してから、利用者が使いやすくするために、日本人の施設管理者はいろいろなところを改修した。施設見学のとき、案内してくれた中国人介護職員は以下のように述懐している。「日本人は本当に細かい。シャワー室とトイレの手すりの位置を利用者に使いやすくするために、１cmだけ移動することになった（写真 8–3）」。「トイレの手すりは片方だけだったが、左利き、右利きがあるので、両側に設置した。しかも、利用者が自分で便を出せるように、手すりを短くして、前屈の姿勢で出してもらう」。「最初は不思議だった。こんなことで改修しなければならないのかと。しかし改修後、利用者から確かに使いやすくなったと評判をきいた」。

　中国では現在、介護施設を設計できる専門家が少ない。建築知識

があっても介護現場の
経験がある人は少ない
ため、上記のような細
かい設計になかなか気
が回らない。この例は
あくまでも一例である
が、「日本式介護」の
このようなきめ細かさ
は、中国では評価され
ている。

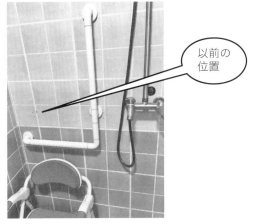

以前の
位置

写真 8-3　シャワー室の手すり

3.5　中国人介護士の声—新聞記事より

　日本の現場で実際に働いている中国人介護士（技能実習生）はど
のような課題に直面しているか、新聞記事を通してみてみよう。

　　宮崎県延岡市の高齢者施設。2018 年 7 月に介護職種の外国人技能
　実習生として来日した中国籍の簡雪梅さん（48）と柴艶紅さん（42）
　が働き始め、1 年以上が経った。中国で介護職の経験がある 2 人は自
　立支援を大切にする日本の技術を習得し、中国で広めるのが目標。

　　考え方の違い
　　「ベッドの周りの柵を全て付けると身体拘束になってしまうのでや
　らないように」。簡さんと柴さんを受け入れるメープルウェルフェ
　アーサービス（延岡市）が運営する介護付き有料老人ホームの一室で
　19 年 10 月下旬、職員の飯干千美さん（43）が身振り手振りを交え

ベッドの扱いを教えた。

　「日本は、できる事は自分でやらせてあげる。中国は、職員が何でもやってくれると思っている人が多い」。柴さんは日本で働き始め、考え方の違いに驚いた。技能実習には出稼ぎ感覚で応募。だが、今では「経験を積んで、日本式の老人ホームを中国に作りたい」と思うようになった。

　簡さんは同じ敷地内の認知症グループホームで働く。「利用者が風呂に入りたくないと言えば従う。細かく配慮し、人を尊重している」と感銘した。最低５年間は日本で技術を習得し、その後は中国の介護施設で働くつもりだという。「自立支援や細やかなケア。全て持ち帰りたい」と話す。（略）

　メープルウェルフェアーサービスの小野真介（40）は「日本の介護について何も知らない実習生に教えることで、受け入れ側の職員も成長している」と力を込めた。

　　　　　　　　山陰中央新報（2019 年 12 月 18 日　海外・総合）より

　この新聞記事のようなケアに関する考え方の違いは、外国人介護士を受け入れる際に必ず直面する課題であろう。これまでも述べてきた通り、この課題は日本の介護事業者を悩ませているが、記事にあるように、実習生はその違い（自立支援）を受け入れ、納得、理解できるようになる。そのため、外国人介護士には「このようにしてください」と伝えるだけではなく、「なぜこのようなケアをするかについての考え方」も同時に伝えることは非常に大事であると考える。

4 | 日本が学ぶべき介護観とその実践

4.1　中国人介護士を受け入れる際の工夫

　ここまで、中国に進出した「日本式介護」の展開を通して、中国人の介護観、介護実践をみた。きめ細かな日本式介護は中国で評価されているが、現地で採用した中国人介護士がサービスを提供する際に、日本の介護事業者が中国人の仕事観や生活習慣、文化、介護観などの違いによる課題に直面し、どのように中国人介護士に日本式介護の理念を徹底するか、日々模索している状況である。

　日本式介護の展開の経験を通して、逆に日本の介護現場で中国人介護士を受け入れる際の工夫を挙げたい。1 つ目は、日本人高齢者の生活習慣や文化、提供するサービスの内容を明確に理解してもらうために、口頭での研修より OJT を通しての教育を実施することである。2 つ目は、日本の介護理念を効果的に浸透させるために、「このようにしてください」と伝えると同時に、「なぜこのようなケアをするか」も伝えるということである。当然ながら、異文化間介護の適応促進のためには、外国人介護士に日本の文化に適応してもらうだけではなく、受け入れ側が外国人介護士の持つ文化や介護観の違いを理解することも必要であろう。

4.2　介護における日中国際協力に向けて

　介護先進国である日本からノウハウを得るため、2019 年 1 月、中国アジア経済発展協会養老産業委員会は「中日看護・介護交流計

画」を立ち上げ、日本へ研修生を派遣して、看護、介護技術を学ば
せる方針を打ち出した。

　技能実習制度の受け入れ機関別のタイプについて、企業単独型
（日本の企業等が海外の現地法人、合併企業や取引先企業の職員を
受け入れて技能実習を実施）と団体監理型（非営利の監理団体（事
業協同組合、商工会等）が技能実習生を受け入れ、傘下の企業等で
技能実習を実施）がある。技能実習は全職種にわたって団体監理型
がほとんどであるが（第 1 号団体監理型 47.0％、第 2 号団体監理
型 46.5％）、日本介護事業者の中国の介護市場への進出を受けて、
今後、企業単独型の技能実習生の受け入れも増えるだろう。

　このように中国が日本の介護施設に研修生を派遣することによっ
て、日本の介護現場の人手不足がある程度緩和でき、中国はそのノ
ウハウを習得することができる。今後、人手不足が共通課題となる
介護人材の育成について、このような win-win の関係を作れる国
際協力方針を探ることが有意義だろう。

　本章は、郭芳（2021）「日本式介護の展開から中国の介護観を考える―外国人介護士
受け入れのために―」『評論・社会科学』137、pp. 197-209 をもとに一部加筆修正した
ものである。

参考文献
安妍、芝木美沙子（2013）「大学生の高齢者に対する意識調査―日中の違いに
　　ついて―」『日本家庭科教育学会大会・例会・セミナー研究発表要旨集』56、
　　pp. 1-2
陳引弟（2010）「中国大都市における老人施設介護職員の労働実態に関する研
　　究：質問紙調査を中心に」『介護福祉学』17(1)、pp. 94-101
閻青春（2013）「中国における高齢者介護の実態と展望」『公衆衛生』77-5、pp.
　　47-52
外国人技能実習機構「平成 29 年度・平成 30 年度外国人技能実習機構業務統
　　計概要」

https://www.otit.go.jp/files/user/191001-04.pdf

（2020 年 5 月 6 日閲覧）

郭芳（2018a）「中国の介護市場に進出した『日本式介護』の特徴を探る―事例調査を通しての分析―」『評論・社会科学』124、pp. 107-124

郭芳（2018b）「中国における福祉の『市場化』の展開と特徴に関する考察」『社会政策』10(2)、pp. 105-116

郭芳（2020）「中国の高齢者福祉とサービス供給をめぐる動向」『社会福祉研究』137、pp. 104-110

許福子（2007）「中国・大連市における在宅介護サービスの現状と課題―主として中国の社区福祉サービスの展開に関連して」『東北福祉大学紀要』31、pp. 83-100

鈴木未来（2019）「現代中国における福祉専門職の社会的位置付け―高齢者福祉の囲い込み現象から―」『21 世紀東アジア社会学』2019(10)、pp. 1-10

夏目英男（2020）「清華大生が見た最先端社会、中国のリアル」クロスメディア・パブリッシング（インプレス）

森詩織（2017）「日本式介護を中国でも」『ジェトロセンサー』67(800)、pp. 66-67

（郭芳）

第9章
ベトナムにおける介護観とその実践

　ベトナムでは社会福祉政策が十分に整備されておらず、また運用レベルでも十分に機能していないのが現状である。かつて日本が家父長制をとっていた時代を彷彿させる伝統的な地縁関係が存在しており、日本以上に高齢者を尊敬し大切にする傾向がある。また地縁関係の強さの象徴として古くから伝わることわざに「国家の法律には村落のなかにはおよばない」とあるように、人々は強い地縁関係の中で暮らしている。高齢者や彼らを取り巻く介護の環境もまた、こうした生活習慣に強い影響を受けている。

　ベトナム人はとにかくよく笑い、よく怒り、おしゃべりが止まらない。寒ければ厚着をすればいい、スコールが着たら雨宿りをすればいい、ベトナム人は自分の置かれている状況の中でいつでも前向きに、しかもエネルギッシュに生きている。

　それぞれの国には、それまで培ってきた歴史や文化があり、それぞれの文化を知ることがお互いを理解し歩み寄ることに繋がる。本章ではベトナム人の気質、伝統や文化を理解し、社会やコミュニティのあり方から、高齢者観や介護観の本質を考える。

1 受け入れ施設が考慮すべきベトナムの文化

1.1 ベトナムの文化を知ること

ベトナムの国旗は、赤は革命で流された尊い血を表わし、黄色の星の 5 条の光は、それぞれ労働者、農民、知識人、青年、兵士の 5 階層の団結を象徴する。通称「金星紅旗」と呼ばれる。

1976 年に南北統一されるまでの間、ベトナムには北側のベトナム民主共和国と南側の南ベトナム共和国の 2 つの国家が存在していた。そして現在は、共産党の一党独裁の社会主義国である。街のあちこちの路地で飲んだり食べたりして、ゴミは躊躇なく道路にポイ捨て、混雑していても並ぶこともなく、約束の時間はあるようでないもの、大きな声で笑って、怒って、おしゃべりが止まらない、それがベトナムである。日本人であればそうした行為に腹を立てそうになる。そもそもその行為が誰かの人権や尊厳を脅かすほどの問題ではないととらえ、まずは受容し、その行動の背景を知るで、真の受容、そして理解へと繋がっていく。もちろん、ベトナムは多民族国家であるため、一括りにして文化を知ることには限界がある。ここで述べることは、代表的な文化の一部としての理解にとどめてほしい。

1.2　気候との共生

　ベトナムは、インドシナ半島東側に位置し、南北に細長い地形をしている。面積は約 33 万 km^2 で、山岳が国土の多くを占めており、平野部は北部のホン川（紅河）デルタおよびメコンデルタで、それ以外は海岸沿いにわずかに広がっている。首都はハノイ、最も大きな都市はホーチミンである。

　北部と南部で気候が異なり、北部は亜熱帯性気候で四季があり、南部は熱帯モンスーン気候で乾季と雨季に分かれている。北部は、6〜8 月は 30℃前後になり高温多湿で蒸し暑く、12 月〜2 月にかけては 10℃前後になるが、一般家庭では暖房設備が十分に普及していないため、多くの人が厚着をしてしのいでいる。一方で南部は、1 年を通して気温差は小さく、平均気温も 24〜25℃位でとても暑い。5 月〜11 月が雨季で、1 日数回、突発的な豪雨（スコール）がある。現地の人が傘をさすことはなく、多くの場合は常備してある雨カッパを着るか、または 30 分〜1 時間程度で雨は止むため近くのカフェで時間を過ごすことが多く、傘をさしているのは外国人くらいである。また、道路や下水道の整備がされていないため、豪雨と共にところどころで下水があふれ出し、道路も川のようになり、ゴミがぷかぷかと浮んで流れてくることも珍しいことではない。

1.3　多民族国家ベトナム

　ベトナムは多民族国家であり、国家が公認している民族（エスニック・グループ）は、キン族（狭義のベトナム人）、タイ族、ムオン族、クメール族など 54 である。キン族は、人口の 80％以上

を占めており、それぞれ民族籍を持っている。少数民族は、主に高地や山岳地帯に住む山岳民族である。公用語はベトナム語で、北部、中部、南部にそれぞれの方言がある。少数民族は、主に自然と密着した農業を中心とした暮らしで、生活や集落には規律、言語、衣装など、固有の伝統性を息づかせている。

　少数民族とは、複数の民族によって構成される国家の中で相対的に人口が少ない民族のことで、多くの場合、多数派民族とは文化・言語・宗教を異にするため、偏見と差別の対象となりやすい。また、少数民族は、「市民的及び政治的権利に関する国際規約（B 規約）：International Covenant on Civil and Political Rights、ICCPR」第 27 条によって定義されている（1966 年に国際連合総会で採択）。その内容は、「種族的、宗教的又は言語的少数民族が存在する国において、当該少数民族に属する者は、その集団の他の構成員とともに自己の文化を享有し、自己の宗教を信仰しかつ実践し又は自己の言語を使用する権利を否定されない。」とされている。

　また、ベトナムは多宗教の国でもあり、「国教」的存在の宗教はない。憲法や宗教に関する法令などで「信教の自由」と「法の下での各宗教の平等」が謳われている。最大の「宗教」は仏教で、国民の 70％以上を占める。次いで、カトリック教、イスラム教、カオダイ教などである。

1.4　南北統一の道のり

　19 世紀末にフランスの植民地となったベトナムは、太平洋戦争直前に日本軍の占領下に置かれた。ホーチミンが指導する革命勢力は、1945 年 8 月に日本軍から権力を奪取する「8 月革命」を遂行し、同年 9 月 2 日に独立を宣言した。ベトナムは、1954 年のジュ

ネーブ停戦協定において国土は南北に分断され、社会主義体制の北
ベトナム、アメリカの同盟国南ベトナムという、2 つの国家が並立
した。北ベトナムとそれに支援された南ベトナム解放民族戦線は、
南ベトナム政府軍およびそれを支援する米軍と戦い、1973 年 1 月
のパリ平和協定で米軍を完全撤退に追い込んだ。1975 年 4 月 30
日、革命勢力は南ベトナムの首都サイゴンを制圧し、南北統一を果
たし長い戦いの日々に終止符を打った。30 年間以上に及ぶ革命と
戦争は、経済を荒廃させ、人々の生命を脅かし、平穏な社会生活を
奪い去った（中野 2005）。人々の渇望は戦争が終結することであ
り、人々は平和で安心できる豊かな生活を未来に思い描いていた。
そして、終戦によって「貧しさを分かち合う社会主義」は歴史的役
割を終え、新たな道が模索される時期を迎えた。

　一方、ベトナムの国家や生活に対する国民の認識は、戦争を生き
抜いた世代と戦後の世代が混在する現代社会においては複雑な現代
史が混淆し、1 つの枠組みでベトナム社会をとらえることは限界が
ある。また、過去のベトナムの歴史をどのように評価するかは、立
脚する視点によっても異なるが、過去の歴史を二元論的な視野では
なく、ベトナム社会の発展を主軸として、現代社会における新たな
道への模索の時期として時代の趨勢を見ることが大切だと考える。

1.5　屋台中心の食文化

　ベトナムのほとんどの地域では、お米を主食としている。お米は
炊いて食べる他に、米の麺（フォー、フン）、生春巻き（ライスペー
パー）などがある。朝食は、家で食べるよりもフォーやバイン・
ミーを路地に立ち並ぶ屋台などで食べる人が多い。食事で特徴的な
のは、食事の際に、箸やスプーン、フォーク、取り皿など、ティッ

シュで念入りに拭くことが当たり前で、爪楊枝まで拭く人もいる。日本に訪れた際も、長年の習慣で拭かずにはいられないのか、自然と拭いている。これは下水道事情が悪く、水道水で洗っただけでは衛生的に信用ならないことが要因だと考えられるが、私たちが食事の前に手を洗うのに近い感覚かもしれない。朝はバイン・ミーやフォー、昼はアイスやジュースなど、様々な露店がある。みんな馴染みの場所があるようで、子どもたちも学校帰りに、日課のように立ち寄って、いわゆる立ち食いを楽しみにしている。また、ベトナムの街には、いたる所にカフェがある。ビジネスマンのミーティングもカフェで行われるのが一般的である。

1.6　活気と熱気に満ちた市場

　ベトナムでは都市でも地方でも、必ず市場があり、生活に必要なものがほとんど手に入る。都市部にはスーパーマーケットやコンビニもあるが、現地の人にとっての買い物場所の主流は何と言っても市場である。

　スーパーマーケットやコンビニでは値段が表示されているが、市場は「定価」がない。何か物を買うたびに値段交渉が必要で、しかも相場がわからないと交渉もできないので外国人にとっては至難の業。もちろんどちらも生活がかかっているので、まるで喧嘩しているかのように売り手も買い手も負けず劣らず必死である。ベトナム人にとっての交渉は、コミュニケーションの一環として生活に根付いている。市場はそれぞれ売り場が決まっており、売り場の権利が管理されている。市場で特定の場所を確保できない場合は、市場の入り口付近や、あるいは周辺の路地に場所を確保して、自転車や天秤棒、籠を背負って移動しながら商売をしている。また、街のあち

地方の市場　　　　　　　　　　　路上で果物を売る高齢者

こちで、靴磨きや宝くじを売り歩いている人もよく見かける。宝くじ売りの多くは年金を受給していない、身寄りのない高齢者である。とにかく、若者も高齢者も生きることに必死であることは間違いない。

2 ｜ 介護観を俯瞰する

2.1　ベトナムでの高齢者の存在

　ベトナムでは、高齢者の扶養は、「子ども、孫は父母、祖父母を尊敬し、世話し、扶養する義務を有する」と民法（1955 年制定）に定められている。また、ベトナムには「敬老得寿（老人を敬う者は長寿を得る）」という言葉があり、高齢者を大切にすることが自分自身の未来と繋がっていると信じられている。従来、ベトナムの家族は大家族で、老人の多くは家族と一緒に生活し、子どもや孫が世話をしてきた。高齢者法第 3 条によると「高齢者を扶養するこ

とは、その家族の最優先の責務である。1 人で生活し、扶養すべき
者のない、また収入のない高齢者は国家や社会によって保護される
ものとする。」と法的に規定されている。

2.2　移りゆく社会を模索する高齢者

　1986 年に「ドイモイ（Doi Moi：刷新）」政策が採択され、統制
計画経済から市場経済への転換によって社会変動が起きる一端と
なった。ドイモイ政策は、「貧しさを分かち合う社会主義」から「豊
かさをもたらす社会主義」への政策転換であった。しかし、現実は
戦後（ベトナム戦争 1975 年 4 月 30 日終戦）の混乱と国際関係の
変化、模索されるドイモイ政策が複雑に絡み合い、ドイモイ政策に
よる経済格差の拡大で悪化する社会生活に対して、戦争を生き抜い
た高齢者からは、「（戦前から今まで）何も変わらない。お金だけで
はなく、今は家や土地も失った。変わる頃はきっといなくなってい
るでしょう。」という声が聞かれた。人々の意識の中では、今もな
お「豊かさ」は実現することのない夢となっている。
　経済発展の陰には、戦争によって配偶者や子どもを失った高齢者
の存在がある。個々の置かれた背景は様々で、北部、中部、南部と
いう地域でも違いがある。さらに、南ベトナム解放民族戦線側で
あったか、北ベトナム側であったかという政治的な所属によって、
現在の待遇も異なる。ベトナムの高齢者は、1 人 1 人が激動の歴
史を背景にしながら現代社会を生き抜いている。南部地方の農村部
に、ベトナム戦時下で奮闘したという高齢者が、「役割を終えた」
と言って 1 日中、ハンモックに腰掛け揺られて時間を費やしてい
る姿に出会ったときには、与えられた時代の運命の中で生きること
の目的と価値を再考させられる。

　高齢者の生活を支えているのは、地域社会である。中央政府には、「労働・傷病兵、社会省（Ministry of Labor, Invalid and Social Affairs）」という官庁があるが、傷病兵や他の社会問題への対応に追われ、高齢者に対する支援は十分に行われてこなかったのが実情である。市場経済を導入したことによって、必然的に社会の中に貧富の差が生まれ、急激な変化は多くの影響を与えることになった（坪井 2011）。

　ドイモイ政策は、都市生活、農村生活の基礎的な社会集団である「家族」の家族機能や地域社会の生活構造にも大きな影響を与えた。その結果、都市部では核家族化が進展し、様々な形態で都市化現象をもたらした。農村部では経済成長が鈍化したことで、失業者数が増加した。そのため農村部から都市部へ人口が移動し、高齢者の社会的地位・役割の衰退、扶養問題といった家族意識の変容が顕在化するようになった。

　表 9-1 の通り、人口構造を大都市ホーチミン市と農村部で比較して概観すると、2010 年から 2014 年の 4 年間では、都市部より農村部の方が平均人口の実数は多いが、人口増加率では 93.07％が都市部に集中していることがわかる。特に南部中心都市のホーチミン市（Ho Chi Minh City）では、実数、割合共に都市部での増加率が 69.32％と高い。

　さらに、人口移動からとらえると、2014 年のホーチミン市の人口流入率は 1.69％、流出率は 1.14％であり、0.55 ポイント差で流入者が上回っている。一方、農村部ビントゥアン省の人口流入率は 0.24％、流出率は 0.69％であり、0.45 ポイント差で流出者が上回っている（表 9-2）。このように農村部から都市部へと人口が流出している。その背景の 1 つとして、2006 年の居住法の改正が影響している可能性が指摘されている。これまで低所得者層である

表 9-1　平均人口

単位：1000 人（%）

行政単位および年号		平均人口	平均都市人口	平均農村人口	平均男性人口	平均女性人口
全国	2010	86947.4	26515.9 (30.50)	60431.5 (69.50)	42993.5 (49.45)	43953.9 (50.55)
	2011	87860.4	27719.3 (31.55)	60141.1 (68.45)	43446.8 (49.45)	44413.6 (50.55)
	2012	88809.3	28269.2 (31.83)	60540.1 (68.17)	43908.2 (49.44)	44901.1 (50.56)
	2013	89759.5	28874.9 (32.17)	60884.6 (67.83)	44364.9 (49.43)	45394.6 (50.57)
	2014	90728.9	30035.4 (33.10)	60693.5 (66.90)	44758.1 (49.33)	45970.8 (50.67)
	予測値－Prel.2015	91713.3	31131.5 (33.94)	60581.8 (66.06)	45234.1 (49.32)	46479.2 (50.68)
	増加数：2014-2010	3781.5	3519.5 (93.07)	262.0 (6.93)	1764.6 (46.66)	2016.9 (53.34)
ホーチミン中央直轄市	2010	7346.6	6114.3 (83.23)	1232.3 (16.77)	3514.7 (47.84)	3831.9 (52.16)
	2011	7498.4	6238.0 (83.19)	1260.4 (16.81)	3573.9 (47.66)	3924.6 (52.34)
	2012	7660.3	6309.1 (82.36)	1351.1 (17.64)	3692.3 (48.20)	3968.0 (51.80)
	2013	7820.0	6479.2 (82.85)	1340.8 (17.15)	3772.8 (48.25)	4047.2 (51.75)
	2014	7981.9	6554.7 (82.12)	1427.2 (17.88)	3828.8 (47.97)	4153.9 (52.04)
	予測値－Prel.2015	8146.3	6681.8 (82.02)	1464.5 (17.98)	3910.2 (48.00)	4236.1 (52.00)
	増加数：2014-2010	635.3	440.4 (69.32)	194.9 (30.68)	314.1 (49.44)	322.0 (50.68)
ビントゥアン省	2010	1176.8	462.7 (39.32)	714.1 (60.68)	590.1 (50.14)	586.6 (49.85)
	2011	1184.5	466.0 (39.34)	718.6 (60.67)	594.9 (50.22)	589.7 (49.78)
	2012	1191.6	468.5 (39.32)	723.1 (60.68)	599.0 (50.27)	592.7 (49.74)
	2013	1199.5	473.6 (39.48)	726.0 (60.53)	602.5 (50.23)	597.0 (49.77)
	2014	1207.4	474.6 (39.31)	732.8 (60.69)	604.3 (50.05)	603.1 (49.95)
	予測値－Prel.2015	1215.2	477.7 (39.31)	737.5 (60.69)	608.2 (50.05)	607.0 (49.95)
	増加数：2014-2010	30.6	11.9 (38.89)	18.7 (61.11)	14.2 (46.41)	16.5 (53.92)

統計総局著『ベトナム統計年鑑 2015 年版』「Average population」ビスタ ピー・エス，p.76. 93-102, 2017. をもとに筆者作成（2020）。Average population is the average number of people for an entire period, calculated by several the following methods.If data is available at two time points (base and end of the short term, usually a year). Ptb: Average population＝(P0: Population at the base period＋P1: Population at the ending period)÷2.

表 9-2　人口移動

行政単位および年号		人口増加率 単位：%	人口流入率 単位：‰	人口流出率 単位：‰	合計特殊出生率 単位：人
全国	2010	1.07	9.7	9.7	2.00
	2011	1.05	10.4	10.4	1.99
	2012	1.08	7.2	7.2	2.05
	2013	1.07	8.8	8.8	2.10
	2014	1.08	9.2	9.2	2.09
	予測値－Prel.2015	1.08	5.5	5.5	2.10
ホーチミン中央直轄市	2010	2.09	26.2	7.8	1.45
	2011	2.07	25.0	13.5	1.30
	2012	2.16	14.8	7.2	1.33
	2013	2.08	16.5	10.3	1.68
	2014	2.07	16.9	11.4	1.39
	予測値－Prel.2015	2.06	10.4	5.7	1.45
ビントゥアン省	2010	0.63	4.2	9.6	2.09
	2011	0.66	2.1	8.5	2.14
	2012	0.60	2.3	6.1	2.39
	2013	0.66	5.3	8.5	2.15
	2014	0.66	2.4	6.9	1.57
	予測値－Prel.2015	0.64	1.0	3.1	2.04

統計総局著『ベトナム統計年鑑 2015 年版』「Population growth rate and In-migration rate, Out-migration rate, Total fertility rate by province」ビスタ ピー・エス，p.116. 117. 122-127, 2017. をもとに筆者作成（2020）。

農村出身者は自由な移動が認められておらず、住民登録は故郷に残したまま出稼ぎ先の公安に仮登録する形でしか出稼ぎが許されていなかった。しかしこの改正によって居住の自由が保障され、都市部への流入がより促進されることとなったのである。

2.3　伝統的社会の特徴

　国民の約 80％が農村部に暮らすベトナムでは、伝統的な暮らしは現在でも大きな影響力を持っており、地域共同体がいまだに規制力をもって農民の暮らしを律している。個人と共同体との関係は独特な「強い共同体」という関係が存在し、村人同士の連帯意識が強固で、郷約（村のおきて）などの共通のルールを定めて村の運営を共同で行ってきた（坪井 2002）。村における紛争解決、婚姻・家族等に関する郷約は今も存在している。これは村落の規範を示すものであり、長老を頂点とする伝統的な共同体組織として運営され、最終的に物事を決める際に決定を下すのは長老の役割とされている。たとえ、身体が自分で動かせず介助が必要な状態であっても、長老の意見は最優先とし

農村の高齢者

牛で移動する高齢者

て尊重され、高齢者の役割を物語っている。

　人と人との結びつきは地縁・血縁関係を基盤にし、特に農村社会では、地縁・血縁関係の紐帯は強い。ベトナム社会での地縁とは、出身地が同じ親兄弟や祖先を知っているという相互に認識した関係が基本である。通常、血縁は血の繋がった家族・親族を指すが、嫁の家族など義理の関係でも血縁関係に含める場合が多く、日本の家族の範囲より拡大された概念である（坪井 2008）。

2.4　社会保障

（1）社会保障制度

　1975 年のベトナム戦争終結までは、社会主義体制下の北部と資本主義社会の南部では社会保障の仕組みが異なっていた。北部では、合作社という「地域集団」単位で老人・孤児、障害者を支える「コミュニティ方式（地域の中で保障する方式）」、相互扶助の形で最低限の生活を保障する社会主義的な社会保障体制がとられてきた。一方、南部では、教会や仏教による慈善や慈善的思想という伝統に基づいて社会福祉施設を運営する社会保障体制であり、国家全体の政策としての社会保障制度は実施されていなかった。

　現在の社会保障制度は、労働・傷病兵・社会省が管轄し、政策や法制度を策定するとともに、関連省庁や地方機関、ベトナム高齢者協会と連携している。

　社会保険制度の創設は 1961 年で、老齢年金は社会保険制度の枠組みの 1 つである。社会保険は強制加入と任意加入に分けられ、強制加入者は、3ヶ月以上の雇用契約を結んでいる労働者、公務員、軍・公安の職員、雇用契約に基づき海外で従事する労働者などが該当する。一方、任意加入者は、自営業者および農業従事者のなどで

ある。いずれも、公務員の退職年齢に即して 15 歳以上 60 歳未満の男性、15 歳以上 55 歳未満の女性が対象となっている。給付の対象は、原則として男性 60 歳以上、女性 55 歳以上で、保険料拠出期間が 20 年を超える場合となっている（斉藤 2007）。多くの人が副業収入を得つつ生活しているような経済状況のなかで、実際に保険料を拠出できる人は一部であり、加入義務対象人口の約 20％にとどまっている。老後の年金に向けた保険料の拠出よりも、目の前の生活を楽しみに価値を見出している人も少なくない。いつでも、どんな時でも、「何とかなる」「問題ない」というベトナム人の持っている楽天的な思考が老後の生活への不安を払拭させているのかもしれない。

　国は法整備をして、福祉を受ける権利を認めているものが、このように制度運用での体制が脆弱なため、国民全体が福祉を享受するには至っていないのが現状である。

　一方、社会保険とは別に社会扶助として、年金を受給していない 80 歳以上の高齢者、また 60 歳以上 80 歳未満で生活困難な状況にある人には老齢福祉手当が支給されるが、社会状況、生活状況などに応じて受給開始年齢や支給額が段階的に見直されている。その他、90 歳時点で人民委員長から、100 歳時点では国家主席からお祝いの金品が授受される。平均寿命 76.3 歳のベトナム人にとっては、90 歳を超える長寿は超人であり、尊敬すべき存在の象徴なのかもしれない。さらに、60 歳以上の高齢者は、飛行機、船などの交通機関の利用料や文化遺産、美術館、観光施設などへの入場料の割引制度がある。しかし、制度は社会情勢に応じて可変的である。

（2）医療保険制度

　医療保険は強制加入であり、被保険者は、3ヶ月以上の労働契約に基づき勤務する労働者、組織および個人を含む雇用者で、健康保険法に規定される者としている。被保険者のカテゴリーによって健康保険基金が費用の 80〜100％を負担している。ただし、医療保険制度で受診できる病院は、医療保険基金との契約関係がある病院に限られており、専門的な治療を個人的に望む場合には、保健省の定める診療費に基づき自己負担額が発生する。

　80 歳以上の高齢者や、貧困で身寄りのない単身高齢者は無料で医療保険に加入でき、基本的には無償、またはわずかな自己負担額で医療が受けられる。また、高齢者法により、80 歳以上の患者は優先的に治療を受けることができる。また、高齢者には年 1 回以上の健康診断も実施されている。しかし、受診料は無料であっても薬代は有料なので、実際に高齢者が受診することは多くない。また、大きな病院でなければ医療機器などの整備がされていないため明確な診断がされず、近所の病院で受診しても治癒しないなどの問題も生じている。

　国は老齢年金と同様に医療保険を制度として整備をしているが、運用体制が未整備であるため、国民の健康を十分に保障する水準には至っていない。このような状況の中で、農村部では、薬草と称されるものを患部に貼付したり、煎じて飲んだりするなど、様々な民間療法が受け継がれている。

　WHO（2011）の報告によると、ベトナムにおける生活習慣病を含む非感染性疾患（Non-communicable Diseases）の死亡割合が増加傾向とされており、医療制度の充実は今後の高齢化社会に向けた新たな課題であると言える。

3 | ベトナムの介護実践

3.1　高齢者福祉政策

　1975 年のベトナム戦争終結、1976 年の南北統一を受けて、1980 年にベトナム社会主義憲法を「1980 年憲法」として制定し、その後、憲法は「1992 年憲法」に改正され 2001 年の一部改正を経たあと、現行憲法として「2013 年憲法」が制定された。2001 年に改正された憲法の第 64 条には「家族は、社会の最小単位である。国家は婚姻と家族を保護する。婚姻は、自由意志の原則によってなされ、進歩的な統合であり、1 人の妻、1 人の夫、夫婦間は平等である。父母は、子どもを養育し、より市民に成長させる責任がある。子どもの本分は、祖父母・両親を尊重し、世話をすることである。国家及び社会は、子どもを差別することは認めない」と市民の基本的な権利と義務について謳っており、国家と家族の関係、及び家族機能として祖父母・両親への尊重と扶養義務が明文化されている。その後の 2013 年憲法の第 34 条には「市民は、社会保障を受ける権利を有する」、第 37 条の 3 に「国家、家族及び社会は、高齢者を尊重し、世話をし、祖国の建設と防衛事業において役割を発揮させる」、第 59 条の 2 に「国は、市民が社会福利、社会安全制度の発展を享受する機会について平等を確保し、高齢者、障害者、貧困者及びその他の困難な環境にある者を支援する政策をとる」と定められており、高齢者の扶養義務の範囲を家族から国家及び社会へと拡大している。

　また、「国際高齢者年」を契機に、高齢者法（Ordinance on

Elderly People）が 2000 年に制定されている。同法は、高齢者の
権利と責務、高齢者の社会参加、ベトナム高齢者協会（Vietnam
Association of the Elderly）の役割などを規定している。同法第
5 条においても、「高齢者を扶養する主たる責任は高齢者の家族に
ある」と定められている。しかし、政策として高齢者及び介護者の
生活保障に直結していないのが現状である。

3.2　高齢者福祉

（1）高齢者福祉施設

　高齢者福祉施設として、労働・傷病兵・社会省（Ministry of
Labor, Invalid and Social Affairs）が管轄する社会保護施設と民
間の NGO、宗教系（お寺）、有料老人ホームがある。社会保護施
設は身寄りのない高齢者や戦争功労者およびその家族は無料で入居
でき、それ以外の利用者は費用を支払う。

　社会保護施設では、1 日 3 食の食事の提供以外に、決められた
スケジュールはなく、高齢者たちは敷地内を散歩したり、お茶飲み
をしたりと自由に時間を過ごしている。生活の中の楽しみとして最
も多く挙げられていたのは、ラジオ・テレビ・新聞を読むことであ
り、今後の生活における希望として、家族の面会、友人との会話が
挙げられていたことから、施設内での対人交流の希薄さが読み取れ
る。また、大きな部屋にはベッドが所狭しと並べられ、人が通るの
もやっとの状況である。間仕切りもなく、ベッドのボトム（寝る面）
は、木製で直径 20 cm ほどの丸い穴が開けられている。排泄のた
めのものであるが、周囲からの視線を遮るものはなく丸見えであ
る。決して望ましい環境とは言えないが、そこで暮らす高齢者たち
は、雨風が凌げて毎日ご飯が食べられる現状に満足している。高齢

者たちが求めているのは、ハード面ではなくソフト面での心のケア、コミュニケーションであることが示唆される（後藤ら 2008）。

　ベトナム戦争は終結したにもかかわらず、戦争当時の出身や貢献度によって利用料のみならず、施設の環境やサービスなども異なった生活が存在している。戦争という歴史が今なお、高齢者の生活に影響をもたらしていることを踏まえた上で高齢者施設の現状を理解することが大切である。

（2）介護職員

　ベトナムでは社会福祉分野の人材養成機関はもとより、介護職員の養成をする専門的教育機関が 1 ヶ所も設置されていない。高齢者福祉施設の介護職員の採用条件はあくまでも人物優先で採用している施設が多く、専門的な職業意識ではなく、むしろ「慈悲的精神」に基づいた意識で行われている。もちろん、専門的な知識や技術は十分とはいえないものの、敬老思想の表れとして、高齢者に対してとても優しく対応している姿が印象的である。

高齢者福祉施設の外観

　近い将来に向け高齢化対策として、介護職員の専門職の資格の必要性があると言えるが、家

高齢者福祉施設の居室

族扶養という基本的なベトナムの思想との関係から検討する必要があると言える。また、日本・ベトナム経済連携協定（EPA）によって、介護福祉士の候補者が渡日している。介護は日常生活を支援するという立場でとらえると、生活文化の異なるベトナム人が日本の資格をどのように生かすかの検討も課題の１つであるといえる。

4 ベトナムとわが国の展望

　家族介護を中心とするベトナムの高齢者介護に関する施策の課題は、政策と生活実態が乖離していることである。その背景には家族主義の崩壊や伝統的社会の変化、都市部と農村部の地域格差がある。

　大都市であるホーチミン市では、高層ホテルやビジネスセンターが建設されるなか、路地裏に入ると軒下で生活している高齢者や、売れそうなゴミを回収する高齢者の姿に出会う。こうした光景は、大都市に限らず農村部や地方都市でも日常化している。

　高齢者の社会問題を生み出す根本的な要因は、個人の問題ではなく、家族機能の低下や地域機能の変容、社会システムの変化である。こうした社会的要因を含んだ高齢者問題を根本的に改善していくことを高齢者やその家族および地域社会に委ねるには限界があり、社会的にサポートできる専門的知識や技術を身につけた人材が不可欠となる。特に、介護は高齢者の生活基盤となる行為だけに一刻も早く介護の人材養成に向けた教育機関の設置、さらには地域や家族を対象とした住民参加型のプログラムの開発の検討も進めることが重要である。ただし、他国の介護教育をそのままベトナム国内に委譲して人材育成をするのではなく、ベトナムの伝統的な生活様式や文

化を取り入れて進めることが重要となる。

　わが国においては終戦を境に社会の価値観が変容し、高齢者の平均寿命の伸長を含めた人口構造的変化、1947 年の民法改正による家制度の廃止に伴う規範的変化、産業化・都市化を含めた社会経済的変化など様々な要因から核家族化が進行し、老親扶養の問題が台頭した。それに応じて、高齢者施策への取り組みが展開され、今なお繰り返し政策課題として継続的に審議されている。かつての日本と類似した社会構造の変化を経験しているベトナムも、同じような時を刻むことになるであろう。

参考文献
後藤美恵子、赤塚俊治（2008）「ベトナムの高齢者施設における利用者と介護職員との相互課題に関する研究：調査研究を踏まえた二者間の QOL と介護専門教育への示唆」『東北福祉大学研究紀要』第 43 巻
斉藤善久（2007）『ベトナム労働法と労働組合』明石書店
坪井善明（2002）『ヴェトナム現代政治』東京大学出版会
坪井善明（2008）『ヴェトナム「豊かさ」への夜明け』岩波書店
坪井善明（2011）『ヴェトナム新時代―「豊かさ」への模索』岩波書店
中野亜里（2005）『ベトナム戦争の「戦後」』めこん
独立行政法人国際協力機構（JICA）、ベトナム社会主義共和国憲法の概要
www.jica.go.jp/project/vietnam/021/legal/…att/legal_03.pdf
（2016 年 3 月 14 日閲覧）
World Health Organization. Global Status Reporton on Noncommunicable Diseases 2010.2011.
https://www.who.int/nmh/publocayions/ncd_report2010/en
（2015 年 10 月 1 日閲覧）

（後藤美恵子）

第10章
フィリピンにおける 介護観と実践

　日本に暮らすフィリピン人数は在留外国人中第4位の27万人（法務省統計、2018年現在）に上り、さらにフィリピンにルーツを持つフィリピン系日本人も10万人を数える（永田 2016）。介護現場においてもフィリピン人の存在感は大きくなっている。日本の定住資格や国籍を得たフィリピン人が介護施設に入職することもあるが、介護人材として来日するフィリピン人もいる。フィリピンの高齢化率はベトナムやインドネシアといった周辺の国々と比べて低い状態にある。よって、フィリピンは今後も介護人材の送り出し国として注目され続けるだろう。

　しかしフィリピンの社会や文化について深く知る機会はまだ少ない。フィリピンでは家族を大切にする文化が根付いている一方で、欧米の文化も取り込まれ、国外で働くことを躊躇しない社会の雰囲気もある。フィリピン人たちには、いわゆる「アジアの伝統的な介護観」だけを期待するのではなく、国際的な視野で医療・介護に関する教育を受けている人たちと考えることも大切だ。

　本章では、長年フィリピンとかかわってきた筆者の経験も交えながら、同国の文化的特徴、介護状況、介護現場の実例を描き、最後に日本が参考にできるフィリピン人の介護に対する考え方を伝える。

　日本から飛行機で 3〜4 時間で行けるフィリピンは、リゾート地、そして近年は英語学習者の留学先として日本人が訪れる主要な国の 1 つになっている。また、日本に暮らすフィリピン人の数は在留外国人中第 4 位の 27 万人（法務省統計、2018 年現在）に上り、さらにフィリピンにルーツを持つフィリピン系日本人も 10 万人を数える（永田 2016）。

　日本の介護現場で働くフィリピン人は、日本人の配偶者や日系人など、日本の定住資格や国籍を得て入職することもあるが、ほかにも、日本政府が定めた外国人の就労を認めるルート（経済連携協定（EPA）、在留資格「介護」、技能実習制度、特定技能等）を通じて介護人材として来日するフィリピン人もいる。世界銀行の統計によると、フィリピンの高齢化率は 2018 年現在 5.12％に留まり、ベトナムやインドネシアといった周辺の国々と比べても低い状態にあるため、介護サービスの国内需要は相対的に小さい。したがって、フィリピンは今後も、介護人材の送り出し国として注目され続けるだろう。

　このようにフィリピン人と身近に接する機会が増えているが、彼らの祖国フィリピンの社会や文化について深く知る機会はまだそれほどない。周辺のアジア諸国と同様、フィリピンでは家族を大切にする文化が根付いている一方で、欧米の文化も取り込まれ、国外で働くことを躊躇しない社会の雰囲気もある。フィリピンから来た人たちと接する際には、いわゆる「アジアの伝統的な介護観」だけを期待するのではなく、国際的な視野で医療・介護に関する教育を受けている人たちと考えることも大切だ。

　本章では、これまで 20 年以上フィリピン社会や文化について研究してきた筆者の経験をもとに、この国の文化的特徴、介護状況の概要、介護現場の実例を描き、日本が参考にできるフィリピン人の

介護に対する考え方を伝える。

1 受け入れ施設が考慮すべきフィリピンの文化

1.1　多様な文化と英語による教育

　はじめに、フィリピン社会の特徴を理解するうえで不可欠な、文化的多様性と英語による専門教育制度について紹介しよう。

　フィリピンは 7,000 もの島々からなる島国で、多様性が強く感じられる社会である。「フィリピン」という国名はそもそも、16 世紀後半から植民地支配したスペインが当時のスペイン皇太子フェリペ 2 世にちなんで、この地域を「フェリペの島々」と名付けたためだった。スペイン人たちが初めてフィリピン諸島に到着したころ、島々には 200 以上の民族が暮らし、別々の言葉を話していた。したがって当時、現地の人々の間に自分たちはフィリピン人という意識はなかった。だが、その後 3 世紀にわたって植民地支配をしていたスペイン、スペインの後に植民地支配をしたアメリカ、さらに太平洋戦争中に軍事支配をした日本に対してこれらの島々に暮らす人々が抵抗する過程で、今の「フィリピン人」という同一意識が生まれて広がっていったのである。よって、同じ施設で働くフィリピン人同士でも、日常生活においては、出身の地域ごとに親しいグループに分かれてプライベートな時間を過ごす傾向がみられたり、グループごとに雰囲気が違ったりすることもある。

　また、フィリピンの歴史に根差した別の特徴として、フィリピンの看護師たちには、英語で世界に通用する看護教育を受けてきたと

写真 10-1　中東のアラブ首長国連邦（UAE）の病院に勤務するフィリピン人看護師（左から 2 番目）。同僚や上司は南アフリカ人、インド人、レバノン人、オーストラリア人と多国籍な環境で働く。
（2010 年 3 月、筆者撮影）

いう自負があり、様々な国で働く機会が得られると考える傾向がある。フィリピンでは、1946 年の独立前までは宗主国アメリカの言葉である英語を使って出身地が異なる人同士でコミュニケーションをとってきた。独立後は、タガログ語（マニラとその周辺で使われている言語）をベースに作った国語「フィリピン語」の使用が広まり、今ではフィリピン人同士はフィリピン語（一般にはフィリピン語と呼ばずにタガログ語と呼ぶことが多い）で話すことが多い。だが、フィリピン語の普及によって、英語の重要性が低下したわけではない。独立後も英語はフィリピン語と並ぶ公用語に定められ、官公庁や企業内の文書に使われる。英語はまた、フィリピン語と並ぶ教育言語でもある。とりわけ、大学などの高等教育で使われる教科書のほとんどは英語で書かれており、大卒の専門職ならば英語で仕事ができて当たり前と思われている。

　後で詳しく述べるが、英語を使ってスムースに医療・介護現場で働けるフィリピン人の看護師に対する需要は世界的にみても高く、実際、彼らは欧米、中東、アジアの様々な国で働いている。こうした国外で働くフィリピン人看護師同士のネットワークも発達してお

り、自発的な互助組織が各国の大都市に存在する。したがって、フィリピン人看護師のなかには、より良い機会を求め、別の国に移って求職することを厭わない人が少なくない。

1.2　フィリピン人の信仰心と教会の重要性

　多くのフィリピン人にとって、信仰は欠かせないものである。フィリピン人の約 8 割は、スペイン植民地時代にもたらされたカトリック系キリスト教の信者といわれる。宗教としては他に、プロテスタント系キリスト教、イスラーム、少数民族の間の精霊信仰（アニミズム）などがある。いずれの宗教に属していても信仰心に篤く神への祈りを忘れない人が大多数を占める。

　異国で働いている間には特に、信仰を日々の心の拠りどころにすることが多いようだ。自国ではそれほど熱心な信徒でなかったが、外国に来てから初めて毎週教会に通うようになったり、少人数の聖書の勉強会に参加して聖書を真剣に読み始めることになったりしたという話をよく聞く。

　さらに、外国にいるフィリピン人にとって、教会などの祈りの場へ行くことは、宗教の範疇を超えた意味を持つ。教会は、フィリピン人同士で信頼できる仲間を見つける場でもあり、フィリピン人にとっての貴重な情報交換や生活必需品入手の場でもある。いざというときに気軽に声をかけて助けてもらえるセーフティネットにもなる。くわえて、辛く孤独になりがちな外国暮らしの中で、貴重な喜びを感じられる機会でもある。

　外国にいるフィリピン人たちは教会でのミサの後に会食することが多いが、この会食の時間も重要だ。フィリピン国内では神への感謝の祈りを捧げた後に家族や親族一同で食事をすることで大家族と

しての一体感を感じる。親族が身近にいない外国ではそうはいかないため、周囲にいるフィリピン人同士で集まり、外国滞在中の一時的な大家族を形成するのである。大家族のような親しい仲間となった人同士はさらに、お互いの誕生日など特別な日に皆がそろって賑やかなパーティーを開催する。このようなパーティーでも神に感謝の祈りを捧げ、会食しながら楽しい時間を過ごして、孤独感に苛まれるのを防いでいる。

1.3　SNS や送金で繋がる家族・親族

　このように外国に滞在中のフィリピン人は、国外滞在中の親しい仲間づくりを大切と考える一方で、本国や他の国にいる家族との繋がりの維持にも熱心である。

　フィリピンは現在、中国やインドに次ぐ世界第 3 位の移民の送り出し国になった。正規の海外就労者だけでも 170 カ国以上で働いている。また、在外フィリピン人数は総人口の 1 割に値する1000 万人を超えた（細田 2016）。よって、かなりの割合のフィリピン人たちが世界各地に離れ離れの状態で暮らしているのだが、多くは、いかに遠くに離れていても家族と密接なコミュニケーションをとって関係を維持している。

　フィリピン人同士は、平均的な日本人よりも格段に、頻繁に声を掛け合ったり、直接会えない場合はメッセージを送り合ったりして、互いを気遣い、励ます姿勢をみせる。知人や友人の顔を直接見たら「今日は元気？」「ご飯はもう食べた？」などと声をかける。国境を隔てて暮らす家族、親族、友人同士ならば、SNS やビデオ通話などを使って毎日のように連絡を取り合い、互いの日常を報告したり、困ったことはないかなどと尋ねたりする。

　さらに、離れて暮らす人同士の場合、言葉によるコミュニケーションだけでなく、物や現金を送ることも人間関係の維持のために重要である。贈り物や送金にはもちろん経済的支援の意味があるが、それだけに限られない。たとえば、筆者が親しくしていた日本の大学に勤務するフィリピン人の教授たちは、フィリピン社会の中間層の出身で、フィリピンに在住する親は良い暮らしをしていたが、それでも教授たちはそれぞれの親に仕送りをしていた。本人たちに聞くと、送金は「気持ちの表現」で「経済的ニーズに関係なく（相手が）親だから送る」のだという。さらに、自分の兄弟姉妹や祖父母、親族からの助けを求める声があると、親身になって心配し、解決に向けた手助けをしていた。彼らにとってこういった行動は、フィリピンよりも給与の高い日本という国で生活している自分たちに課せられている文化的な義務なのだという。

1.4　一族の期待を背負う出稼ぎ中のケア労働者

　フィリピンの海外就労者たちは、祖国で「新しい英雄」と呼ばれる。彼らは祖国の家族・親族、さらには国を助けるために、逆境に耐えながら異国で働く存在とみなされているからだ。事実、彼らが祖国に送る金額は 2015 年に 258 億ドル（約 3 兆円）だった。これは、同年のフィリピン国家予算 7 兆円の半分近くに匹敵する額である。フィリピン政府は、こうした海外就労者のために労働省内に特別の庁を置き、外国の政府や企業、斡旋業者との間に立って、彼らの雇用確保、問題発生時の保護、福利厚生の整備に努めている（細田 2016）。

　フィリピン人海外就労者の職種は未熟練労働から専門職まで多岐にわたる。なかでも看護師、介護士、家事労働者などの人のケアに

写真 10-2　マニラにある大学の看護学部の講義の様子
（2009 年 8 月、筆者撮影）

かかわる仕事は、その中心的な位置を占める。別な見方をすれば、フィリピンでケア労働を選ぶ人たちの多くは、海外で働くことを目的にこの道を選んでいる。この現象は、特に先進国において少子高齢化が深刻になるにつれ、介護人材の世界的な需要が高まっている状況を反映しているといえる。

　フィリピンにおいて看護学部は最も人気のある学部の 1 つだが、その主な理由は看護師の資格があれば国外で就職できる可能性が高いからだ。実際、フィリピン人看護師の 8 割はアメリカ、イギリス、サウジアラビア、アラブ首長国連邦などの外国で働いている（細田 2011）。看護学部は学費が高いが、将来、外国で働き安定して高い給与が得られるとして、親は子が看護学部に進学することを強く望んでいる場合が多い。同様に、フィリピンで「ケアギバー」と呼ばれる短期の介護士の養成コースも全国的に増え、政府の資格認定制度も整備されている。資格取得者の就職先はアジアや中東などの国外が中心である。

2 ｜ 介護観を俯瞰する

2.1　家族介護が当たり前

　フィリピンには多様な民族や階層の差がみられるが、それらの違いを超えてフィリピン人はみな家族を大切にする、とフィリピンの人たちは強調する。また、年老いた親を子、もし子がいなければ甥や姪などの近親者が介護するのは当たり前とし、欧米諸国などと違い、高齢者の介護施設がフィリピンにはほとんどないことを誇るフィリピン人もいる。法的にも、フィリピンの高齢者法（共和国法7432）は高齢者の介護は家族の義務と定めており、実際、フィリピンでの高齢者ケアの大半は家族によって行われている。

　あるフィリピン人の社会学者によると、マニラ周辺のタガログ社会では伝統的に、自分を生んで育ててくれた親から子に対する恩義の負債（タガログ語でウタン・ナ・ロオブ utang na loob）はあまりに大きく、報恩しつくすことはないと考えられているという（ホルンスタイナー 1977）。後で述べる、筆者が調査をしたサマール島農村部では恩義の負債という表現は出てこなかったが、高齢の親の介護は子あるいは近親者の当然の義務だとする意見がほとんどの人から聞かれた。

　気を付けたいのが、フィリピンにおける「義務」という言葉の感覚だ。日本語で義務というと、すべき行為が予め決まっているようなニュアンスがある。だがフィリピンでの介護においては、後で詳しく述べるように、介護を必要とする相手のニーズにできるだけ寄り添う姿勢や態度が重視され、具体的に何をするかは状況によって

柔軟に判断される傾向がある。

　高齢の親の介護を実際行う子について、男女の差や生まれた順は
それほど関係しない。基本的に子は全員、できる限り親に尽くすこ
とが期待されている。ただ、周囲の人との関係性を紡ぐことに対す
る社会的期待が高い女性の方が同居して介護する例が多いようだ。
次節で詳しく述べるように、高齢になり介護が必要となった場合、
親は都市でも農村でも、同居して介護ができる子がいるところに身
を寄せる傾向がみられる。そして、同居していない子も常に気にか
け、必要なときに援助を行っている。

2.2　年長者を敬う態度

　フィリピンでは一般に、年上の人を敬う慣習がある。家族の中で
いえば、親子関係以外にも、兄弟姉妹間では年上に対して年下は敬
う態度を示さなくてはならない。その象徴の 1 つとして、兄や姉
を呼ぶとき、弟や妹は「兄さん」「姉さん」と呼び、名前を呼びす
てにしない。その代わり兄や姉は、親を補助する立場として弟や妹
の生育に対して責任を持つ。親の収入が少ない世帯では、兄や姉が
進学をあきらめて働き弟や妹の学費を捻出することがしばしばあ
る。親族間の関係をみると、自分の祖父母やオジ・オバを敬うのは
もちろんのこと、年上のイトコに対しても「○○兄さん」「○○姉
さん」といった呼び方をし、同様に敬う態度を示す。そして年上は
年下の面倒を見ることが期待される。

　さらに親族関係を超えた社会一般でも、年少者は年長者に対して
尊敬の念を表することが礼儀になっている。フィリピンでは子ども
が年長者にあいさつする際、次頁の写真のように「マノ・ポ
mano po」（「お手を拝借します」という意味）と言って、年長者

の手を取り自分の額につける
しぐさをするように躾けられ
る。このしぐさは、大人に
なってからも、自分と比べて
一世代以上年上の人に会った
ときに行われる。また、見知
らぬ人同士であっても、高齢
者に席を譲ったり、重い荷物
を持ってあげたりする様子は
日常的にみられる。

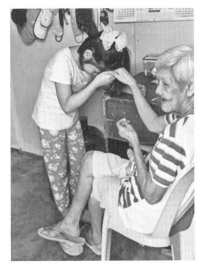

写真 10-3　マノ・ポをする少女
（2020 年 7 月 Liza Legitimas 氏撮影）

2.3　高齢者に対する公的社会保障

　このようにフィリピン社会では全般的に高齢者に対して尊敬の念
をもって接する態度がみられるが、高齢者に対する政府の社会保障
制度は日本と比べると不十分と言わざるをえない。特に年金がもら
えない貧困層の場合、老いたときに親族以外に頼れる人がいないの
が現実である。
　高齢化の速度が比較的遅いフィリピンではこれまで、高齢者割引
制度が高齢者福祉政策の中心だった。先に述べたフィリピンの高齢
者法によると、フィリピン在住の 60 歳以上（フィリピンでは一般
に 60 歳以上が「高齢者」とみなされる）の人は公共交通機関、宿
泊施設、医薬品等の代金が 2 割引となり、税控除や無料医療サー

ビスなども受けられる。他方、フィリピンには日本の生活保護のような制度はなく、収入の道が途絶えたときの社会保障は限られている。公務員や企業の正規職員は政府の社会保障制度に加入しているため、給付金額の個人差はかなりあるものの、年金を手にすることができる。しかし、農漁業従事者や自営業者の大半、非正規労働者、乗合オートバイの運転手や路上の物売りなど都市雑業で生活している人たちは、こうした制度に加入していない。2010 年からは、貧困者と認定された 60 歳以上の市民に政府が月 500 ペソ（約1,000 円）を給付するようになったが、この額で生活するのは困難である。

2.4　施設介護に対する見方

　フィリピンでは、大多数の人が親や身内の高齢者を介護施設に預けることはモラルとして良くないと考える。

　そもそもフィリピンにおいて、高齢者ケアを専用とする施設の存在自体がまだ一般的でない。国立の高齢者施設は、収入も身寄りもなく困窮した高齢者向けで、2016 年時点において全国に 4 ヶ所のみだった。ほかに、政府が認可した NGO やカトリック系の慈善団体が運営する民間の高齢者ケア施設が、地方ごとに数ヶ所程度存在する。これらの民間施設は、主に市民からの寄付をもとに運営されている。一方、マニラなどの都市には、フィリピン人の富裕層や長期滞在外国人向けの有料高齢者ケア施設が数ヶ所開設されている（細田　2019a）。

　家族や近親者だけで高齢者介護に対応しきれない場合、家事労働者を雇っての在宅介護が施設介護よりも広く行われている。フィリピンでは、住み込みの家事労働者を雇うことがごく普通にみられ

る。日本のヘルパー制度とは違い、フィリピンの家事労働者は親族
や知人を介して口伝てで探すことが多い。従事するのは主に、地方
の農村部で暮らす若い未婚の女性たちだ。住み込みの家事労働者は
雇用者の家で家事、育児、介護など様々な家の中の仕事を臨機応変
にする場合も、育児あるいは介護に特化する場合もある。最近は、
海外向けのケアギバーの資格を持っている人や、看護師が時間を決
めて訪問するスタイルで在宅介護にかかわるケースも増えている。

3 ｜ フィリピンの介護実践

　ここまで述べてきたように文化や階層差の大きいフィリピンで
は、多様な介護実践が行われている。そのことを踏まえながら、本
節では、伝統的な介護実践が色濃く残っている地方の農村部の様子
を紹介しよう。

　筆者が調査したサマール島のカルバヨグ市は、マニラの南東約
500 km の位置にある。同島は、隣のレイテ、ビリラン両島ととも
に東ビサヤ地方を構成する。東ビサヤ地方はフィリピンの中で世帯
平均収入が最も低い地方の 1 つである。島の住民の 9 割は農村部
に暮らし、その多くは自給用の農作物を生産するほか、換金作物と
してココナツ栽培を行っている。島で使われる言語はワライ語で、
住民のほとんどはカトリック系キリスト教徒である。筆者は 2000
年代前半にこの島に約 2 年間住み込みで調査をした経験があり、
その後も短期の追加調査を行っている。

3.1　同居者による「日常の世話」

　住み込み調査を行ったバト村（仮名）は、カルバヨグ市の中心から約 20 km 離れた海岸沿いにあり、村人は農漁業あるいは日雇い労働で生計を立てている。2015 年の村の人口は 1,130 人（男性 563 人、女性 567 人）、世帯数は 223 だった。65 歳以上の高齢者は 52 人（男女ともに 26 人ずつ）で、高齢化率は 4.6%だった。村内や近隣の村に医療施設はない。

　フィリピンでは高齢者ケアは家族の義務と定められていると先に述べたが、バト村で実際にみられた高齢者をケアする「家族」の姿は多様だった。高齢時の親のケアは子、子がいなければ他の近親者の役目というモラルは、村人の間で維持されていた。しかし実際にどうケアするかとなると、高齢者のケアのニーズや好み、活用できる経済的あるいは人的資源の存在といった高齢者を取り囲む社会的環境によって異なる形態がみられた。

　村人の高齢者ケアの中心は、現地の言葉でマンノ mangno（タガログ語ではアラガ alaga）と呼ばれる「日常の世話」である。マンノは基本的に同居者が行うもので、高齢者の必要に応じて、食事、着替え、排せつ、水浴びなどの介助である。村では家の中の誰がマンノをするのかは明確に決まっておらず、家事の分担の一環として、家にいて時間のある人がしていた。全般的には男性よりも女性の方が介護に携わることが多かった。高齢者の介助の必要性が高まり、同居する家の中の人だけで対応できない状況になると、村に住む同居していない子や、近所に暮らす親しい友人（多くは女性同士で同年代）が助けに行っていた。ちなみに、高齢者に限らず、乳幼児や病人の世話をする際にも「マンノ」という（細田 2019a）。

　高齢者に疾病があり、それが急激に悪化した場合は、車両を持っ

ている村人が車を
出して市の中心に
ある病院に連れて
いく。だが、その
ような緊急事態を
除くと、死亡時ま
でケアはすべて村
内で行われてい
た。高齢者の健康
管理のために医
師、看護師、ケア
ギバーが定期的に
村を訪問すること

**写真 10-4　バト村の集会所に集まっている
　　　　　　村の高齢者たち**
（2015 年 2 月、筆者撮影）

はなかった。村出身者の中には大学を卒業して看護師やケアギバー
となった人がいるが、いずれも国外かマニラやセブといった大都市
で働いている。

3.2　同居者以外からの支援の重要性

　家族を大事にするというフィリピンでは、大家族が 1 つの家屋
に住んでいるイメージが強いが、バト村のような土地に比較的余裕
がある村では、必ずしも二世代以上が同居しているわけではない。
村の高齢者の居住形態と世話をする人について調べたところ、それ
らは高齢者の健康状態や好み、さらに階層によって様々だった。村
全体でいえば、高齢者の独居世帯や高齢夫婦のみという世帯が、高
齢者のいる全世帯の約 3 分の 1 を占めていた。
　階層別に詳しくみてみよう。まず村の中間層は、村内に大きな家

を建てて、二世代以上が同居するパターンが主流だった。一方、貧困層の間では、高齢者だけの世帯、二世代以上の世帯など居住形態はまちまちだった。しかし一見、高齢者の独居世帯あるいは高齢夫婦だけの世帯でも、実際には近所にいる親しい孫（男女にかかわらず 1 人）が同居しており、簡単な介助を担当している例がみられた。同居する孫を選ぶ基準は特にないという。性別、年齢にかかわらず、祖父母のところにいることを好む孫が自然と祖父母のところで暮らし始めるのだという。ほかに、高齢者だけの世帯であっても、近所に住む子やその家族が毎日食事を届けるなどの日常的な世話をすることがよくあった。これらの行為は村ではハタグ（hatag、「届ける、渡す」の意）と呼ばれ、これも高齢者ケアの一部とみなされていた。最後に日々の食事さえ途絶えがちな最貧困層は，子が高齢の親の世話を十分できない状況にしばしば陥っていた。そのような場合、食べ物に困っているような高齢者に対して、辛さを分かち合う「同情」（現地の言葉ではロオイ lo-oy、タガログ語ではアワ awa）から、村の内部で比較的余裕のある家族の一部が少量の食料を渡す、すなわちハタグして、最低限の生活が維持できるように支援していた。

　さらに、この村では子から親への仕送りもハタグと呼ばれ、高齢者ケアの積極的な実践とみなされていた。村外に暮らす子に定収があり、村に住む高齢の親に十分な年金がない場合、その子が月々の生活費や薬代を仕送りすることが通常だった。親から子に送金を促す連絡をすることさえあった（細田 2019a）。

　このように、バト村ではマンノのみならず、ハタグなども加えて、総合的に高齢者をケアしていた。言い換えれば、村人が考えるケアとは、決まった形が最初からあるのではなく、その時々の高齢者のニーズに対して関係する人たちが臨機応変に対応する姿勢や態度、

言い換えれば、いたわり合う者同士として「関わり合うこと」を指しているようだった。

3.3　村という共同体の役割

　次に強調したいのは、マンノやハタグのような直接的なケアではないが、村という共同体の存在そのものが高齢者の生活に大きな影響を及ぼしている点だ。

　第一に、バト村では、日本でみられるような定年退職という感覚を持つ人はいない。調査時点で、生活するうえで十分な年金を受給している村人は、元教員と元公務員（カルバヨグ市役所退職）の 2 名だけだった。ほかに、香港の外国人家事労働者の定年である 60 歳まで香港で働いていた元家事労働者 1 名は、老後のための十分な貯金があるとみなされていた。他の高齢者は、健康上の支障がない限り、ペースは落としながらも農漁業や日雇い労働、小規模商店経営を続けていた。

　第二に、高齢の女性は、宗教活動で村の中心的な役割を務める傾向がみられた。村にある礼拝所の管理、毎週日曜日のミサ、クリスマスやフィエスタ（村の守護聖人の祭り）の運営を行うのは、村のカトリック系ボランティア組織である。組織の会合や活動に常時参加するメンバーの多くは、高齢の女性たちである。彼女たちは村で開かれる宗教の勉強会で講師役を務めたり、神父が来ない日曜日のミサを取り仕切ったりするなどして活躍している（細田 2019b）。

　第三に、村には高齢の男女がくつろぐ空間がある。フィリピンでは、行政区ごとに全国レベルの高齢者組織「フィリピン高齢者協会連合」（Federation of Senior Citizens Associations of the Philippines）の支部が存在し、高齢者のための活動をすることに

なっている。バト村にも支部があるが、この組織の表立った設立の
目的にあるような、組織が指導して始めるレクリエーション等の目
立った活動は行われていなかった。組織の役割はむしろ、政府によ
る高齢者福祉サービスの村内における問い合わせ窓口だった。日本
のゲートボールのような高齢者たちが集って活動するような機会は
バト村では見られないが、村の高齢者の中には、屋根のある乗り合
いバスの停留所のベンチや、海辺の小屋のベンチなどにたたずむこ
とを日課としている人がいる。このような場所で、屋外の風を感じ
ながら景色や道行く村人の様子を眺めたり、他の人と談笑したりし
て数時間過ごすことが日常の楽しみとなっている。

　村では最貧困層の高齢者に対して子が十分な介護をできない場
合、金銭的に若干余裕のある村人が食料提供などの経済的支援を行
うことがあると先に述べた。そのようにして最期まで村の中で生活
できるように努めている様子だった。一例として、2016 年に村で
1 人暮らしの 70 代女性をカルバヨグ市の中心にある慈善団体の施
設で面倒をみてもらうかどうか、村の議会で話し合いがもたれたこ
とがあった。女性には 3 人の子がいたが、いずれも貧しく自分た
ちの生活で精いっぱいだった。女性は認知症と思われる行動をし始
めたため、村人は女性が交通事故に遭うことを心配し、市の社会福
祉局に問い合わせた。慈善団体の施設にはすぐには空きがないと言
われたため、村人たちで協力して女性が家から出た際に気を付けよ
うということになった。

4 日本が学ぶべき介護観とその実践

4.1　フィリピン人にとっての 2 つの介護観

　介護分野を含むケア人材の世界的送り出し国として知られるフィリピンだが、国内では家族、親族、あるいは周囲の人によって高齢者の介護が営まれている。その背景には、家族を最も大切にし、年長者を敬うという伝統的な慣習が社会全般でみられることや、年金など公的な高齢者介護を支える社会保障制度によって家族介護が代替されるような状況ではないことがある。つまり、フォーマルな制度が発達していない分、家族・親族同士の親密な繋がりが現在でも「インフォーマルな社会保障システム」として重要な役目を果たしているのだ（長坂 2016）。

　その一方、フィリピンでは国外向けに介護者を育てる制度は整備され、介護労働は様々ある職業の中で重要な地位を占める。それは、1960 年代にかつての宗主国アメリカへフィリピン人看護師が渡った時代から、介護労働が海外への移住や出稼ぎと結びついて発展してきた経緯と大いに関係する（細田 2011）。先進国でケアにかかわる人材が不足する状況が発生し、今後もケア人材の需要は高まると予想されることから、賃金が高く生活レベルも安定している海外に活路を見出そうとするフィリピン人にとって、ケア労働は魅力的な選択肢として映るのである。世界的なケア労働の需要の高まりに伴い、国外で通用するケアの専門的知識や技術を学べる教育機関も増えた。

　個人差はあるものの、このケアに関する、伝統的な介護観と国際

化されたプロ意識の両方のスタンダードを持ち合わせるのが、フィリピンから来る看護師や介護士たちと考えられよう。

4.2　日本が学ぶべき点

　最後に介護にかかわる日本人がフィリピンから学べる点を挙げたい。

　1つ目は、フィリピン人にとって相手を気遣う気持ちなしにケアはないと考えている点である。出会ったときに微笑んだり、声をかけたり、相手の辛さに同情したりすることは、自然に出てくる人間性、社会性の一部とみなされる。様々な制限はあるが、重要なのは、決まった形で対応するのではなく、目の前にいる相手と関わり合う姿勢である。

　2つ目として、ケアの実践はいろいろあってよいとする柔軟性を挙げたい。フィリピンにおける介護では、同居していない子は経済的に少しでも余裕があれば送金あるいは物を渡したり（ハタグ）、祖父母と仲の良い孫がいれば孫が同居したりするように、その場の状況に合った柔軟な対応が常にみられる。この方法では公平性に欠け、何もされないで取り残される人が出てしまう可能性があるが、できる限りそうさせない態度についても、フィリピンの人たちの実践をよく観察することで学べるだろう。

　3つ目は、ケアにかかわる人同士の相互交流の推進である。人同士の支え合いであるケアの現場では相手について学ぶ姿勢が不可欠といえる。日本とフィリピンの間の文化交流を通じて、相手と自分は考え方が違うことを改めて認識し、対等な立場で意見を言える雰囲気を作り出すことは重要といえる。本章で述べてきたように、フィリピンの場合、介護や看護についての教育機関も多岐にわたっ

て存在している。日本のみならず他国でのケアの学び方を知る（さらに可能ならば体験する）ことで視野が広がる機会となるだろう。

参考文献

長坂格（2016）「家族」大野拓司、鈴木伸隆、日下渉編『フィリピンを知るための 64 章』明石書店、pp. 167–171

永田貴聖（2016）「日比二世 10 万人時代」大野拓司、鈴木伸隆、日下渉編『フィリピンを知るための 64 章』明石書店、pp. 270–274

細田尚美（2011）「送り出し国フィリピンにおける看護教育と看護師就労状況」安里和晃編『労働鎖国ニッポンの崩壊―人口減少社会の担い手はだれか』ダイヤモンド社、pp. 115–131

細田尚美（2016）「海外就労」大野拓司、鈴木伸隆、日下渉編『フィリピンを知るための 64 章』明石書店、pp. 40–45

細田尚美（2019a）「フィリピン・東ビサヤ地方における「家族」介護―移民送出地域でみられる高齢者ケアの実践から」速水洋子編『東南アジアにおけるケアの潜在力―生のつながりの実践』京都大学学術出版会、pp. 315–350

細田尚美（2019b）『幸運を探すフィリピンの移民たち―冒険・犠牲・祝福の民族誌』明石書店

ホルンスタイナー、メアリー・ラセス（1977）「平地フィリピンにおけるレシプロシティ」M・R・ホルンスタイナー編『フィリピンのこころ』めこん、pp. 95–130

（細田尚美）

第 **11** 章
インドネシアにおける
介護観と実践

　インドネシアは世界第 14 位の面積、1 万以上の島々を有し、世界第 4 位の人口を抱える多民族国家である。地域や民族によって文化や習慣、民族性が異なることから、国内の情報を一般化することは容易ではない。しかし、多種多様な民族が生活する国だからこそ、インドネシア人には異なる文化や価値観を尊重する思いが息づいている。

　インドネシアから、EPA 看護師・介護福祉士、技能実習生、留学生等、様々な形で日本に滞在する人が急増している。世界一の親日国から訪れるインドネシア人は、日本への尊敬と憧れを胸に、日本にやってくる。彼らはどのような背景で育ち、高齢者への思いを築いているのだろうか。本章では、筆者が旧青年海外協力隊（JICA 海外協力隊）や NPO 法人、研究でインドネシアに滞在した経験や知見をもとに、インドネシアの文化や家族、介護等について紹介する。

1 親日の心が息づく大国、インドネシア

1.1　赤道直下の大国

　インドネシアは東西約 5,100 km、南北約 1,900 km（地球の歩き方編集室 2020）、面積 191.6 万 km^2（日本の約 5 倍）、大小約 1.6 万の島を有する（Ministry of Health of Indonesia 2018）。約 300 の民族が居住し、民族毎に異なる言語や様々な文化を持つ。このため、インドネシアとひとくちに言っても、地域ごとに様子は大きく異なる。

　季節はおおむね 4〜9 月頃が乾季にあたり、10〜3 月頃が雨季となっている（地球の歩き方編集室 2020）。1 年を通じて湿度は高いものの、乾季は天候が安定しており、ほとんど雨は降らない。雨季はスコールのように短時間に勢いよく雨が降ることが多く、首都ジャカルタをはじめ都市部では大洪水を引き起こす場合も少なくない。

1.2　他宗教の中のイスラム教

　インドネシア政府は、イスラム教、プロテスタント、カトリック、ヒンドゥー教、仏教、儒教の 6 つの宗教のみを公式な宗教と認めている（Indonesia.go.id 2020）。日本では無宗教の人も少なくないが、神がいないという宗教観念はインドネシア人にとって奇妙に感じられる。インドネシアの居住者のなかではイスラム教徒が最も多く（87.2%）、その次がキリスト教プロテスタント（6.9%）で

ある（Indonesia.
go.id 2020）。こ
こでは、圧倒的多
数を占めるイスラ
ム教に焦点をあて
て紹介しよう。

図11-1　インドネシアの位置

　イスラム教徒は
ハラルと呼ばれ
る、イスラム法で
許されたもののみ
を口にする。豚や
酒を口にしない他、食肉はイスラム教で許可された方法で屠殺した
ものだけを摂取する。宗教上許可された製品は、認証団体への申請
を経てハラルマークを付与される。

　イスラム教徒は1日5回の礼拝を義務付けられる。イスラム教
徒が多く居住する地域では、四方八方からモスクからの礼拝の号令
が聞こえる。このような環境で生まれ育ったインドネシア人からす
れば、日本は礼拝の合図が聞こえない、静かな国だと感じるかもし
れない。

　女性はヒジャブ（インドネシア語でJilbab、ジルバブ、名称は
国によって異なる）と呼ばれる一枚布をかぶり、毛髪を露出しない。
肌の露出を避け、身体のラインが隠れるような衣装を着用する。

　このような戒律は、訪日ムスリム（イスラム教徒）の増加により
日本でも徐々に知られるようになった。日本国内にも各地にモスク
が増え、ハラルマークの付いた食品を購入できるスーパーマーケッ
ト等もある。ハラルの料理店も徐々に増加しており、外食でハラル
食を口にする機会も増え、ハラルの美容室も利用できるようになっ

写真 11-1　イスラム教徒の女性達と筆者

てきた（Halal Media Japan 2020）。

とはいえ、必ずしも宗教的配慮を深刻にとらえる必要はない。宗教の信仰には濃淡がある。インドネシアのイスラム教徒の多くは宗教を強く信仰しているが、中東諸国等の他国と比較すると服装等には比較的寛容である。女性のヒジャブにブローチをつける等、華やかに着飾ることもあるし、ジーンズやＴシャツといったラフな服装の他、ヒジャブやワンピース、スカートも色鮮やかな場合が多い。また、インドネシアではバティックと呼ばれるろうけつ染めの布でできた衣装が正装とみなされている。バティックは UNESCO により世界無形文化遺産に指定されており、結婚式等公の場の他、官公庁や学校の制服としても着用されている。ろうけつ染めでなくとも同様の柄をプリントされたものは広く着用されている。かりゆしやアロハシャツのような半袖シャツも多いが、長袖のものや女性のロングスカートもあり、女性の場合はバティックであっても肌の露出を避けた形が一般的である。

イスラム教と聞くと、聞きなれない宗教であると身構えたり、1つ1つの所作について配慮が必要だと気を張る者もいるかもしれない。しかし、宗教に配慮するあなたの心そのものが、他の宗教を信じる者にとって嬉しく感じるものである。過剰に心配せずとも、

それぞれの宗教を知ることから始めてはどうだろう。

1.3　心の通うインドネシアの挨拶

　インドネシア語の挨拶は 4 種類あり、日本と同様に時間帯で使い分ける。朝はスラマッ・パギ（Selamat pagi）、10 時頃から 15 時まではスラマッ・シアン（Selamat siang）、15 時から夕暮れまではスラマッ・ソレ（Selmat sore）、夜間はスラマッ・マラム（Selamat malam）と言う。しかし、イスラム教徒の多いインドネシアでは、アラビア語の挨拶であるアッサラームアライクム（Assalamu alaikum）も日常的に使用される。アッサラームアライクムにはワライクムサラーム（Waalaikum salam）と返答する。アッサラームアライクムは「あなたに平安あれ」、ワライクムサラームは「あなたにも平安あれ」を意味し（舟田、高殿、左藤 2018）、電話の際、日常的に使われる表現である。

　インドネシア語で挨拶のことをサラーム（salam）という。サラームは平安、敬意、挨拶といった意味を持つ（舟田、高殿、左藤 2018）。挨拶の際は、日本と同様に挨拶の際に握手をする。片手同士で挨拶をすることもあるが、両手を軽く繋ぎ、その後、手のひらを自身の胸元にあてることもある。親密な間柄であれば、特に女性同士の場合お互いの頬を軽くすりあわせる。学生から先生等、年少者が年長者へ挨拶をする場合は、年少者は年長者の手をとり年少者の額にあてる様子がみられる。このように、挨拶のしぐさ 1 つ 1 つに年長者への敬意が表れている。

1.4　世界一の親日国

　インドネシアは世界一といわれるほど親日国で、日本のアニメや
漫画、アーティストも人気が高い。日本語教育も盛んで、2018 年
における世界の日本語学習者数は 1 位中国、2 位インドネシアで、
高校や大学等様々な場で、70 万人を超えるインドネシア人が日本
語を学習している（国際交流基金 2020）。

　インドネシアが親日国であることは、内閣府が実施してきたブラ
ンド戦略であるクールジャパン戦略の影響だけではない。第二次世
界大戦中、日本はインドネシアを占領していた。インドネシアは長
年オランダの植民地だったが、日本による占領は結果としてインド
ネシアがオランダから独立する一助となった。こうした歴史的経緯
により、現代においても、日本人は敬われ、好意を寄せられている。
技能実習生を含む日本に渡航するインドネシア人は、インドネシア
国内では憧れの存在である。インドネシアよりはるかに物価の高い
日本で自炊や節約に励み、わずかな金額を交際や娯楽に充ててい
る。日本滞在中、多くの技能実習生は祖国に残した家族への仕送り
や貯蓄を行い、インドネシア帰国後には家を建てる者もいる。「安
いスーパーを利用し自炊している」「自炊して生活費を節約してい
る」等、食費を節約することで生活費を倹約（長江、岩瀬、古澤、
坪ノ内、島井、安藤 2013）する者も少なくない。平野（小原）
（2008）は、「日本にやってくるインドネシア人看護師たちは、決
して「お金のために日本に出稼ぎに来ている、貧しくてかわいそう
な外国人労働者」ではなく、介護技術を勉強したいと意欲満々であ
る人々が多いように思われる（実際に、インドネシアにおける看護
師は社会的階層も高く、家族を経済的に支えるために海外出稼ぎに
出るというモチベーションもそれほど高くないようだ）」と述べる。

インドネシア人は日本への憧れと介護への意欲を持ち、誇りを胸に来日している。

　帰国後に技能実習制度で培った技術を活かす職に就かなくとも、学んだ日本語を活かし日本語通訳や日系企業で働いたり、日本語教育に励む者も少なくない。小笠原（2015）によると、EPA 看護師のうち帰国後に看護師として働いている者は 17 名中 11 名だったが、看護師以外の企業等で働いている者は 17 名中 3 名であったという。日本での滞在経験がキャリアアップに直結する場合もあるため、日本で働くことは多くのインドネシア人にとって憧れの対象なのである。

2 ｜ 家族や親戚、地域で看る高齢者介護

2.1　徐々に進む高齢化

　インドネシアでは、高齢者は 60 歳以上と定義される（President of Republic of Indonesia、1998）。2010 年時点で 60 歳以上の人口（以下、高齢者）は 7.6％だが、2030 年には 13.8％になると推測される（Ministry of Health of Indonesia 2016）。

　徐々に高齢化が進みつつあるものの、現時点では高齢者が多いとは言い難いインドネシアでは、来日前に介護施設や在宅現場等で高齢者介護を実践する場そのものが多くない。「日本はインドネシアと違って高齢者がたくさんいて介護をするのが大変らしい」と、漠然としたイメージを持つ者もいる。このため、介護現場という場所や高齢者が多くいる現場の空気・存在そのものに慣れていくことか

表 11-1　総人口に占める 60 歳以上人口割合の将来推計

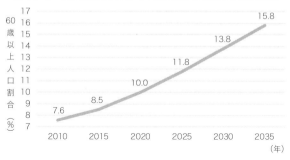

ら介護業務のすべてが始まると言っても過言ではないだろう。

2.2　インドネシアの「大家族」

　インドネシア語で家族はクルアルガ（keluarga）と書く。クルアルガの指す「家族」は、①夫婦と子供を中核としたもの、②血縁者・親族、③生物分類の属、④疑似的家族の人々の集まり（舟田、高殿、左藤、2018）、と幅広い意味を持つ。同じ屋根の下に居住する、日本と同様の家族を意味する表現は辞書上では見当たらず、親戚や、同じ組織に属する者もクルアルガと表現する。keluarga besar（besar は「大きい」を意味する）は大家族を意味し、親戚や組織の同僚が大勢いることを誇りとしている。

　このような家族観の中、介護は配偶者や子息、孫といった近しい血縁関係者が担うことが多い。家族による介護が困難な場合、親戚が介護を担う場合もある。同じ屋根の下に同居していなくとも、地方部では兄弟や親戚、孫が同じ地区内に複数の住居を構えることも珍しくない。あるいは村内、県内に親戚が点在する様子も、特に日本の地方部と同様によくみられる。このような、地区内外に居住する親戚も介護において大きな役割を担っている。西ジャワ州カラワ

ン県では、高齢者のほとんどが世帯内ないし村内に子や義理の子を持ち、村外に住む子や義理の子も高齢者をよく訪問しており、そうでない事例では近隣住民のサポートを得ているという。（水野、エカワティ 2019）

　子が他地域・他国へ出稼ぎに行っている等の理由で同居家族のみでの介護が困難な場合は、親戚が主たる介護者となる。一例を紹介しよう。農村部に居住する高齢夫婦の夫は視力低下がみられるものの概ね自立した生活を行っていたが、妻が新たに糖尿病により下肢を切断することとなった。夫が介護することは困難なことから、妻のみが他の村に居住する息子宅にて療養していた。主たる介護者は義娘で、小学生の子供を育てながら養母の介護を担っていた。

　家族や親戚のみならず、友人・知人や近隣住民が介護にかかわる場合もある。住居から車に移乗する等、介護を要する者の移動介助を行う際、近隣住民がどこからともなく集まり、複数名の男性が手伝う姿もみられる。また、特に地方部の地区内では住民同士を気にしあう姿から、認知症あるいは統合失調症とおぼしき高齢者が歩く場面ひとつをとっても、近所の目が行き届いている。

　ただし、大森、安里、Dewi、大崎（2015）は、子が都市に移住してくる際に、都市に一緒に住むようになっても、子は共働きでケアができない、あるいは農村においてくると誰もケアしてくれる人がいないという問題にぶち当たることになる、と述べる。また、合地（2019）によると、世帯には必ずしも生物学的つながりのない付帯性員が加わっている場合があり、子供のいない人々が養子をもらうことは稀ではなく、血縁関係にかかわらず親族の子供や他人の子供を預かって養育する機会もある。なお、都市部では近所付き合いが薄れつつある地域もあるため、近隣住民による介護については一概に言えない。

写真 11-2　家族・親戚による介護

2.3　女性介護とイスラム教

　インドネシアのジェンダーギャップ指数は 0.700 で、世界 85 位と決して順位は高くない（World Economic Forum 2020）。インドネシアは労働市場に参加する女性の割合が低い（54%）ことや、所得分配の著しい差（女性の収入は男性の半分）がみられる一方、上級職やリーダー職に占める女性の割合は世界で最も高い（55%）（World Economic Forum 2020）。

　インドネシアでは、女性の役割 5 原則（Panca Tugas Wanita）において、女性の役割は、妻・次世代の養育者・母・仕事をもつもの・社会組織の成員と規定されている（合地 2014）。合地（2019）はまた、ジャワでは特定の子供に老親扶養の義務を規定しておらず、子供の誰もが状況に応じて柔軟に老親を扶養するとされているが、高齢者の世話は娘か嫁によって担われる傾向がある、と述べる。筆者の見聞では、食事介助や排泄介助等、介護の多くは妻や子、子の妻といった女性が担っており、移動介助は女性の手では行うこと

が難しく、男性が介護者宅にいる際に浴室や玄関への移動を行っているようである。また、通院といった屋内外での移動を伴う場合、1 名または複数名の男性が移乗介助を行う。生活介護の多くは女性が担う一方で、移動介助では男手が介護に重宝される一面もある。宗教に目を向けると、イスラム教の五行とは、信仰告白（シャハーダ）、礼拝（サラート）、喜捨（ザカート）、断食（サウム）、巡礼（ハッジュ）である（松永、2017）。このうち、喜捨は、富を持つイスラム教徒が、貧困者に対して一定の金銭や物を施すことである。イスラム教徒は喜捨の精神に則り貧困者や高齢者に支援をすることもある。イスラム世界では、社会の成功者が名をなし功をとげたのちは、たくわえた私財をもって社会に奉仕するのがイスラムの教えにかなうといい、このイスラム的宗教的伝統も、高齢者介護の一端を担っている（松林 2004）。

　また、イスラム教では年長者は敬うべきであるとされており、イスラム教の聖典であるコーランにも、親孝行であるように、と記載されている。このため、イスラム教徒のインドネシア人も、高齢者に敬意を持ち介護を行っている。

　なお、イスラム教の死生観では、人は一旦、死を迎え、魂は身体から離れるが、最後の審判を迎えた際に再び復活し、アッラーの御心に叶った信仰者は天国に行くといわれる（松永 2017）。また、西ジャワ州のある村では、家族や村人は、介助しても食事が食べられるあいだは、その人の生命力が続いているのであって、もしも食事が摂れなくなったときには、その人の人生は終わる（松林 2007）と認識されている。

2.4　寄り添い、見守る介護

　筆者は、ロンボク島のある住民宅を訪問した際、脳卒中により身体機能が低下した人に対し、家族が積極的な離床ではなく安静を促す姿を目にした。家族は「自由に動けなくなってしまってかわいそうだから、無理に起こしてはいけない」と話した。一方で、理学療法士や看護師等、適切な介護方法について指導を受けた後、介護技術の習得を試み、患者の離床に励む家族もみられた。

　もう 1 つ、筆者が目にした例を紹介する。脳卒中のため寝たきりとなった 50 代の夫を、妻が自宅にて介助していた。妻は夫を毎日車椅子に移乗し、窓際で夫と共に日光浴や食事介助を行っていた。介助者は、無理なリハビリは行わないものの、患者の ADL（Activities of Daily Living、日常生活動作）にあわせて離床を含む介護を実践している。また、高齢者本人ができないことを積極的に介護者が支援する一方、少し時間をかければ本人が実施可能なことであっても介護者が介入する様子がみられた。

　このように、介護者が適切な介護方法を取得した場合、ADL にあわせた離床を試みているが、そうでない場合は積極的な離床は行われていない。また、自立支援よりも、手厚い介護を行うことに主眼が置かれている。

2.5　家族の繋がりと社会的介護

　筆者は NPO 活動の一環として、自国で働くインドネシア人看護師を日本に招き、介護老人保健施設の見学に同行した。介護老人保健施設は本来リハビリテーションを受けながら在宅復帰を目指す施設である。しかし、独居や家族による介護を受けられないことか

ら、在宅復帰をするのが困難な利用者もみられる。自宅に帰ること
を家族・本人が共に望まないケースに「身体機能が向上すれば自宅
に帰ることが可能ではないか？」「家族は待っていないのか？　家
族で過ごすことはとても大切なのに……」と話す姿には、インドネ
シア人の家族における絆の強さが表れていた。

　インドネシアでは家族や親戚の繋がりが強い。現代ではスマート
フォンの待ち受け画面に子供や家族の写真を使用したり、SNS に
家族との日常を掲載したりする姿は頻繁にみられる。誕生日や結婚
式・葬式では親戚や友人、近隣住民等、路上にテントを張っても足
りない程多くの人々が集まる。

　合地（2019）は、高齢者および介護者の双方が、「近親者や最
も中心的な家族による付き添いが望ましい」、「ひとりでいてはいけ
ない/ひとりにしてはいけない」と思っていると述べる。施設に入
居することで、配偶者や子、孫等が同居できない状態であっても、
独居生活は免れる。独居にて生活するよりもひとりにしないことが
重視されている。

　インドネシアの社会保障に目を向けると、既存の高齢者向け年金
制度のカバー率は高くない。インドネシアで唯一正式に利用できる
年金である公務および年金制度を受けている高齢者は公務員や軍
人、正社員等に限られ、2010 年時点で 60 歳以上の人口の 15.5%
である（Sri、Fiona、Andrea、Jan、2014）。また、インドネシ
アでは貧困層の高齢者を対象としたサービスはあるが、介護保険は
ない（大森、安里、Dewi、大崎 2015）。このため、インドネシア
人からみると日本の介護保険制度を利用した介護サービスは充実し
た制度であると受け止められるようだ。

3 地域・社会で看るインドネシアの介護実践

3.1　家屋からみる在宅介護

　インドネシアの住環境は地域により多種多様である。ジャワ島やバリ島等、多くの地域の住居は一軒家で平屋または 2 階建ての家屋が多い。庶民の住宅街の多くは平屋が不規則に立ち並ぶ。都市部の住居であっても、家屋と家屋の間は車が通れない程の細いコンクリートやアスファルト、土の道が続き、鶏等を飼っている。一軒家の軒先にはさほど高くない数段の段差があり、日本家屋の縁側のように高齢者が日を浴びる姿もみられる。牛やヤギ、鶏等の家畜を飼う家庭は 43.3%（都市部 27.8%、地方部 58.3%）、農地を所有する家庭は 43.3%（都市部 27.8%、地方部 58.3%）である (Statistics of Indonesia 2013)。

　一方、首都ジャカルタやインドネシア第二の都市スラバヤをはじめとする大都市では、高層マンションも林立する。町の中心部や住宅街では商店兼住居もみられる。郊外や地方部では平屋や 2 階建てが目立つ。アパートでは台所は共有の家もある。スラウェシ島には高床式の住居や、湖に住宅が浮かぶ地域もあり、多種多様である。様々なタイプの住居があるとはいえ、多くの住居はバリアフリーではないと推定してよいだろう。2012 年の調査で床の素材に高価なセラミック、大理石または花崗岩を使用した家屋は 39.5%、2 部屋以上の寝室を持つ家屋は 75.0% で、テレビを所有する家庭は 83.2%、携帯電話を持っているのは 82.9%、オートバイまたはスクーターを所有する家庭は 66.8%、自家用車またはトラックを所有

する家庭は 8.6%
である（Statistics
of Indonesia
2013）。
　自宅に入る際は
玄関で靴やサンダ
ルを脱ぎ、自宅内
では裸足で過ご
す。トイレ兼風呂

写真 11-3　地方部の家屋

場ではビーチサンダルを使用する場合もある。トイレは、アジアで
よくみられる和式便器に似た形が主流である。排泄後はかめに溜め
ておいた水を、桶を使用して流す。入浴はマンディ（mandi）と呼
ばれる水浴びで、浴槽の一角に水をためておき、プラスチック製等
の桶を使用して身体に水をかける。日本のようなバスチェアは使用
せず、湯船に浸かるという入浴習慣はみられない。起床時と帰宅時
等、1 日に 2 回入浴を行う。
　室内で椅子を使用することも多いが、中〜低所得者では床にじゅ
うたんやゴザを敷いて寝起きをしたりくつろいだりすることが多
い。寝室はある程度高さのあるベッドを使用する場合もあるが、や
わらかいマットレスのみを敷いたり、床にゴザを敷いたりして寝る
こともある。病院や保健センターでは医療用ベッドを使用している
が、リクライニング機能はないことが多く、日本の一般的な医療用
ベッドとは性能が異なる。枕や抱き枕を使用し、南国ではあるが掛
け布団は毛布を使用することが多い。
　食事は床にゴザを敷き、ゴザの上に食事を並べ、座って食する。
主食は米である。平皿に米飯を盛った横に肉・魚や揚げ物、野菜等
で作ったおかずをのせ、満腹になるまで食べるよう客や家族に勧め

る。家族介護の現場においても、介護者は手で米飯とおかずを混ぜ
たものを高齢者の口に運ぶ様子を目にする。ただし、粥や餅米を使
用した餅のようなもの、麺類を食することもあり、食事形態により
スプーンやフォーク、麺類では箸を使用する場合もある。

3.2　村単位の相互扶助

　ゴトンロヨン（gotong royong）は村単位での相互扶助の仕組
みである。共同作業を通して社会的連帯感や相互尊重の気持ちを醸
成することを目的としている（神﨑 2017）。住民は村内に居住す
る他者に常に目を向けており、高齢者へも同様に見守る様子がみら
れる。
　また、ペーカーカー（PKK：Pendidikan Kesejateraan
Keluarga）と呼ばれる家族福祉活動制度があり、地域の実情にあ
わせて健康や福祉、衛生に関する活動を行っている（神﨑 2017）。
2013 年の内務省規則では、「家族の福祉」の向上とともに「地域
の発展（エンパワーメント）」を目指すことが PKK の目的である
とされた（神﨑 2017）。このような地域での相互扶助は、都市部
では薄れている場合もあるが、農村部では今も強く、地域で高齢者
に目を配り、隣近所で支え合う様子がみられる。
　この他、西ヌサテンガラ州中部ロンボク県には、加工食品を販売
したり、ハイキングに出かけたりする高齢者クラブもある。地域の
高齢者が主体となって活動しており、保健センターの看護師も健康
面のフォローアップを行っていた。東ジャワ州マラン県にはウォー
キングや宗教講座、健康講座、合唱等を行う高齢者クラブがある
（伊藤 2019）。伊藤は、東ジャワの高齢者クラブの活動は、生産
主義的な指向性が認められるものの、高齢者間に横の繋がりを作り

出す機会を与えた、と述べる。

3.3　高齢者を対象とした地域保健活動

　インドネシア全土に保健センターが設置されており、その業務は全国で共通して実施される義務プログラムと、各地方自治体で優先的なものを決めて実施する発展的プログラムに分類されている（江上、安川、廣田、村越、垣本 2012）。そのうち高齢者保健活動は、各保健センターにおいて発展的プログラムとして推奨・努力義務（江上ら 2012）となっている。このため、高齢者保健活動を行っていない保健センターもあるが、実際に高齢者保健活動が行われている保健センターは国内全保健センターの 48.4% にのぼる（Ministry of Health of Indonesia 2019）。

　バリ島の東隣に位置する西ヌサテンガラ州の東ロンボク県を一例に挙げる。東ロンボク県家族健康課には高齢者担当職員が在籍している。県内の保健センター（puskesmas、プスケスマス）における高齢者保健活動として、高齢者を対象とした介護予防体操や血圧測定等の機会を設けている。

　インドネシアでは住民が主体となり妊産婦・乳幼児健診等を行うポシアンドゥ（posyandu）活動がある。高齢者を対象としたものは高齢者ポシアンドゥと呼ばれ、その活動内容は、高齢者が健康でいるための啓発活動、病気に対する予防、治療、リハビリ、軽い運動等である（合地 2014）。東ロンボク県における高齢者ポシアンドゥは医療職のうち主に該当地区を管轄する保健センターに勤務する看護師や栄養士、薬剤師、助産師が赴き活動を行う。また、対象地域に居住する保健ボランティアも地区住民への周知や会場設営、記録の補助等を行い、住民が主体となるプライマリヘルスケアを実

写真 11-4　高齢者ポシアンドゥでの血圧測定

践している。高齢者ポシアンドゥは毎月 1 回、実施地区毎に特定の週・曜日に実施され、血圧測定や体重測定といった簡単な健康チェックの他、内服薬の処方や栄養・運動等に関する個別指導を受けられる。東ロンボク県において高齢者ポシアンドゥを実施している地区は 1,335 地区中 454 地区（34.0%）である（Health Department of East Lombok District 2017）。

　高齢者を対象とした訪問看護は保健センターの看護師のうち、高齢者担当者や地域看護担当者が実施する。主な役割は状態観察の他、創傷処置、点滴等の医療行為である。日本の訪問看護のように訪問計画を立案して行うことはしていない。また高齢者保健は保健センターの義務ではないことから、高齢者を対象とした訪問看護も実施していない場合がある。東ロンボク県内に介護士やヘルパーといった介護専門職はいないが、都市部では介護業務に従事する家事労働者を雇う場合もある（ヌヌック 2018）。

3.4　高齢者介護市場

　介護サービスで最も市場が大きいのは、在宅ケアであり、今後も大きな伸びが予測されている（経済産業省 2020）。しかし、在宅介護や施設介護サービスは充足しているとは言い難い。

　社会省が管轄する公的な高齢者施設に入居することは一般的ではなく、貧困者や身寄りのない者が入居するケースが一般的である。富裕層向けの老人ホームもあるが、数は限られる。施設介護が一般的でない背景には高齢者を介護するのは家族や親戚の役割、また高齢者を 1 人にしてはいけない、といった価値観がある。高齢者自身が施設への入所について「仕方がない、もう高齢だから、ひとりでいてはいけない」と複雑な心境（合地 2019）を抱くこともある。

　都市部のジャカルタ近郊では、貧困高齢者を対象とした私的なデイサービスがあり、事業等で富をなした成功者が、私財をもって近隣の貧困高齢者を週に数回程度家に集め、食事、運動、コーランの祈り、団らんを供したり、年に 1〜2 回、衣服も提供している（松林 2004）。ただし、日本のような送迎付きのデイサービスはほとんどみられない。

　インドネシアでは一般的なベビーシッターや家政婦と同様、看護師を派遣する企業も在宅サービスを担う。このうち、インサン・メディカ社は 2013 年から高齢者訪問ケアの人材紹介・仲介サービスを展開するスタートアップ企業で、ジャカルタ首都圏を中心に高齢者を含む訪問看護を提供する（Insan Medika 2020）。

　このような在宅介護サービスは各地で行われているものの、保健センター等が実施する高齢者保健も含め、インドネシア全土には普及していない。日本のように高齢者が独居または老夫婦のみで生活できる程介護サービスは整ってはおらず、高齢者ケアはあくまで家族や親戚、近隣住民により成り立つのが現状である。

4 介護現場でインドネシア人と共に働くこと

4.1　インドネシア人のもつあたたかい心

　インドネシアでは家族、親戚あるいは地域で介護をする習慣が残っている。隣近所と顔の見える関係を築く一方、よそ者を排除するわけではなく気軽に話しかけ、受け入れる姿勢がある。また、観光地から地方部に至るまで、困った様子の人がいればどんな相手でも声をかけ、率先して手を差し伸べる。筆者自身、インドネシアのあたたかい方々にずいぶん助けられた。他者に思いやりの心を持ち笑顔で接する姿は、どこかよそよそしい日本社会が見習う点ではなかろうか。このような傾向は高齢者介護においても同様で、居住地や続柄にかかわらず周囲の人々が率先してかかわっている。このような支えあいの精神を持ち続けている点こそ、日本がインドネシアから学ぶべき点であると考える。

　来日して働くインドネシア人の勤勉な姿は、日本人から高評価を受けることも少なくない。EPA に基づき入国したインドネシア人介護福祉士候補者を受け入れた施設長または理事長を対象とした調査において、利用者の方から見て、候補者の働きぶりはいかがですか、という問いに、「大変仕事熱心であり、高く評価できる」と回答した者は 78.7％であった（厚生労働省 2010）。また、職員に対する影響に「職員の顔ぶれがそれほど変わらない中で、バックグラウンドが異なる候補者が入ってきたことにより、職員にとっても大きな刺激となっている」と回答した者は 57.9％、「候補者に介護知識や技術を教えるためにも、職員自身が 1 から勉強し直す必要が

あり、その意味で大変勉強になっている」と回答した者は 55.3%
だった（厚生労働省 2010）。

　インドネシア人は EPA 看護師、介護福祉士に加え技能実習生と
様々な立場で来日しているため、日本中どこの介護現場で働いて
も、インドネシア人が同僚となる可能性はある。明るくフレンド
リーで、率先して勤務にあたるインドネシアからの来日者の存在が
刺激となり、共に介護を実践していくことを期待する。

4.2　インドネシア人が日本で希望を持ち続けるために

　介護現場での勤務は多忙を極め、後輩を十分に指導できないこと
や、言葉の壁にいらだちを感じることもあると考える。日本人と働
く方がはるかに楽だ、時間をかけて指導しても国家試験に合格しな
ければ帰国してしまう、と、インドネシア人介護士の養成に早くも
徒労感を抱く指導者も少なくないだろう。また、これから介護現場
で勤務する人のなかには、インドネシア人介護士に興味を抱く者も
いれば、同僚は日本人ではないのか、と戸惑う人もいるかもしれな
い。

　しかしながら、インドネシア人は総じて親日的であり、希望と憧
れを抱いて来日している。そして、「日本人が困っている介護の現
場で仕事をしたい」と、高い志を持っている。インドネシア人を雇
用する介護現場からは、慣れないながらも懸命に業務や日本語を学
ぶインドネシア人の姿に励まされる、といった声も聞かれる。イン
ドネシア人が日本に来てよかったと思えるように、またインドネシ
ア人の働く姿や異国の文化から日本人である私達も学ぶことができ
るように、本章がインドネシアの介護や価値観に触れるきっかけと
なれば幸いである。

参考文献

江上由里子、安川孝志、廣田光恵、村越英治郎、垣本和宏（2012）「インドネシア共和国の保健医療の現状」Journal of International Health、27（2）

大森弘子、安里和晃、Dewi Rachmawati、大崎千秋（2015）「インドネシア福祉施設の現状と実習教育」『福祉教育開発センター紀要』（12）
https://archives.bukkyo-u.ac.jp/rp-contents/FC/0012/FC00120L101.pdf

小笠原広実（2015）『EPA で帰国したインドネシア人看護師の意識調査―帰国後の就労状況に関して―』公益財団法人日本アジア医療看護育成会
http://jamna.jp/info/2015/12251201.html

神﨑智子（2017）『インドネシア西ジャワ州の村落における婦人会（PKK）活動の現状』アジア女性研究（26）

経済産業省（2020）「平成 31 年度国際ヘルスケア拠点構築促進事業（国際展開体制整備支援事業）2020 年 3 月 経済産業省 医療国際展開カントリーレポート 新興国等のヘルスケア市場環境に関する基本情報 インドネシア編」 https://www.meti.go.jp/policy/mono_info_service/healthcare/iryou/downloadfiles/pdf/countryreport_Indonesia.pdf

厚生労働省（2010）「インドネシア人介護福祉士候補者受入実態調査（結果）」
https://www.mhlw.go.jp/stf/houdou/2r985200000054my-img/2r985200000054pi.pdf

合地幸子（2014）「高齢者ポスヤンドゥ・プログラムからみる都市部における高齢者ヘルス・ケアについて―インドネシア共和国ジョグジャカルタ特別州の事例―」『言語・地域文化研究』東京外国語大学大学院総合国際学研究科

合地幸子（2019）「老親扶養をめぐる規範を問い直す」速水洋子編『東南アジアにおけるケアの潜在力』京都大学学術出版会

国際交流基金（2020）「海外の日本語教育の現状　2018 年度日本語教育機関調査より」 https://www.jpf.go.jp/j/project/japanese/survey/result/dl/survey2018/all.pdf

地球の歩き方編集室（2020）『地球の歩き方 D25　インドネシア』ダイヤモンド社

長江美代子、岩瀬貴子、古澤亜矢子、坪ノ内千鶴、島井哲志、安藤智子（2013）「EPA インドネシア看護師候補者の日本の職場環境への適応に関する研究」『日本赤十字豊田看護大学紀要』8（1）

ヌヌック・エンダー・スリムリヤニ（2018）「インドネシア都市中間層における母性規範の変容と新たなジェンダー契約―日本の主婦化に関する議論を

参照項として―」千葉大学大学院人文社会科学研究科博士学位論文

平野（小原）裕子（2008）「【海の向こうからやってくる看護師・介護士たち】現地看護師への聞きとり調査から　インドネシア看護師は"黒船"だ　介護現場に新風も」『月刊ケアマネジメント』（11）

舟田京子、高殿良博、左藤正範編（2018）『プログレッシブインドネシア語辞典』小学館

松永繁（2017）「イスラームに学ぶ多文化共生」『敬心・研究ジャーナル』1（2）

松林公蔵（2004）「老年医学とは何か　今、私たちに何が求められているか　アジアの視点からみた長寿科学　フィールド医学の現場から」『日本老年医学会雑誌』41（4）

松林公蔵（2007）「後期高齢者の地域健康管理の課題 2　国際的観点から―特にアジアの点描―」『ジェロントロジー』19（1）

水野広祐、エカワティ・スリ・ワフユニ（2019）「インドネシアにおけるバナキュラーなケア」速水洋子編『東南アジアにおけるケアの潜在力』京都大学学術出版会

Indonesia. go. id（2020）『Agama（宗教）』 https: //www. indonesia. go. id/profil/agama　（2020 年 7 月 16 日閲覧）

Halal Media Japan.（2020）日本を訪れるムスリム向けの観光情報
https://www.halalmedia.jp/ja/tourist-guide/
（2020 年 7 月 16 日閲覧）

Health Department of East Lombok District（2017）『Health Profile of East Lombok in 2017（Profil Kesehatan Lombok Timur Tahun 2017)』（インドネシア語）

Insan Medika（2020）『Insan Medika Home Health Care Provider』
https://insanmedika.co.id/.

Ministry of Health of Indonesia（2016）『Data and Information on Situation and Analysis of the Elderly People in Indonesia（Infodatin Situasi Lanjut Usia di Indonesia)』（インドネシア語）
http:// www. depkes. go. id/ resources/ download/ pusdatin/ infodatin/ infodatin%20lansia%202016.pdf.

Ministry of Health of Indonesia（2018）『Health Profile of Indonesia in 2017（Profil Kesehatan Indonesia tahun 2017』（インドネシア語）

Ministry of Health of Indonesia（2019）『Health Profile of Indonesia in 2018（Profil Kesehatan Indonesia tahun 2018』（インドネシア語）

President of Republic of Indonesia（1998）『Law No. 13 in 1998 on Elderly Welfare（Undang-Undang Republik Indonesia Nomor 13

Tahun 1998 Tentang Kesejahteraan Lanjut Usia』（インドネシア語）
www.bpkp.go.id/uu/filedownload/2/45/438.bpkp
Sri Moertiningsih Adioetomo, Fiona Howell, Andrea Mcpherson, Jan Priebe. (2014)『Social Assistance for the Elderly: The Role of the Assistansi Social Lanjut Usia Terlantar Programee in Fighting Old Age Poverty』TNP2K WORKING PAPER 14-2014.　http://www.tnp2k.go.id/images/uploads/downloads/WP_14_0929%20Final-3.pdf.iv
Statistics of Indonesia (2013)『Indonesia Demographic and Health Survey 2012』
https://www.dhsprogram.com/pubs/pdf/FR275/FR275.pdf
World Economic Forum（2020）『Global Gender Gap Report 2020』
http://www3.weforum.org/docs/WEF_GGGR_2020.pdf

（柳澤沙也子）

第12章

タイにおける
介護観とその実践

　タイは日本から飛行機で6時間ほどの距離にあり、日本人にとって馴染みが深い国である。美味しいタイ料理に、親日的な温かい国民性と敬虔な仏教信仰、綺麗な海が見られるプーケットや大都市バンコクなど魅力的な観光地などを知っている方も多いのではないだろうか。外務省（2019）によればタイの国土は日本の1.4倍、人口は約6891万人、気候は熱帯性気候に属する。国民1人あたりのGDPは7187米ドルで、東南アジアではシンガポールに次ぐ経済成長を果たした新興国である。タイは日本と技能実習に係る覚書を交わしており、外国人介護士の送り出し国である一方、ラオスやミャンマーなど周辺国から介護移民を受け入れるグローバル・ケア・チェーンの渦中に置かれている。

　タイは日本同様、急速な高齢化に直面しており、介護人材や介護施設、社会保障財源の不足など日本と共通した多くの課題を抱えている。本章では、東南アジアにおける福祉の類型を整理しつつ、タイの伝統的な慣習や介護観について紹介する。また、グローバル化が進行する現代において、伝統的なケアの価値観がどう変容してきているのかについて筆者が行った研究結果を踏まえて考察する。

1 | タイの伝統的慣習と仏教

1.1　受け入れ施設が考慮すべきタイの文化

　タイは東南アジアで唯一、植民地支配を受けず、長い王朝の歴史を持つ、国民の９割以上が敬虔な仏教徒の国である。インドシナ半島の中央に位置する東西交易の拠点であり、主にインドと中国の影響を受けながら独自の文化を育んできた。インドの仏教や王制、官僚制度、文学といった宗教・思想・政治に関する文化や、中国における陶磁器や絹布の技術、食文化といった生活文化は、タイの気候風土を背景とする生活様式や精霊信仰（アマミズム）文化と融合し、現代のタイ文化の基礎となっている。そのほか美術や建築などの分野では 19 世紀以降の西洋文化の流入も大きな影響を及ぼしているが、今なお人々の生活や精神の根幹をなしているのは、長い歴史の中で培われてきたタイ独自の信仰や考え方、礼儀であるといえる。

1.2　ほほ笑みの背景にある仏教信仰

　タイの仏教は日本で主流である大乗仏教とは異なり、上座部仏教と呼ばれている。上座部仏教では男性は一生に一度は出家をして修行を積むことで１人前と認められる。タイの僧侶は結婚をすることが許されず、戒律が厳しい分、民衆から非常に崇拝され、最高位の僧侶は首相と国軍司令官と共に国王との謁見も認められている。出家が許されない女性や障害者などの在家者は僧侶が必要とする袈

裟や食べ物、薬などを納めたり、寺院修復のための善行を行ったりすることになっている。この善行はタイ語で「タムブン」と呼ばれ、これは上座部仏教の基本的観念である「徳を積む」行為として、日常的にも頻繁に使われる言葉である。早朝の街で黄色い衣を身にまとった裸足の僧侶が食べ物や金銭を鉢に受けて回る托鉢を行うタイの日常的な光景もそうした教えがあるためである（写真 12-1・12-2）。また、宗教行為に関わるもの以外でも、持つ人が持たぬ人へ施しを行うことや、間違いを起こした人に対して憎しみを持たないこ

図 12-1　タイ地図
外務省（2019）

となど日常的な行為や心構えもこのタンブンに含まれる（タイ国政府観光庁 2020）。そのためタイコミュニティで目にする近隣住民同士の相互扶助の関係や、老親のケアに対する献身的な関わりにも同様にこの教えが根底にあると思われる。ほほ笑みの国タイと呼ばれる背景には、こうした仏教の教えが深く関わっている。

写真 12-1　食べ物を納める住民
（岩下夏岐撮影）

写真 12-2　タンブンが浸透するタイ
の光景（奥井利幸撮影）

1.3　国民から崇拝されるタイ王室

　13 世紀のスコータイ王朝以降、タイは数多くの王の元で今日の発展を築いてきた。立憲君主制をとり、政務は選挙によって選ばれた内閣によって担われる現在においても国民は国家元首たる国王を敬愛してやまない。その理由として、国王もまた仏教の教えのもとでタイ社会に貢献してきたことがあげられる。実際、自ら僧侶として出家した経験を持つ故プミポン国王をはじめとした王室は、山岳民族の人々の生活向上や全国各地の環境保全、伝統文化の保存など 400 以上の活動を「王室プロジェクト」として立ち上げた実績を持ち、タイ王室が長きに渡り存在しているのも、そのような王室の姿勢があるためである。

　具体的な王立プロジェクトとしては、ドイ・トゥンでの作物の栽培や、淡水魚の養殖、洪水を防ぐための池の建設などがあり、なかには観光客が訪ねて体験できるプログラムも存在する（タイ国政府観光庁 2020）。

1.4 「ワーイ」から始まるタイの礼儀作法

　タイの人々のコミュニケーションにおいて、最も有名な作法「ワーイ」である。「ワーイ」とは両親や祖父母をはじめ、教師や先輩など目上の人に会ったとき、さらに感謝や謝罪をするときに、ひじを軽く身体につけ、顔や胸の前で指先を揃え、両手を合わせるタイ独自の挨拶のことである（写真 12-3）。一般的に目下の人が先にワーイをし、ワーイをされた人は同じようにワーイで返すのが習慣である。また話す際には、語尾に丁寧語（女性は「カ」、男性は「クラッブ」）を使用する。タイの正月であるソンクラーンのお祭り（別名：水かけ祭り）では、寺院や自宅の仏像に水をかけてから、祖父母や両親の手に水を注ぎ、お祝いの言葉を述べ、その後に友人同士で水をかけあうことになっているが、この順番もそのような目上の人を敬う礼儀から来ている（タイ国政府観光庁 2020）。

写真 12-3　ワーイをする子供たち
（ソムタム学級通信）

1.5　気候風土を生かしたタイの暮らし

　気候風土を背景にした独特の建築様式も、タイの文化を語る上で欠かせない。タイの伝統的な高床式住居は、高温や多雨多湿のなかでも快適に生活ができるよう工夫されている。勾配が急な屋根と大人の背丈以上もある高床は、床下からの涼しい風を屋内に取り入

れ、また洪水を凌ぎ、ネズミや毒蛇などの侵入を防ぐことができる。また建築面積の 40%〜60% を占める広い縁側を設けるのも特徴の1つで、夕方から夜にかけての家族の団欒や、年中行事や結婚式などにも使われる。現在でも、大家族で伝統文化を守りながら、素朴な生活を送っている人々の姿は、バンコクの伝統的な家屋が一部保存されている地区や、水上マーケットで有名なアンパワー、タイソンダム集落などで見ることができる（写真 12-4・12-5）。

　一方、こうした伝統的タイ住居を高齢者の生活視点でみると様々な問題点が浮かびあがる。たとえば、床での寝起きは、リウマチや麻痺、関節痛を持つ高齢者にとっては負担であり、日中の臥床傾向が続くと身体機能の低下が進行する可能性が高まる。また介護者にとっても、腰をかがめた姿勢での介助を要するため、腰痛や膝痛に繋がりやすい。

　結果、高齢者による介入回数が減少し、高齢者の床ずれや関節拘縮が発生し、さらに寝たきりになるという負のループに陥りやすい。また、こうした住居はスペースが狭いうえ、間仕切りや柱がないため、高齢者の生活には不向きである。さらに、気候風土に適し

写真 12-4　タイの高床式住居

写真 12-5　タイの高床式住居

（写真 12-4・5 奥井利幸撮影）

た高床式住居も、高齢者
の生活視点からは大きな
障害となる。写真
12-4・12-5 の 通 り、
入口の階段の蹴上が大き
く手すりもない構造であ
るため、高齢者にとって
は自力で出入りが困難で
ある。従って、通院など

**写真 12-6　タイの住居で生活する高齢者と
医療スタッフによる訪問診療**
（筆者撮影）

の外出時には、家族が抱えたり背負ったりしなければならず、家族
にとっても負担が大きい。そのため、高齢者は在宅で閉じこもりが
ちとなり、気力や体力の衰えに繋がっているケースも珍しくない
（写真 12-6）。

2 ｜ 東アジアにおける高齢者ケアの類型

2.1　国別社会的ネットワークの類型

　タイの場合、総人口に占める生産年齢人口（15-64 歳）の比率
が上昇する人口ボーナス期は 1970-2015 年である（UN2015）。
人口ボーナスは、経済発展に有利なだけでなく、家族形成期の人々
の兄弟姉妹が多いため、親族からの手厚い援助が得られやすいとい
う家族形成面での好条件でもある。表 12-1 に高齢者ケアをめぐる
社会的ネットワークの一覧を示す。アジア地域の全てにおいて子供
は高齢者ケアの重要な与え手である。中国、台湾、シンガポールの

表 12-1　高齢者ケアをめぐる社会的ネットワーク

国家	子供	子供の配偶者	親族	コミュニティ	ケア労働者	施設
中国	A（全員）	B	B	A	B	C
タイ	A（全員、主に女子）	B	B	？	C	D
シンガポール	A（全員、特に男子）	B	B	？	A	C
台湾	A（全員、特に男子）	B	B	？	A	C
韓国	A（主に長男）	A	B	B	B	C
日本	A（主に長男）	A	C	C	D	B

A：非常に効果的、B：ある程度効果的、C：存在するがあまり効果的でない、
D：ほとんど効果的でない　　　　　　　　　　落合（2013）をもとに筆者作成

　中国系住民やタイでは、子供たちが主に老親を扶養するが、特定の
子供に同居・ケアを集中させることは少ない傾向にあり、相続人が
財産を均等に分割する均分相続性の社会である。ただし、これらの
社会でも子供の性別による違いがみられ、中国系社会は基本的に父
系制であり、息子の扶養義務が大きい。これに対し、直径家族制と
非均等分相続の伝統を持つ韓国と日本の場合、変化がみられるとは
いえ、特定の子供に同居・ケアが集中する傾向があるため、長男の
妻の負担が多いといわれる（落合 2013）。

2.2　ケアダイアモンドの類型

　ケアダイアモンドは様々な社会のケア供給パターンを比較・説明
するために、国連社会開発調査研究所（UNRISD）の「ケア政治社
会経済」によって描かれた（ラザビ 2010）。図 12-2 の通り、ケ
アの提供は、家族を含む親族・コミュニティ・介護市場・国家を包

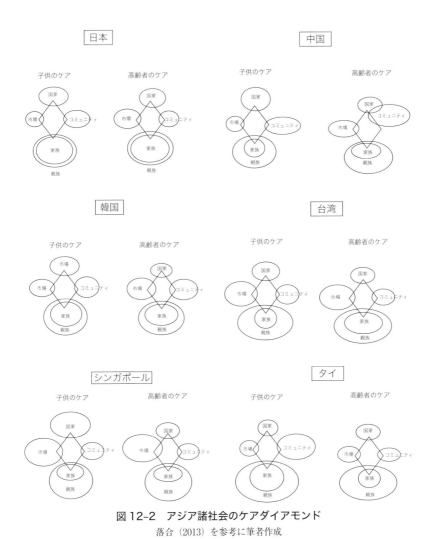

図 12-2　アジア諸社会のケアダイアモンド

落合（2013）を参考に筆者作成

括したケアダイアモンドで概念化することができる。第一に四角形を構成する 4 つの部門は理論的に独立し補い合っている。たとえば、シンガポールの場合「国家」と「市場」の両方がケアの重要な

供給者となっている。第二にケアダイアモンドの形状は社会によって異なるものの、注目するケアの種類によっても異なる。中国とシンガポールでは、女性労働力活用という政策目標を掲げ、国家が子供のケアのみ整備をした結果、高齢者ケアへの介入が遅れることとなった。一方、日本とタイは純粋に家族主義が強いが、日本において親族の役割が相対的に弱いのは、伝統的に直系家族主義をとってきたためである。日本の直系家族である「家」は傍系親族との間に一線を画す傾向を持つ。一方、タイは伝統的に家族圏社会であり、親族役割が大きい拡大家族主義であるといえる。

2.3　介護労働と費用の社会化からみる福祉体制

　高齢者のニード充足のためのサービス供給主体には、国家、市場と家族などがある。その中で、誰がどの程度まで責任を担うべきかに関しては、社会文化的な伝統や慣習と、社会政策の歴史などにより支配されてきた福祉イデオロギーによって異なる。しかし、少子高齢化が進んだ国と、それに向かっている国では、家族の介護者の役割としての期待が高い。

　Esping-Andersen（1999）は、ケアの担い手の主体が、国家、市場、または家族なのかによって異なる原理が作用していることに着目し、脱商品化と階層化による指標を提示した。辻（2012）は、これを基にケア労働の家族化・社会化軸と、ケア費用の家族化・社会化という２軸によって、ケア政策を４つの体制に分類した（図12-3）。社会主義体制では、ケア労働とケア費用の両方の社会化が進み、自由主義体制では、市場を通じて安価なケアサービスを購入するためにケア労働の社会化が進み家族ケアの費用は給付されず、家族が負担する。保守主義体制ではケア労働は女性が担うことが想

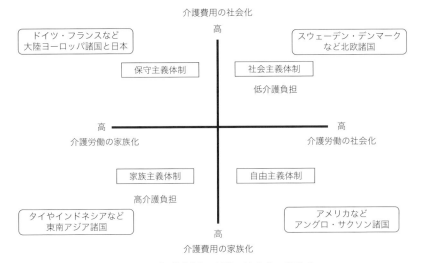

介護費用の社会化
高

ドイツ・フランスなど
大陸ヨーロッパ諸国と日本

スウェーデン・デンマーク
など北欧諸国

保守主義体制

社会主義体制

低介護負担

高
介護労働の家族化

高
介護労働の社会化

家族主義体制

自由主義体制

高介護負担

タイやインドネシアなど
東南アジア諸国

アメリカなど
アングロ・サクソン諸国

高
介護費用の家族化

図 12-3　福祉体制の介護の社会化・家族化
金貞任（2013）をもとに筆者作成

定されるが、家族に対する手厚い給付があり、ケア費用は社会化されている。家族主義体制では、ケア労働とケア費用をともに家族が負担する。日本は、家族介護を基礎として介護保険が設計されているため、保守主義体制に分類されるが、タイをはじめとする東南アジアの新興国では、介護労働及び介護費用ともに家族が担う家族主義体制に該当する。

　東南アジア新興国の中でもタイは最も高齢化が深刻化している。タイにおける家族介護については次項で説明するが、今後も介護費用及び介護労働の社会化が困難なタイにおいて、増加する家族介護者の負担を軽減する方策はまだ定まっていない。

　なお、タイのコミュニティ資源として利用できるものをまとめると表 12-2 のようになる。政府の財源不足より高齢者に対する公的扶助が乏しいタイのコミュニティでは、現状、住民同士の相互扶助

表12-2　タイ高齢者におけるコミュニティ資源一覧

コミュニティ資源	内容
高齢者クラブ	家庭訪問、パトロール、相談役、情報伝播
お寺/僧侶	家庭訪問、寝室托鉢、末期の迎え方など精神的サポート
高齢者ボランティア	家庭訪問、食事、シャワー、薬、居住環境、運動指導、相談役、寺院同行など社会参加サポート
ヘルスプロモーション病院	ヘルスボランティアの派遣、基礎的な医療サービス/リハビリテーション、健康相談

Suwanrada et al.（2014）より筆者作成

に依存している。政府の高齢者施策もこうした既存の相互扶助を基盤におく一方で、タイは少子高齢化、若者の進学や就労に伴う都市部への移動によるマンパワー不足、生産至上主義の浸透による伝統的価値観の変容など、今後のコミュニティ資源の持続性に課題を抱えているといえる。

3 ｜ タイの介護観を俯瞰する

3.1　タイの伝統的なケアの担い手

　タイの伝統的な家族の形成は、末娘が家を継ぐ妻方居住制を特徴としており、これはケアの担い手にも影響している。タイでは末娘が婚姻後に、その夫が養子になって妻の両親と一緒に居住する、あるいは同じ屋敷地に分居することになっている。末娘は両親の死後

に生活の糧である農地相続を受ける特権を得る代わりに、最後まで両親のケアに従事し看取る役割を担う（水野 1981）。また、この末娘が両親を看取るという慣行が伝統的に介護者の性別格差（女性が多い）の偏りを生み出していると考えられている。

3.2　「家族」概念の違い

　タイ語の「家族」という言葉が意味するところも、日本とは異なっている。日本で「家族」といえば、一般的に、縦の系統である直系親族及び配偶者、兄弟姉妹までを範囲とする。日本のこうした伝統的な直系家族制では、いとこなど親類との間に一線を画す傾向があり、老親のケアも主に夫婦や子供を軸とした範囲で行われることが多い。一方、タイの伝統的「家族」は日本と異なり、いとこや叔父叔母、甥や姪など傍系親族、更には親交の深い近隣住民も含めた拡大家族を範囲とすることが多い（写真 12-7）。つまり日本が縦の繋がりを家族として認識しているのに対し、タイではそれに加えて横の繋がりも家族として認識していることになる。こうしたタイのネットワークは「家族圏」（立本 2000）とも呼ばれ、伝統的に子供の養育や

写真 12-7　タイの大家族　家族の定義が
日本と異なる（筆者撮影）

老親の扶養の支援を広い助け合いの輪で共生してきた経緯があり、ケアの担い手は日本よりも充足していると言える。

3.3　タイにおけるケアの定義「リアン（เลี้ยงดู）」

　タイ語で「ケア」を意味する言葉は、東北タイ農村で「養う/育てる」、「栽培する」、「（食事などを）捧げる/提供する/おごる」という意味を表す「リアン（liang）」が用いられる。たとえば子供（luk）の養育は「リアン・ルーク（liang luk）」、親（pho-mae）の扶養は「リアン・ポー・メー（liang pho-mae）」と表現する。また直接的に対面して食事や排泄など生活全般の世話をすること、あるいは病や怪我を介抱/介護することは「見る」「観察する」という意味合いの「ブン（bun)/ドゥーレー（dulae）」とも表現する。ブン/ドゥーレーと比べると、リアンはケアの範囲を超えて経済的に養うという意味も含み、より包括的に養育や扶養という行為全般を指す。このような単語は相手を要す相互的な行為であると同時に、相手との間に社会関係を築く行為も指す。

　東北タイ農村では、このリアンという行為を通じて、親は子供を養育し、子は親を養うという互酬的な認識を身に付けており、コミュニティにおける社会関係の基盤を築きあげる用語であるといえる（木曽 2014）。日本では「子供の世話にはなりたくない」と考える親がいる一方、タイでは「親の面倒は子供が見るべき」と考える傾向があり、子供もそれを当たり前のこととして受け入れていることが多い。こういったタイ特有の言語文化は、こうした文化的規範の形成にも関わっていると考えられる。

3.4　東南アジアにおける伝統的ケアとは

　タイをはじめとした東南アジア社会におけるコミュニティ生成の議論では、先進諸国のような個人主義でも集団主義でもなく、二者関係の自由な人間関係の構築が有力視されてきた。具体的には、日常的な養育などケアの担い手が血縁に限定されず、コミュニティの個々人が形成する親戚や友人とのネットワークが、担い手の代替として相互扶助の役割を果たすことを指す。

　こうした東南アジアの伝統的関係構築の原理は、これまでタイ東北部の農村部ドンデーング村の研究をした水野（1981）による「間柄の論理」、マレー半島南部の民族オラン・フルやマレー人の研究をした立本（2000）による「家族圏」、世界の民族誌研究に携わった Carsten（2000）による「関係の文化」といった概念でとらえられてきた。そのため、高齢者や障害者など社会的弱者による他者への依存が、先進国において "克服すべき問題" として扱われてきた一方、タイをはじめとする東南アジアでは、社会が包摂すべき要素の 1 つとして認識され、楽観視される傾向にあった。

3.5　介護観が実践に及ぼす影響

　こうしたケアの概念の差は実際の介護実践の場面にも現れる。これは現地でケアの指導にあたった筆者の所感となるが、一般に日本で子供が老親のケアに携わる場合、在宅ケアに従事する看護師やリハビリテーション職種の指導により、本人の ADL や認知機能の低下を防ぐために、できることは本人にやらせるという考え方と関わりが自然と受け入れられている。一方、タイをはじめとする東南アジア諸国では、要介護状態の老親に対して、周囲ができる限りのケ

アを施すことが親孝行であると考えられている。そのため、たとえ専門職がケアの関わり方を提示しても、「なぜ老親にそんな辛いことを敢えてさせるのか」「手伝わないことは親不孝である」といった反応を示す傾向があり、その背景として上述したような介護観の違いがあると考えられる。

　外国人介護士の受け入れ事業者は、こうした根本的な介護観や実践の違いを理解した上で、日本の要介護者に対するケアの基本的考え方や、ケアプランにおける目標の共有などを図っていく必要がある。また祖国で親類介護が当然である外国人介護士にとって、もう1つの壁となるのが社会保障という枠組みにおける他人に対する介護との違いである。送り出し国には日本のような医療保険や介護保険を持たない国が多く、社会保障サービスとしての"ケア"の在り方というのは想像がつかない。そのため、簡単な介護保険の仕組みの理解に加え、介護職に求められる役割や業務範囲の明文化及び具体的なケアの手法についての丁寧な指導が欠かせない。

4 ｜ グローバリズムの台頭と伝統的ケアの変容

4.1　タイの高齢者ケアに対する公的扶助

　20世紀初頭に先進国から始まった世界規模の高齢化は、21世紀において最大の課題となっている。現在は東アジアを中心とする新興国において顕著であり、中でもタイは東南アジア地域で最も高齢化が進んでいる。タイの高齢者の主な死因は、第1位が悪性新生物、第2位が心疾患、第3位が脳血管疾患であり、先進国同様、

長寿化に伴う生活習慣病を起因とする死因が上位を占めている。在宅での長期的なケアを要す高齢者の増加に従い、ケアの担い手となる介護者研究や介護者支援政策への重要性が高まっている。

　韓国の社会学者である Chang（1999, 2010）によって提唱された「圧縮された近代」とは、ヨーロッパ諸国が 1880 年頃から緩やかに近代化が進み、経済的・政治的・文化的な発展と共に福祉国家としての機能を成熟させた一方、東アジア諸国では、国家的体制の追い付かない状態のまま、こうした多角的変動が急速に進んだことを指す。この圧縮された近代の下、タイは福祉国家を構築するのに十分な時間や富の蓄積が得られないまま少子高齢化社会に突入した。

　事実、タイ政府は第二次国家長期行動計画（2002–2021）において、「高齢者が何らかの理由で介助が必要な状況に陥った場合、第一義的に家族ケア・コミュニティケア・社会的ケアが実施されるべきであり、政府は補完する位置に留まる」という補足性の原理の立場を表明しており、タイにおける高齢者ケアには「家族・コミュニティ・ボランティア」という自助と互助を基盤としたインフォーマルケアが中心となることが明記されている（Worawet 2017）。

　タイの高齢者に対する主な社会保障制度は、1）30 バーツ医療の利用、2）貧困高齢者に対する助成、3）ヘルスボランティアによる介護補助、4）地域におけるヘルスプロモーション病院を中心とした医療チームの訪問サービスであり、公的扶助という側面からみると、これらは全て補助的な立ち位置に留まっている。なお、筆者が 2014 年に実施したヘルスボランティアの調査においても、実質的な介護負担に繋がりやすい身体介護の一切は家族介護者が担っていることが判明しており、タイの要介護高齢者を取り巻く状況の深刻さがうかがえた。

　このように政府による家族支援介入が急務である一方で、その実現は以下の理由により容易ではないと考えられる。

1）国民全体の所得水準が低い（財政規模が小さい）こと
2）新たに社会保障の対象に取り込む農業従事者などの第一次産業従事者が多いこと
3）日本を上回るペースで急激な高齢化が進んでいること
4）少子化により経済を下支えする生産年齢人口が減少していること
5）グローバリズムの台頭による老親介護に対する伝統的価値観が変容していること

　これらの制約により、今後も先進国のような介護保険制度がタイで整備される選択肢はなく、先進国とは異なる新たな要介護高齢者に対する社会保障モデルの確立が求められている。また、こうした高齢者ケアに関する厳しい状況は、東アジア諸国全体の共通課題であり、国境を越えて解決を模索していかなければならない。

4.2　高齢者ボランティアの調査から見えてきたこと

　ここでは、筆者が 2014 年に取り組んだ要介護高齢者のケアを担うヘルスボランティア（以下、高齢者ボランティア）に対して実施した研究から見えてきた在宅ケアの実情を紹介する。
　高齢者ケアに対する先行研究では、タクシン政権下で開始された「30 バーツ医療」によって国民皆保険が実現した 2001 年頃から研究が始まっているものの、高齢者や慢性疾患そのものに焦点をあてたものが中心で、「ケアの担い手」に関する研究、特に高齢者ケ

アに着眼した研究は非常に限定的である。そこで今後のタイの介護
者支援対策を講ずるにあたり、タイの代表的なインフォーマルケア
の担い手である高齢者ボランティアに焦点をあて、定量的に彼らを
分析することを試みた。対象者はタイ東北部の玄関口にあるナコン
ラチャシマ県の中心部にあるムアング地区で高齢者ケアを担う
414 名のヘルスボランティアである。彼らに対する調査から以下
の内容が判明した。

（1）高齢者ボランティアの属性
　　414 名のうち約 95％が女性で、最終学歴は半数以上が小学校
卒であった。年齢は約 70％が既に 50 歳以上で年齢中央値は 55
歳であった。そのため、世代交代が進んでおらず、ボランティア
自体の高齢化が深刻化していることが判明した。このままいくと
10 年後には、過半数が高齢者の立場となるため、彼らを支える
ヘルスボランティアが不足する。

（2）担当している高齢者の疾患割合
　　近年の高度経済成長に伴う食生活や生活スタイルの変化から、
日本同様、長期的介護を要する慢性疾患の高齢者が増加してい
る。特に要介護高齢者が抱える疾患のうち糖尿病や廃用症候群が
7 割以上と最も高い割合だった。さらに生活全般にわたり身体介
護を要する寝たきり高齢者も多数いることが判明した。

（3）高齢者ボランティアが提供している介護の内容
　　家事や買い物、通院への付き添いなど生活援助が主であり、家
族介護者の介護負担と直結する身体介護はほとんど実施されてい
なかった。さらに訪問日数も月 1 ～ 2 回程度であったことから、

「更衣・入浴・清拭・食事介助・オムツ交換」などの身体介護は全て家族が担っており、家族の介護負担が非常に高いことが想定された。

（4）高齢者ボランティアが直面している課題
　高齢者ボランティアに対するアンケート調査の中で、介護を担う家族の介護疲れや介護うつが発生しているとの意見が多数あった。

　以上により、慢性疾患による長期的介護を要する高齢者の増加に伴う家族介護者の介護負担の増加から「介護疲れ・介護うつ」の蔓延化が示唆されたため、これまで安泰と評されてきた伝統的な家族介護の実態を複眼的に明らかにする着想に至った。

4.3　家族介護者への量的調査で見えてきたこと

　タイの家族ケアという重層的行為を立体的にとらえるため、量的研究結果を質的研究により深化させる複眼的分析を前項と同地区で行った。結果、定量的研究を実施した 315 名の家族介護者のうち約 42％が高介護負担（CBI：Caregiver Burden Inventory）に分類された。介護負担感に影響を与える因子としては、介護者の「健康状態」、「睡眠の質」、「介護提供時間（1 日 8 時間以上）」、そして要介護者の「ADL 能力」、「認知機能」が明らかとなり、介護者の介護負担感は介護者と要介護者双方の事情によって構成されていることが示唆された。
　また家族の高介護負担感は、他の開発途上国であるイラン（26％）（Seyed et al. 2017）、中国（26％）（Liang et al. 2018）

及びタイ（19％）（Limpawattana et al. 2013）で報告された先行研究の結果と比較しても非常に高いものであった。一方、対照的にイタリア（55％）（De Fazio et al. 2015）、イギリス（40％）（Scharag et al. 2006）、及び日本（52％）（Morimoto et al. 2003）のような先進国で観察されたものと一致していた。

　これまで多くのタイ研究者によって、宗教とタイの伝統的な生活様式が高齢者ケアに対する重要な精神的支柱となってきたことが報告されてきた。一例として、Meecharon et al.（2013）は、仏教信者である介護者の多くは、積徳や互酬性の仏教概念に基づきケアを提供していると報告している。家族介護者がケア提供を通じて困難に直面するとき、仏教は介護者がカルマの法則の下で現実的な生活を受け入れるのに役立ってきたといえる。しかし、本調査の中では、長期間に及ぶケアから派生する自身の健康問題、睡眠の質の低下、要介護者の ADL 機能の低下や認知症の発現という状態の悪化、そしてコミュニティの希薄化による血縁を中心とした介護者の収斂によって家族の介護負担が上昇してきていることが示唆された。

4.4　家族介護者への質的調査で見えてきたこと

　前述した量的調査の結果を受けて、実際の家族介護者の声に耳を傾け、彼らの口から「介護負担」というものがどういうナラティブ（語り）で表出され、どういうプロセスを経て生成・経験されていくのか、その過程を階層化によって明らかにすることを試みた。また併せて地域を含めたケアの分担についても聞き取りをすることにより、先に言及した伝統的ケアの生成原理である「間柄の論理」（水野 1981）、「家族圏」（立本 2000）、「関係の文化」（Carsten 2000）という概念が、物理的ケアの援助行為の中でどこまで有効

なのかを検証した。

　Plant & Sanders（2007）の介護ストレスモデルによれば、介護負担の決定プロセスには、介護者の属性や介護提供量だけでなく、コーピングなど介護者の主観的なストレスマネイジメントに係る Mediater 要因と、家族や専門家支援による Moderater 要因が、仲介することが報告されている。これに倣い、本研究の介護負担生成プロセスを概念化すれば、図 12-4 のようになる。量・時間・頻度で構成される介護提供内容に、Mediater 要因として介護者個人の主観的評価に基づく介護動機付け、そして Moderater 要因として親族間の役割分担と介護への参加率という 2 つのフィルターを通じて最終的な介護負担が決定されることが示唆された。

　介護動機づけには家族介護者の仏教思想を含む解釈が含まれていた。具体的には「仏教の教えが現状を受け入れるよう私の感情を導

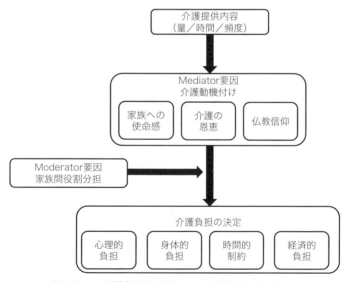

図 12-4　介護負担生成プロセスの概念図（筆者作成）

いてくれている」、「前世からの繋がりによって今の夫（要介護者）と結ばれている」といった仏教信仰が心の支えとなる「カルマ」としての受け止め方、また「母親はかけがえのない存在。誰もが両親から受けた恩恵に報いるべきだと思う」といった「恩の応酬性」に基づく信仰によって支えられていた。タイ語には、この恩の応酬性に対応する「**ᨠᨲᨬᨬᨠᨲᨬᨬ** (Ka-tun-you)」という言葉が日常的に使われており、ケアに対する介護動機付けの前提として、この言葉が示すように病前までの要介護者との信頼関係がケアへの貢献度に関係していることが示唆された。

　表 12-3 に介護者の役割分担を示す。1 次介護者が実質的な負担に繋がりやすい身体介護を担っており、2 次介護者以下は家事などの生活介護や病院送迎、経済支援など補助的な役割に留まってい

表 12-3　介護者の役割分担

要介護者	1次介護者	介護内容	2次介護者	介護内容	3次介護者	介護内容	補足
A	夫	身体介護	娘	生活介護、通院、経済支援	なし		
B	長男	生活介護	娘	服薬管理	娘	通院送迎	母親：皿洗い
C	夫	生活介護	姉	生活介護	なし		
D	義理の娘	生活介護	息子	通院送迎、薬局	なし		
E	娘	身体介護/生活介護	娘	年に1度だけ2か月間の介護代替	息子	通院送迎	近所：外出時見守
F	妻	生活介護/身体介護	近隣者	毎日の食事提供	なし		息子：ひきこもり
G	妻	身体介護/生活介護	息子の嫁	生活介護	PCUスタッフ	通院送迎	息子：経済支援
H	息子	生活介護/経済支援	娘	トイレ/浴室までの歩行介助	PCUスタッフ	通院送迎	
I	娘	生活介護	甥	通院同行	なし		
J	夫	身体介護/生活介護	妹	時々同居の甥の世話	なし		
K	娘	身体介護/生活介護	近隣者	ベッドから椅子移乗、お風呂、更衣	なし		
L	娘	生活介護	甥	通院送迎、ごくたまに介護の手伝い	なし		娘：非協力的
M	妹	身体介護/生活介護	妹の夫	薬の受け取り	なし		
N	妻	身体介護/生活介護	息子	病院送迎（尿カテーテル交換）	ボランティア	血圧測定	
O	妻	身体介護/生活介護	なし		なし		
P	娘	身体介護/生活介護	妹	月1万バーツ支援（家賃支払）	なし		兄弟：非協力的

た。介護者として最も多かったのは 1 次介護者で娘と妻、2 次で
も娘と姉妹であり、女性家族によるケアの実践が多くみられた。一
方、男性家族は生活介護のほか通院の送迎や薬局での薬の受け取り
等を主に担っており、男女間での役割分担がなされていた。血縁者
を除く介護者としては 2 名の近隣者（F・K）を除けば、ヘルスボ
ランティアによる血圧測定、地域保健センターのスタッフによる通
院送迎だけであった。

　ちなみに要介護者（K）のケースでは、1 次介護者が日中、菓子
工場で働きながらヘルスボランティアもしており、家には寝たきり
の母親だけとなるため、長く親交のある近隣者が 2 次介護者とし
て、ベッドからの移乗、入浴、更衣を実施していた。また元僧侶で
ある要介護者（F）のケースでは、1 次介護者は盲目であり、病前
に寺院に通っていた近隣者が 2 次介護者として無償でほぼ毎日食
事を家に運んできていた。本調査において 1 次介護～2 次介護とと
も、多くの要介護高齢者が血縁者によってケアが支えられている実
態が明らかとなったものの、身近に頼れる親族がいない事例（F・
K）に於いて、近隣者が 2 次介護者として物理的・精神的に 1 次介
護者を支える関係性が観察された点は、コミュニティの伝統的な相
互扶助の在り方として特筆すべき点である。

4.5　日本が学ぶべき介護観とその実践

　ここまでタイの伝統的な相互扶助の類型と筆者が行った研究結果
について述べた。これによって少子高齢化やグローバル化に伴う介
護観の変容により、タイの高齢者ケアは家族主義へと、よりシフト
してきている傾向が示された。一方で、家族介護者が日中いない場
合や、介護者も高齢でケアを提供できない場合には、近隣住民がご

飯を届けたり、要介護者の食事介助や入浴まで行っていたりする
ケースもあった。さらにそういった援助は、要介護者が元僧侶など
タイ社会で尊敬される存在であった場合に、より手厚くなる印象を
受けた。また印象的であったのは、仏教信仰が介護者の置かれてい
る現状を容認する上で、肯定的な意味付けを与えていたことであ
る。仏教ネットワークというものが伝統的コミュニティの形成や個
人の性質に及ぼす影響にどのような貢献を果たしてきたのかは、今
後の研究課題となるが、同じ仏教国である日本も、仏教的観念から
老いや死、そしてケアをとらえなおしてみることが必要なのではな
いだろうか。昨今、本国でも介護疲れや介護殺人という問題がしば
しばメディアで報じられているが、仏教思想から「ケアとは何か」
という哲学的問いを学ぶことで、介護負担感の軽減に繋がる可能性
があると思われる。

　また、タイ東北部では多くの若者が都市部に就学・就労で出稼ぎ
に出ているため、家族とのやり取りは SNS が中心である。タイで
は農村に至るまで携帯電話が普及しており、Facebook など SNS を
通じたやり取りをかなり頻繁に行っているケースが多い。また、同
じ境遇にあるコミュニティの介護者を繋ぐ SNS 上のネットワーク
も形成されてきている。こうした最新のテクノロジーが創る新たな
コミュニティが、孤独に陥りやすい家族介護者や、要介護高齢者を
救う手立てになる可能性もあるため、その効果について多角的視点
から分析していくことが必要である。このような調査は、介護者が
孤独に陥りやすい日本においても、参考になる点は多いはずである。

　こうした他国の異文化ケアを学んでいくことは、外国人介護士の
受け入れにおいて助けとなるだけでなく、日本の伝統的価値観の見
直しにも繋がるものであり、介護の社会化が推進される現代にこそ
取り組まれるべき課題である。

参考文献

落合恵美子（2013）『親密圏と公共圏の再編成―アジア近代からの問い』京都大学出版会

外務省（2019）タイ王国基礎データ：https://www.mofa.go.jp/mofaj/area/thailand/data.html（2020 年 4 月 19 日閲覧）

唐沢かおり（2006）「家族メンバーによる高齢者介護の継続意志を規定する要因」『社会心理学研究』3(2)、pp. 172–179

木曽恵子（2014）「ケアをするのは「誰」か：東北タイ農村部における女性血縁ネットワーク」『宮城学院女子大学付属キリスト教文化研究所』、pp. 3–16

木曽恵子（2019）「ケアの担い手の複数性とスマートフォンによる親子関係の補完―少子化時代の東北タイ農村における子育て―」速水洋子編『東南アジアにおけるケアの潜在力―生のつながりの実践―』京都大学学術出版会

金貞任（2013）「韓国の高齢者の介護の社会化と家族支援の現状」『海外保障研究』184、pp. 2–76

シャーラ・ラザビ（2010）「政治、社会、経済からみたケアの国際比較」、『海外社会保障研究』170、pp. 31–49

首藤明和（2008a）「漢人家族の「個人と家族」の再考に向けて」首藤昭和、落合恵美子、小林一穂編『分岐する現代中国家族』明石書店

首藤昭和（2008b）「漢人家族の代親機能と老親扶養」首藤昭和、落合恵美子、小林一穂編『分岐する現代中国家族』明石書店

ソムタム学級通信★さちえのタイ生活★：https://blog.goo.ne.jp/sachi-thailand/e/0405da2b5b563a6acc58eae6a2ba795d
（2020 年 4 月 19 日閲覧）

タイ国政府観光庁・文化：https://www.thailandtravel.or.jp/about/culture/
（2020 年 4 月 19 日閲覧）

立本成文（2000）『家族圏と地域研究』京都大学学術出版会

立松麻衣子（2013）「家族介護者の介護負担感からみたショートステイの方策―要介護高齢者の地域居住を支える介護事業所のあり方に関する研究―」『日本家政学会誌』64(9)、pp. 577–590

辻由希（2012）『家族主義福祉レジームの再編とジェンダー政治』ミネルヴァ書房

水野浩一（1981）『タイ農村の社会組織』創文社

鷲尾昌一、荒井由美子、大浦麻絵、山崎律子、井手三郎、和泉比佐子、森満（2005）「介護保険導入後の介護負担と介護者の抑うつ―導入前から 5 年後までの訪問看護サービス利用者を対象とした調査から―」『臨床と研究』

82(8)、pp. 1366-1370

渡辺長、オンチュダ・クンポン、ヌアンパン・ピムピサン（2022）「タイの伝統的ケアの揺らぎ－高齢者ケアを担う家族に対する質的分析－」『東南アジア研究』59(2)、1-20

Carsten, J (2000) Introduction: Culture of relatedness. In Carsten, Janet (ed.) Culture of Relatedness: New Approaches to the Study of Kinship. Cambridge University Press.

Chang, K. (1999) Compressed Modernity and its Discontents: South Korean Society in Transition. Economy and Society. 28(1), 30-50.

Chang, K. (2000) The second modern condition? Compressed modernity as internalized reflexive Cosmo-politization. The British J of Sociology, 61(3), 444-464.

De Fazio, P., Ciambrone, P., Cerminara, G., Barbuto, E., Bruni, A., Gentile, P., Talarico, A., Lacava, R., Gareri, P., & Segura-García, C. (2015) Depressive symptoms in caregivers of patients with dementia: demographic variables and burden. Clinical Interventions in Aging, 1 (10), 1085-1090.

Esping-Andersen, G. (1999) Social foundations of postindustrial economics. Oxford University Press.

Liang Y, Wang Y, Li Z, He L, Xu Y, Zhang Q, et al. (2018) Caregiving burden and depression in paid caregivers of hospitalized patients: A pilot study in China. BMC Public Health. 18(53), 1-7.

Limpawattana, P., Theeranut, A., Chindaprasirt, J., Sawanyawisuth, K., & Pimporm, J. (2013) Caregivers Burden of Older Adults with Chronic Illnesses in the Community: A Cross-Sectional Study. J of Community Health. 38(1), 40-5.

Meecharoen, W., Sirapo-ngam, Y., Monkong, S., Oratai, P., & Northouse, L. (2013) Factors Influencing Quality of Life among Family Caregivers of Patients with Advanced Cancer: A Causal Model. Pacific Rim Int J of Nursing Research, 17(4), 304-316.

Morimoto, T., Schreiner, A. S., & Asano, H. (2003) Caregiver burden and health related quality of life among Japanese stroke caregivers. Age and Ageing, 32(2), 218-223.

Plant, K. M., & Sanders, R. S. (2007) Predictors of caregiver stress in families of preschool aged children with developmental disabilities. J of intellectual disability research. 51(2), 109-124.

Rose, R., & Rei, S. (1986) The welfare state east and west. Oxford University Press.

Schrag, A., Hovris, A., Morley, D., Quinn, N., & Jahanshahi, M. (2006) Caregiver-burden in Parkinson's disease is closely associated with psychiatric symptoms, falls, and disability. Parkinsonism & related disorders, 12(1), 35-41.

Seyed, R. M., Camelia, R., Mahsa, M., Malihe, N., & Parvaneh, V. (2017) Predictors of caregiver burden in Iranian family caregivers of cancer patients. J of Education and Health Promotion, 6, 91.

Siriphanich, B. & Jitapunkul, S. (2009) Situation of Thai Elderly 2009. Bangkok: TQP Ltd.

United Nations (2015) World Population Prospects: The 2015 Revision. New York, United Nations.

Suwanrada, W., Pothisiri, W., Prachuabmoh, V., Siriboon, S., Bangkaew, B. & Milintangul, C. (2014) Community based integrated approach for older person's Long-term care in Thailand. Research report submitted to Toyota Foundation, College of population studies, Bangkok, Chulalongkorn University.

Watanabe, O., Chompikul, J., Mongkolchati, A., & Pimpisan, N. (2014) Performances of village health volunteers in elderly care in Muang District, Nakhon Ratchasima Province, Thailand. J. of Public Health and Development. 12(2), 21-33.

Worawet (2017)「タイ―高齢化とコミュニティ・ベース高齢者ケア」金成垣、大泉啓一朗、松江暁子編『アジアにおける高齢者の生活保障：持続可能な社会を求めて』明石書店

Watanabe, O., Chompikul, J., Kawamori, M., Pimpisan, N., & Visanuyothin, S. (2019) Predictors of Family Caregiver Burden in Caring for Older people in the Urban District of Nakhon Ratchasima Province, Thailand. J of Int Health, 34(4), 217-228.

（渡辺長）

付録　介護現場で使える挨拶

付録の使い方

　介護現場でよく使われる声かけを①起居動作、②排泄動作、③入浴動作、④食事動作の場面ごとに日本語、英語、インドネシア語、ベトナム語、ミャンマー語でまとめた。

　日本語での会話は、主語が省略されている場合も多く、外国人にとって難しい。まずは、自分自身が相手の伝えようとしていることを理解する努力をし、相手に分かりやすく伝えなくてはならない。

　また、相手国の文化や慣習にも関心を持ち、積極的に話しかけてほしい。

　まずは、自己紹介と身体部位の名称から、日本語と相手の母国語でコミュニケーションをとってみよう。

　慣れてきたら動作項目別での会話をしてみよう。

　母国を離れて日本で生活する外国人介護士にとって、一番の課題は、日本語でのコミュニケーションである。本書を手にした方は、カタカナ表記もあるので、是非、相手の母国語を使って伝えたい内容を声に出して話してみてほしい。

　私たちも外国に行く時に、日本語で「こんにちは」と挨拶されると、親近感がわくし、何だか味方がいるような気がして安心する。挨拶だけでも母国語で話してあげると、相手は笑顔になりとても喜んでくれるはずだ。

― 私がタイにいた時に実施していたコミュニケーション技法 ―

①話す相手と周囲の環境に注意する。

　たとえば、タイ人とサッカーの試合を観戦しにいく場合、おのずと会話の内容は限定される。選手の経歴、相手との対戦成績、場合によっては選手の恋人の話など環境が会話内容の手がかりをくれる。その手がかりに敏感に反応することで単語は分からなくても何となく言っていることがわかる場合も多い。

②褒める。

　褒められれば多くの人は嬉しい。ดี（ディー）とは"良い"、เก่ง（ゲン）とは"上手"の意味があり、私はこれらを良く使った。相手の情動を喚起される意味でも満面の笑みで褒めることが大切だ。褒めることに限らず、顔の表情や身振り手振りで喜怒哀楽を表すことはとても重要である。

③オウム返し、相づちをする。

　「○○さん、今日の調子はいかがですか？」と問い、「調子が良いです」と返答があれば、「○○さん、今日は調子が良いんですね」とオウム返しで繰り返す。わざとらしいと思うかもしれないが、相づちも含めて、"私はあなたの話に耳を傾けていますよ"というサインを相手に伝えることができる。相手の目を見て、丁寧に耳を傾けよう。

		日本語	英　語
自己紹介と挨拶 （じこしょうかいと あいさつ）	①自己紹介 （じこしょうかい）	はじめまして。○○ともうします。	Hello, My name is ○○.
		○○からきました。	I'm from ○○.
		どうぞ、よろしくおねがいします。	Nice to meet you.
		おはようございます。	Good morning.
		こんにちは。	Good afternoon.
		こんばんは。	Good evening.
		ありがとうございます。	Thank you very much.
		ごめんなさい。	I'm sorry.
		さようなら。	Good bye.
		ちょうしはどうですか？	How are you?
身体部位の名称 （しんたいぶいのめ いしょう） 		頭（あたま）	head
		目（め）	eye
		鼻（はな）	nose
		口（くち）	mouth
		耳（みみ）	ear
		肩（かた）	shoulder
		胸（むね）	chest
		手（て）	hand
		腹（はら）	stomach
		膝（ひざ）	knee
		足（あし）	foot
		首（くび）	neck
		背中（せなか）	back
		腰（こし）	hip
		肘（ひじ）	elbow
		踵（かかと）	heel
動作別での 用具・会話 （どうさべつでの ようぐ・かいわ）	①起居動作 （ききょどうさ）	べっど/ベッド	bed
		さいどれーる/サイドレール or さく（柵）	side rails
		まくら（枕）	pillow
		りもこん/リモコン	remote control
		さいどてーぶる/サイドテーブル	sidetable

インドネシア語	ベトナム語	ミャンマー語
プルクナルカン、ナマ サヤ ○○ Perkenalkan, nama saya ○○.	チャオ オン / バ ア。　　チャウ テン ラ ○○ Chào Ông / Bà ạ. Cháu tên là ○○.	ミンガラバー チェノ／ (男性) / チェマ (女性) イェッ ナメガ ○○ピッパデー မင်္ဂလာပါ ကျွန်တော်/ ကျွန်မ ရဲ့နာမည်က ○○ ဖြစ်ပါတယ်
サヤ ダリ ○○ Saya dari ○○.	チャウ デン トゥ ○○ Cháu đến từ ○○.	○○ ガネ ラバデー ○○ကနေ လာပါတယ်
サヤ セナン ベルテム ドゥンガン アンダ Saya senang bertemu dengan Anda.	チャウ ラット ヴイ ドゥオック ガップ オン / バ ア。 Cháu rất vui được gặp Ông / Bà ạ.	トゥェヤダー ワンダーバデー တွေ့ရတာဝမ်းသာပါတယ်
スラマッ パギ Selamat pagi.	チャン ブオイ サン　　　　オン / バ ザイ ロイ ア。 Chào buổi sáng. / Ông / Bà dậy rồi ạ.	ミンガラー ナンナッキンバー မင်္ဂလာနံနက်ခင်းပါ
スラマッ シアン Selamat siang.	チャン ブオイ チェウ　　シン チャオ Chào buổi chiều. / Xin chào	ミンガラー ネ့レ キンバー မင်္ဂလာနေ့လည်ခင်းပါ
スラマッ マラム Selamat malam.	チャン ブオイ トイ　　シン チャオ Chào buổi tối. / Xin chào	ミンガラー ニャネンバー မင်္ဂလာညနေခင်းပါ
テリマ カシ バニャッ Terima kasih banyak.	チャウ カム オン オン / バ Cháu cảm ơn Ông / Bà.	チェーズーティンバデー ကျေးဇူးတင်ပါတယ်
サヤ ミンタ マアフ Saya minta maaf.	シン ロイ Xin lỗi.	タウンバンバデー တောင်းပန်ပါတယ်
スラマッ ジャラン (いってらっしゃい) / スラマッ ティンガル (いってきます) Selamat jalan. / Selamat tinggal.	タム ビェット Tạm biệt.	ノッ゛ゾッバデー　　　　　ナッゥマ トゥェメノー (see you later) နှုတ်ဆက်ပါတယ်　　နောက်မှတွေ့မယ်နော်
バガイマナ ケアダアン アンダ？ Bagaimana keadaan Anda？	オン / バ カム テイ チョン コエ テ ナオ ア？ Ông / Bà cảm thấy trong người thế nào ạ？	ネカウンラー (お元気ですか) / アセインピェラー (上手く行ってますか) နေကောင်းလား / အဆင်ပြေလား
クパラ kepala	ダウ Đầu	ウーガウン ဦးခေါင်း (ခေါင်း)
マタ mata	マット Mắt	ミェッロン မျက်လုံး
ヒドゥン hidung	ムイ Mũi	ナ カウン နှာခေါင်း
ムルッ mulut	ミェン Miệng	パゼッ ပါးစပ်
トゥリンガ telinga	タイ Tai	ナ ユェッ နားရွက် (နား)
バフ bahu	ヴァイ Vai	パコン ပခုံး
ダダ dada	グック Ngực	イェン ペッ ရင်ဘတ်
タンガン tangan	テーアイ Tay	レッ လက်
プルッ perut	ブン Bụng	アサィィン အစာအိမ်
ムルッ lutut	ダウ グオイ Đầu gối	ドゥーガウン ဒူးခေါင်း (ဒူး)
カキ kaki	チャン Chân	チェ ダウッ ခြေထောက်
レヘール leher	コー Cổ	レ ビン လည်ပင်း
プングン punggung	ルン Lưng	チョー ကျော
ピンガン pinggang	ホン Hông	カー ခါး
シク siku	クウ タイ Khuỷu tay	ダ ダウンセッ တတောင်ဆစ်
トゥミッ tumit	ゴット チャン Gót chân	チェ バナウ ခြေဖနောင့်
トゥンパッ ティドゥール tempat tidur	ギウォン Giường	ガ ディン ခုတင်
パガル トゥンパッ ティドゥール パシエン pagar tempat tidur pasien	タイン チャン ギウォン Thanh chắn giường	ガ ディン アカ ခုတင်အကာ
バンタル bantal	ゴイ Gối	ガウン オン ခေါင်းအုံး
リモート ティーフィー / リモート コントロール remote TV / remote control	ディエウ キエン トゥ サー Điều khiển từ xa	ガ ディン カロッ (コントロー / レモッ) ကုတင်လှုပ် (ကွန်ထရို / ရီမုတ်)
メジャ マカン パシエン meja makan pasien	バン フー Bàn phụ	ザブェ アテー စားပွဲအသေး

		日本語	英　語
動作別での 用具・会話 （どうさべつでの ようぐ・かいわ）	①起居動作 （ききょどうさ）	いす（椅子）	chair
		てれび	television
		しょうとうだい（床頭台）	bedside cabinet
		つくえ（机）	table
		かーてん/カーテン	curtain
		こんせんと/コンセント	outlet
		くるまいす（車椅子）	wheelchair
		つえ（杖）	cane
		ほこうき（歩行器）	walker
		ベッドから起きましょう	Would you like to get up from bed?
		横向きになれますか？	Could you roll on your side?
		起き上がれますか？	Could you get up?
		お手伝いさせてください	Please let me help.
		ベッドに移りましょう	Would you like to transfer to the bed?
		車椅子に移りましょう	Would you like to transfer to a wheelchair?
		イチ、ニノ、サンで立ちましょう	Please stand up. On three! One, two, three!
		ゆっくり座りましょう	Let's sit down slowly
		もう少し奥に座ってください	Please sit back more.
		足をフットサポートの上に置いてください	Please put your feet on the foot support?
	②排泄動作 （はいせつどうさ）	手すり	handrail
		トイレ	toilet
		トイレットペーパー	toilet paper
		おむつ（テープ・パンツ）	diaper（tape/pants）
		尿とりパッド	incontinence pad
		ポータブルトイレ	bedpan/simple convenient commode chair
		下着（おむつ）を変えてもよろしいです か？	May I change your diaper?
		カーテンを閉めますね	I'm going to close the curtain.
		少し腰を浮かすことができますか？	Could you lift your hips a little?

284

インドネシア語	ベトナム語	ミャンマー語
クルシ kursi	*ゲイ* Ghế	*コウン* ခုံ
ティーフィー TV	*テイヴィ* Tivi	TV
メジャ ナカス meja nakas	*トゥ ダウ グイウオン* Tủ đầu giường	*ヴィ ヨ* ဗီရို
メジャ トゥリス meja tulis	*バン* Bàn	*ザ ブェ* စားပွဲ
ティライ / コルデン tirai / korden	*レム* Rèm	*カン ゼー / ライッカ* ခန်းဆီး / လိုက်ကာ
チョロカン リストリッ colokan listrik	*オー ディエン* Ổ điện	*ミージョー / (ミーカロッ)* မီးကြိုး / မီးခလုတ်
クルシ ロダ kursi roda	*セー ラン* Xe lăn	Wheelchair
トンカッ tongkat	*ガイ* Gậy	*ジャイン ダウッ* ကိုင်တုတ်
アラッ バントゥ ジャラン alat bantu jalan	*クン タップ ディ* Khung tập đi	*ラン シャッツ アクー ビッセィー* လမ်းလျှောက်အကူပစ္စည်း
アパカ アンダ マウ バングン ダリ トゥンパッ ティドゥール? Apakah Anda mau bangun dari tempat tidur?	*オン / バ ゴイ ザイ ドゥオック クン ア?* Ông / Bà ngồi dậy được không ạ? / *オン / バ ゴイ ザイ ネ.* Ông / Bà ngồi dậy nhé?	*エヤ ボガネ タッ ヤ アウン* အိပ်ယာပေါ်ကနေ ထရအောင်
アパカ アンダ ビサ ベルバリン メンンハダップ ク サンピン? Apakah Anda bisa berbaring menghadap ke samping?	*オン / バ コ テー ナム ギエン ドゥオック クン アー?* Ông / Bà có thể nằm nghiêng được không ạ?	*ベー ゴ サウン ライッ バー* ဘေးကိုစောင်း လိုက်ပါ
アパカ アンダ ビサ バングン? Apakah Anda bisa bangun?	*オン / バ コ テェ ザイ ドゥオック クン アー?* Ông / Bà có thể dậy được không ạ?	*タッ ナイン ラー* ထနိုင်လား
ビアルカン / イジンカン サヤ メンバントゥ アンダ. Biarkan / Ijinkan saya membantu Anda.	*デー チャウ グイウップ オン / バ ネ!* Để cháu giúp Ông / Bà nhé!	*クーニー バヤ セィー / クーニー メノー* ကူညီပါရစေ / ကူညီမယ်နော်
アパカ アンダ マウ ピンダー ク トゥンパッ ティドゥール? Apakah Anda mau pindah ke tempat tidur?	*クン ジ チュエン サン グイウオン オン / バ ネー.* Cùng di chuyển sang giường Ông / Bà nhé.	*クデイン ポゴ トゥア チンラー* ကုတင်ပေါ်ကို သွားချင်လား
アパカ アンダ マウ ピンダー ク クルシ ロダ? Apakah Anda mau pindah ke kursi roda?	*クン ジ チュエン サン セー ラン オン / バ ネー.* Cùng di chuyển sang xe lăn Ông / Bà nhé.	Wheel Chair *ポゴ トゥア チンラー* ပေါ်ကို သွားချင်လား
ダラム ヒトゥン ケティガ, アヨ バングン / ベルディリ, サトゥ ドゥア ティガ Dalam hitungan ketiga, ayo bangun. / Berdiri. Satu, dua, tiga.	*クン ドゥン レン ナオ! モット! ハイ! バー!* Cùng đứng lên nào! Một, hai, ba!	*ティッ, ニ, トン ヤ エビー タッ ヤアウン* တစ် ၊ နှစ် ၊ သုံး ရရင် ထရအောင်
マリ ドゥドゥッ プルラハン. Mari duduk perlahan.	*シン ハイ ゴイ ズオン トゥ トゥ ア.* Xin hãy ngồi xuống từ từ ạ.	*ビェビェチンー タイン ヤアウン* ဖြည်းဖြည်းချင်း ထိုင်ရအောင်
トロン ドゥドゥッ レビッ ク ベラカン. Tolong duduk lebih ke belakang.	*オン / バ ゴイ ルイ ライ モット チュッ ネ.* Ông / Bà ngồi lùi lại một chút nhé.	*ナウッ コ ナッ タッ ヤアウン / ナウッ ネ テッ ソッパー* နောက်ကို နည်းနည်းကြီး ထိုင်ပါ / နောက်ကို နဲ့ တစ် ဆုတ်ပါ
トロン レタッカン カキ アンダ ディ サンダラン カキ. Tolong letakkan kaki anda di sandaran kaki.	*シン ハイ ダット チャン レン チョ デ チャン ア.* Xin hãy đặt chân lên chỗ để chân ạ.	*チェタウッ チェティンデ ネヤマー ティン ライッパー* ခြေထောက်ကို ခြေတင်တဲ့နေရာမှာ တင်လိုက်ပါ
レル/ペガンガン ウントゥッ タンガン rel/pegangan untuk tangan	*タイ ヴィン* Tay vịn	*レッ カイン* လက်ကိုင်
トイレッ / カマル クチル toilet / kamar kecil	*ニャ ヴェ スイン* Nhà vệ sinh	*エィンター* အိမ်သာ (toilet)
ティシュ トイレッ tisu toilet	*ジャイ ヴェ スイン* Giấy vệ sinh	*エィンター トン セッ* အိမ်သာသုံး စက္ကူ
ポポッ (ベルペレカッ / チェラナ) popok (berperekat / celana)	*ブン (バン / クアン)* Bỉm (băng / quần)	*ダイバ* ဒိုင်ပါ
ペンバルッ メニェラッ ケンチン pembalut menyerap kencing	*ミエン タム ヌオック ティエウ* Miếng thấm nước tiểu	*ダイバ アトゥイン セィーカン* ဒိုင်ပါ အတွင်းဆီးခံ
トイレッ ポルテベル toilet portable	*ゲー ボ ヴェ スイン ジ ドン* Ghế bô vệ sinh di động	*ユェ レヤー エィンター* ရွေ့ရှား အိမ်သာ
アパカ サヤ ボレー メンガンティ ポポッ アンダ? Apakah saya boleh mengganti popok Anda?	*チャウ タイ クアン ロット (ビン) ドゥオック クン アー?* Cháu thay quần lót (bỉm) được không ạ?	*アトゥンカン レー ヤアウン* အတွင်းခံ လဲရအောင်
サヤ アカン メヌトゥッ コルデン. Saya akan menutup korden.	*チャウ ドン レム ライ ネ.* Cháu đóng rèm lại nhé.	*ライッカ ベィッライッ メ ノー* လိုက်ကာ ပိတ်လိုက်မယ်နော်
アパカ アンダ ビサ メンガンカッ スディキッ ピンガン アンダ? Apakah Anda bisa mengangkat sedikit pinggang Anda?	*オン / バ コ テー ナン ホン レン モット チュット ドゥオック クン ア?* Ông / Bà có thể nâng hông lên một chút được không ạ?	*カー ネネ チュア ペロッ ヤマラー* ခါး နဲ့ ခြေပေးလို့ ရမလား

		日本語	英　語
動作別での用具・会話（どうさべつでのようぐ・かいわ）	②排泄動作（はいせつどうさ）	トイレに行きませんか？	Would you like to go to the toilet？
		手すりにしっかりつかまっていてください	Please hold on to the handrail.
		ズボンと下着を下げていきますね	I'm going to pull down trousers and underwear.
		ズボンと下着を上げていきますね	I'm going to pull up trousers and underwear.
		終わったら、呼んでくれますか？	Let me know when you're done.
		おしっこですか？　うんちですか？	Did you urinate or defecate？
	③入浴動作（にゅうよくどうさ）	よくそう（浴槽）	bathtub
		シャワー	shower
		シャワーチェア	shower chair
		バスボード	bathboard
		バスグリップ	bathgrip
		お風呂に入りにいきませんか？	Would you like to take a bath？
		寒くないですか？	Is it too cold？
		熱くないですか？	Is it too hot？
		服を脱ぎましょう	Let's take off your clothes.
		滑るので気をつけてください	Be careful. it's slippery！
		気分は悪くないですか？	How are you feeling？
		お風呂はいかがでしたか？	How is your bath？
		ドライヤーで髪を乾かしますね	I'm going to dry your hair.
		何か飲み物はいかがですか？	Would you like something to drink？
	④食事動作（しょくじどうさ）	おぼん	tray
		エプロン	apron
		はし（箸）	chopsticks
		スプーン	spoon
		フォーク	fork
		コップ	plastic cup
		食事（昼ごはん）に行きませんか？	Would you like to go for lunch？
		エプロンをつけますね	I'm going to put on your apron.

286

インドネシア語	ベトナム語	ミャンマー語
アパカ アンダ マウ ク トイレッ？ Apakah Anda mau ke toilet？	オン／バ コ ムオン ディ ヴェ スィン コン ア？ Ông / Bà có muốn đi vệ sinh không ạ？	エィンタ（トァイ レッ）トゥァー チンラー အိမ်သာ（toilet）သွားချင်လား
トロン ゲンガン ヤン クアッ パダ ペガンガン ウントゥッ タンガン Tolong genggam yang kuat pada pegangan untuk tangan.	ハイ ナム チャット タイ ヴィン ア Hãy nắm chặt tay vịn ạ.	レッカイ ゴ テチャ カインバー လက်ကိုင်ကို သေချာ ကိုင်ပါ
サヤ アカン メレパスカン チェラナ パンジャン ダン チェラナ ダラム アンダ、ヤ Saya akan melepaskan celana panjang dan celana dalam Anda, ya.	チャウ ザイウップ オン／バ クオ クアン ヴァ ド ロット スオン ネー！ Cháu giúp Ông / Bà kéo quần và đồ lót xuống nhé!	バウンビ ネ アトゥィンカン ゴ ネネ チャッ メノー ဘောင်းဘီ နဲ့ အတွင်းခံ ကို နနဲ ချွတ်မယ်နော်
サヤ アカン メマカイカン チェラナ パンジャン ダン チェラナ ダラム アンダ、ヤ Saya akan memakaikan celana panjang dan celana dalam Anda, ya.	チャウ ザイウップ オン／バ クオ クアン ヴァ ド ロット レン ネー！ Cháu giúp Ông / Bà kéo quần và đồ lót lên nhé!	バウンビ ネ アトゥィンカン ゴ アブ スゥェ ティン メノー ဘောင်းဘီ နဲ့ အတွင်းခံ ကို အပေါ်ဆွဲတင်မယ်နော်
トロン パンギル サヤ カラウ アンダ スダ セラサイ Tolong panggil saya kalau Anda sudah selesai.	サウ キー ソン ゴイ チャウ ネー！ Sau khi xong gọi cháu nhé？	ピイン コライッザー ပြီးရင် ခေါ်လိုက်ပါ
アパカ アンダ ケンチン アタウ ブアン アイル ブサール？ Apakah Anda kencing atau buang air besar？	オン／バ ディ ティエウ ティエン ア？ オン／バ ディ ダイ ティエン アー？ Ông / Bà đi tiểu tiện ạ? Ông / Bà đi đại tiện ạ？	セィー（果）トゥァラダラー　ワン（うんち）トゥァラダラー ဆီး（果）သွားတာလား　ဝမ်းသွားတာလား
バッ マンディ ブサール bak mandi besar	ボン タン Bồn tắm	イェ チョー カン ရေချိုးကန်
マンディ シャワー mandi shower	ヴォイ ホア セン Vòi hoa sen	イェ パン ရေပန်း（shower）
クルシ マンディ kursi mandi	ゲエー タン Ghế tắm	イェチョーティンコン ရေချိုးထိုင်ခုံ
パパン マンディ papan mandi	タム ヴァン ジー チュエン オ ボン タン Tấm ván di chuyển ở bồn tắm	イェチョーカン アミ ရေချိုးကန် အမိုး
ペガンガン ウントゥッ マンディ pegangan untuk mandi	タイ ヴィン ボン タン Tay vịn bồn tắm	イェチョーカン レッカイン ရေချိုးကန် လက်ကိုင်
アパカ アンダ マウ マンディ スカラン？ Apakah Anda mau mandi sekarang？	オン／バ コ ムオン ガム ボン コン ア？ Ông / Bà có muốn ngâm bồn không ạ？	イェチョー マ ラー ရေချိုးမလား
アパ アンダ メラサ ケディンギナン？ Apa Anda merasa kedinginan？	コー ラン コン アー？ Có lạnh không ạ？	アヤン エー ラー အရမ်းအေးလား
アパ アンダ メラサ ケパナサン？ Apa Anda merasa kepanasan？	コー ノン コン アー？ Có nóng không ạ？	アヤン プ ラー အရမ်းပူလား
マリ レパスカン パカイアン アンダ Mari lepaskan pakaian Anda.	チャウ シン フェップ コイ クアン アオ クア オン／バ ラー ネー、 Cháu xin phép cởi quần áo của Ông / Bà ra nhé.	ア ウェ チュッ ライッ バー အဝတ် ချွတ်လိုက်ပါ
ハラッ ベルハティハティ カレナ リチン Harap berhati-hati karena licin.	オン／バ カン タン サン ニャ チョン ダイ ア、 Ông / Bà cẩn thận sàn nhà trơn đấy ạ.	チョレメー ダディーダーバー ချောတဲ့မို့ သတိထားပါ
アパカ アンダ ティダッ メラサ ムアル？ Apakah Anda tidak merasa mual？	オン／バ カン タイ タム チャン コ トット コン ア？ Ông / Bà cảm thấy tâm trạng có tốt không ạ？	アク ベロ ネーレー အစာ အပ်လို့ နေသလား
バガイマナ ペラサアン アンダ サート マンディ？ Bagaimana perasaan Anda saat mandi？	ヌオック チョン ボン バン ダー ヴア チュア アー？ Nước trong bồn tắm đã vừa chưa ạ？	イェチョーマダ ベロネー ရေချိုးရတာ အပ်လို့နေလဲ
サヤ アカン メンゲリンカン ランブッ アンダ ドゥンガン プングリン ランブッ Saya akan mengeringkan rambut Anda dengan pengering rambut.	チャウ サイ トック チョ オン／バ ネ、 Cháu sấy tóc cho Ông / Bà nhé.	ザビンジ Hair Dryer ネッ チャッッ アウン ロッペーメノー ဆံပင်ကို hair dryer နဲ့ ခြောက်အောင်လုပ်ပေးမယ်နော်
アパカ アンダ マウ ミヌム セスアトゥ？ Apakah Anda mau minum sesuatu？	オン／バ コ ムオン ウオン ジ コン ア？ Ông / Bà có muốn uống gì không ạ？	タククク タッッ チンラー တစ်ခုခုသောက်ချင်လား
バキ／ナンパン baki / nampan	カイ Khay	ゼロン（Tray） ဗန်း（tray）
チェレメッ celemek	タップ ゼー Tạp dề	Apron ရင်ဆိုင်း
スンピッ sumpit	ドゥア Đũa	トゥ တူ
センドッ sendok	ティア Thia	ズン ဇွန်း（spoon）
ガルプ garpu	ジア Dĩa	カ イン ခက်ရင်း（fork）
グラス プラスティッ gelas plastik	コック Cốc	ウェッ ခွက်
アパカ アンダ マウ プルギ ウントゥ マカン シアン？ Apakah Anda mau pergi untuk makan siang？	オン／バ ディ アン（アン チュア）ネ？ Ông / Bà đi ăn（ăn trưa）nhé？	ネッレザ サーチンラー နေ့လည်စာ စားချင်လား
サヤ アカン メマカイカン チェレメッ、ヤ Saya akan memakaikan celemek, ya.	チャウ デオ イェン アン コム チョ オン／バ ネ、 Cháu đeo yếm ăn cơm cho Ông / Bà nhé.	Apron ウィッペー メノー Apron ဝတ်ပေးမယ်နော်

		日本語	英　語
		お待たせしました	Thank you for waiting.
		ゆっくり召し上がってください	Please eat slowly.
		お口を開けてくれますか？	Could you open your mouth？
		美味しいですか？	Do you like it？
		食欲はありませんか？	Do you have appetite？
		御膳を下げてもいいですか？	May I clear your tray？
		お薬を飲みましょうか？	Would you like to take your medicine
		お水を飲んでください	Please drink some water

インドネシア語	ベトナム語	ミャンマー語
テリマ　カシ　スダ　ムヌングー Terima kasih sudah menunggu.	チャウ　シン　ロイ　ダー　デー　オン／バ　ファイ　チョ　ア。 Cháu xin lỗi đã để Ông / Bà phải chờ ạ.	サゥン　ネヤダ　タウンパンパデー စောင့်နေရတာ တောင်းပန်ပါတယ်
トロン　マカン　ドゥングン　ペルラハン Tolong makan dengan perlahan.	オン／バ　ニャイ　キー　ネ。 Ông / Bà nhai kỹ nhé.	ピュェ　ピュェ　トゥンサウンパー ဖြည်းဖြည်း သုံးဆောင်ပါ
トロン　ブカ　ムルッニャ、ヤ Tolong buka mulutnya, ya.	オン／バ　ハー　ミェン　ラー　ネ？ Ông / Bà há miệng ra nhé?	パゼッ　ハッパー ပါးစပ်ဟပါ
アパカ　ラサニャ　エナッ？ Apakah rasanya enak?	コム　コ　ゴン　コン　ア？ Cơm có ngon không ạ?	サーロッ　カウンラー စားလို့ကောင်းလား
アパカ　アンダ　ティダッ　プニャ　ナフス　マカン？ Apakah Anda tidak punya nafsu makan?	オン／バ　アン　コー　ゴン　ミェン　コン　ア？ Ông / Bà ăn có ngon miệng không ạ?	サーチン　タッッチン　セッ　シラー စားချင်သောက်ချင်စိတ်ရှိလား
ポレ　サヤ　ベルシーカン　ナンパン　アンダ？ Boleh saya bersihkan nampan Anda?	チャウ　ゾン　カイ　ドゥオック　コン　ア？　チャウ　ゾン　カイ　ネ。 Cháu dọn khay được không ạ? / Cháu dọn khay nhé.	パガン　ティン　メノー ပန်းကန်ပြင်ပေးမယ်နော်
アパカ　アンダ　マウ　ミヌム　オバッ？ Apakah Anda mau minum obat?	オン／バ　ウオン　トゥオック　ネー Ông / Bà uống thuốc nhé.	セー　タゥッ　ヤ　アゥン ဆေးသောက်ရအောင်
トロン　ミヌム　アイル Tolong minum air.	オン／バ　ウオン　ヌオック　ネ。 Ông / Bà uống nước nhé.	イェ　ネヌ　タッッ　パー ရေနည်းနည်းသောက်ပါ

翻訳協力
インドネシア語　ウダヤナ大学　Ni Putu Luhur Wedayanti
ベトナム語　　　株式会社タイヨウ　Nhật Chuyên
ミャンマー語　　医療法人石井会　石井病院 ဆောင်ရွင်း アウン　パイン　モー医師
作成　岩田研二

あとがき

　本書の序章で触れたように、外国人介護士をめぐる問題は規定を超えた長時間労働や賃金の未払い、低質な住居環境など多種多様に生じている。人の生命と人生に大きな影響を与えるケア領域の門戸を外国人材に開いた今、これらの課題の解決を後回しにしてはいけない。彼らを一人の人間として尊重し、働きやすい環境を整えていくことが、日本人スタッフの労働環境、そして高齢者ケアの質の向上にも繋がっていくものと思われる。

　今後も外国人介護士に憧れの国として選ばれ、長く定着してもらうための鍵は、本書がテーマとしてきた異文化間での言語・文化的理解の促進にある。そのためには、日本人介護職の養成課程や、施設管理者の講習会などで、外国人介護士と働くための異文化理解や来日背景などを学ぶ機会を設け、必修科目に位置づけていくことが不可欠である。本書がそのきっかけとなれば、望外の喜びである。

　本書の執筆陣は、理学療法学・看護学・社会福祉学・多文化社会学・地域創生学・言語学・異文化コミュニケーション論など様々な専門分野を持ち、幅広い観点から分野横断的に異文化間のケアを検討することができた。研究者のみならず、第一線で外国人介護士の受け入れを担う介護施設、外国人介護士に働きやすい環境を提案するコンサルタント、外国人介護士養成を担う日本語教師の知見は、一般の介護施設で外国人介護士の受け入れを検討する管理者や、現場の介護職の方、及びそれを志す学生にとっても、多くの示唆を与えるものだろう。また帯文は、沖縄中部病院感染症内科・地域ケア科の高山義浩先生にご執筆いただいた。コロナ禍で多忙を極める中、本書のために快く引き受けて下さったご厚情に心より御礼を申

し上げたい。

　最後に、不慣れな編者がなんとか体裁を整えて刊行にこぎつける
ことができたのは、本書の企画から脱稿に至るまで様々なサポート
と丁寧な校正作業でご支援くださった大阪大学出版会の川上編集長
のお陰である。ここに記して感謝を申し上げる。

2021 年 10 月 31 日　　　渡辺　長

著者紹介（執筆順）

渡辺　長（わたなべ　おさむ）【編者】　序章・12章
帝京科学大学医療科学部理学療法学科　講師
大阪大学非常勤講師、兵庫県立大学非常勤講師、Aisyiyah Yogyakarta 大学客員教授
大阪大学大学院人間科学研究科博士後期課程修了。博士（人間科学）。国内の総合病院にて理学療法士として勤務、米国カイザー病院にて理学療法技術研修参加（9ヶ月）、青年海外協力隊にてネパール総合病院で活動（2年間）、マヒドン大学 ASEAN 保険開発研究所プライマリーヘルスケア管理修士課程修了。専門はグローバルヘルス、アジアの高齢者福祉、地域社会学。主な著作として「タイの伝統的ケアの揺らぎ―高齢者ケアを担う家族に対する質的分析―」『東南アジア研究』（59 巻 2 号、2022 年）などがある。所得、社会保障、マンパワー、地域資源が限定的な東アジア諸国の中で深刻化する高齢化に対し、医学、疫学、社会学、地域学を踏まえた分野横断的観点からどういう貢献ができるのかを国境を越えて模索している。

小島　賢久（こじま　よしひさ）　1章
学校法人森ノ宮医療学園 理事、森ノ宮医療大学特任教授、森ノ宮医療学園ウェルランゲージスクール教務事務部長
大阪大学大学院医学系研究科保健学専攻博士後期課程修了。博士（保健学）。2019 年 4 月森ノ宮医療学園ランゲージスクール（現 森ノ宮医療学園ウェルランゲージスクール）を開校し、外国人日本語教育を開始。2021 年 4 月からは同校で介護福祉学科を開設し、日本語学科、介護福祉学科が一体となった外国人のための介護福祉士養成教育を行っている。

米田　裕香（よねだ　ひろか）　2章

独立行政法人国際協力機構（JICA）職員

MA in Disability and Global Development, University of Leeds 修了。金沢大学旧医学部保健学科理学療法専攻卒業。民間病院経験を経て、旧青年海外協力隊（理学療法士）としてガーナで活動、JICA ジュニア専門員（社会保障、障害者、高齢者、職業訓練等関連事業担当）、JICA タイ国高齢者のための地域包括ケアサービス開発プロジェクト専門家を経て 2020 年から現職。主な著作として、「タイにおける高齢者支援分野でのソーシャルワーク、ケアマネジャー育成等の取り組み」『世界の社会福祉年鑑』（旬報社、2018 年）がある。

中込　節子（なかごみ　せつこ）　3章

医療法人理事　社会福祉法人理事、社会福祉法人評議員

20 年以上、高齢者介護施設の経営及び運営にかかわる。また、民生委員として地域の福祉活動やボランティア団体にも参加し、国際的、社会的なボランティア活動を行っている。

糠谷　和弘（ぬかや　かずひろ）　4章

1971 年東京生まれ。株式会社 JTB で企業による海外視察の企画を行った後、株式会社船井総合研究所に入社。2000 年の介護保険施行に合わせて、介護・障害サービス・保育専門の部署を立ち上げ統括責任者として全国各地の法人、事業所立ち上げを支援。2012 年に介護事業に特化した株式会社スターコンサルティンググループを立ち上げ、のべ顧問先数は 500 法人以上となる。ほかに介護・保育事業会社、外国人技能実習生受入監理団体などを経営。

ガイアの夜明けの出演をはじめ、連載、執筆多く、著書に『ディズニー流！みんなを幸せにする「最高のスタッフ」の育て方』（PHP 研究所、2012 年）、『あの介護施設はなぜ人が集まるのか』（PHP 研究所、2013 年）、「やさしくわかる！すぐに使える！「介護施設長＆リーダー」の教科書」（PHP 研究所、2018 年）などがある。

渡辺　幸倫（わたなべ　ゆきのり）　**5章**
相模女子大学学芸学部教授
早稲田大学大学院教育学研究科博士後期課程単位取得退学。大東文化大学非常勤講師、立教大学兼任講師などを経て、現職。専門は多文化教育、言語教育。主な業績に、『多文化共創社会への 33 の提言：気づき愛 Global Awareness』（共著、都政新報社、2021 年）、『多文化社会の社会教育 公民館・図書館・博物館がつくる「安心の居場所」』（編著、明石書店、2019 年）、『買い物弱者とネット通販　在外子育て家庭からの示唆』（共編著、くんぷる、2019 年）、『多文化「共創」社会入門 移民・難民とともに暮らし、互いに学ぶ社会へ』（共著、慶應義塾大学出版会、2016 年）、『多文化社会の教育課題：学びの多様性と学習権の保障』（共著、明石書店、2014 年）などがある。

坂内　泰子（ばんない　やすこ）　**6章**
（一財）自治体国際化協会地域国際化推進アドバイザー
東京大学大学院人文科学研究科博士課程単位取得満期退学。神奈川県立外語短期大学、神奈川県立国際言語文化アカデミア教授として、日本語教育、日本語ボランティア養成、および公務員への「やさしい日本語」関連研修等に携わるとともに、神奈川県内で入職後の介護の技能実習生を対象とした日本語研修を担当。主な著作として「やさしいにほんごの普及をめぐって」（2013『神奈川県立国際言語文化アカデミア紀要』第 2 号）、「やさしい日本語—「優しい」と「易しい」で伝えることから」（『多文化共創社会への 33 の提言』都政新報社、2021 年）、そのほか地域日本語教育用教材として『つながるにほんご　かながわでともにくらす』（神奈川県、2013 年）、『やさしいにほんごでつながるコミュニケーション・シート』（神奈川県、2018 年）などがある。

河森　正人（かわもり　まさと）　**7章**
大阪大学大学院人間科学研究科教授。専門は高齢者福祉。主な著作に『タイの医療福祉制度改革』（御茶の水書房、2009 年）、『東アジア新世紀』（大阪大学出版会、2013 年）がある。

郭　芳（かくほう）　**8章**
同志社大学社会学部助教
同志社大学大学院社会学研究科博士課程修了。博士（社会福祉学）。専門は高齢者福祉。主な著作として『中国農村地域における高齢者福祉サービス―小規模多機能ケアの構築に向けて―』（明石書店、2014年）、「中国の介護市場に進出した『日本式介護』の特徴を探る―事例調査を通しての分析―」（『評論・社会科学』124号、107-124頁、2018年）、「中国における福祉の『市場化』の展開と特徴に関する考察」（『社会政策』10(2)、105-116頁、2018年）がある。

後藤　美恵子（ごとう　みえこ）　**9章**
東北福祉大学総合福祉学部社会福祉学科准教授
専門は社会福祉学（ベトナム・カンボジア高齢者福祉、認知症ケア）。2011年11月、2013年9月にベトナム障害児・スポーツ教育協会（OSEDC）より功績賞、2013年12月ベトナム赤十字社より感謝状を受賞。主な著作として「ベトナム社会における高齢者福祉の動向」（『社会福祉研究』13-136頁、2016年）、「ベトナム農村部における高齢者の生活課題―コミュニティの社会的関係からの示唆」（『東北福祉大学研究紀要』第42巻、17-30頁、2018年）、「ベトナムの人口構造と高齢者の生活の関連性―農村部のおける地域機能」（『東北福祉大学研究紀要』第43巻、19-34頁、2019年）などがある。

細田　尚美（ほそだ　なおみ）　**10章**
長崎大学多文化社会学部／研究科准教授
京都大学大学院アジア・アフリカ地域研究研究科一貫制博士課程修了。博士（地域研究）。専門は文化人類学、東南アジア地域研究、国際労働移民研究。主な著作として『湾岸アラブ諸国の移民労働者―「多外国人国家」の出現と生活実態』（編著、明石書店、2014年）、『幸運を探すフィリピンの移民たち―冒険・犠牲・祝福の民族誌』（明石書店、2019年）がある。

柳澤　沙也子　（やなぎさわ　さやこ）　**11 章**

長崎大学生命医科学域（保健学系）助教、特定非営利活動法人
Rehab-Care for ASIA インドネシア事業リーダー。

甲南女子大学大学院看護学研究科博士前期課程修了。修士（看護学）。専門は国際保健、在宅看護学、老年看護学等。病院、有料老人ホーム等で勤務した後、旧青年海外協力隊（JICA 海外協力隊）看護師隊員としてインドネシア共和国に派遣。甲南女子大学看護リハビリテーション学部実習助手、兵庫県立大学地域ケア開発研究所非常勤研究員等を経て 2021 年より現職。旅と電車と読書と高齢者が好き。

岩田　研二（いわた　けんじ）　**付録**

ユニ・チャーム株式会社

藤田医科大学大学院修士課程修了。旧青年海外協力隊（理学療法士）としてタイの障害者施設で活動後、有限会社医療福祉科学研究所にてタイにおけるリハビリテーション事業に関する基礎調査を実施。その後、2020 年から現職で、顧客の外国人介護士に対して排泄ケアの勉強会などを実施する機会もある。主な著作として、「グローバルヘルス、途上国の健康問題」『国際リハビリテーション学〜国境を越える PT・OT・ST』（羊土社、2016 年）、『日本にいれば普通の人、海外にいれば特別な人：タイで過ごした 2 年間』（kindle 版、2017 年）

外国人介護士と働くための異文化理解

発行日　2022 年 2 月 10 日　初版第 1 刷　　　　［検印廃止］

編　者　渡辺　長

発行所　大 阪 大 学 出 版 会
　　　　代表者　三成　賢次

　　　　〒565-0871
　　　　大阪府吹田市山田丘 2-7　大阪大学ウエストフロント
　　　　電　話：06-6877-1614（代表）　FAX：06-6877-1617
　　　　URL：http://www.osaka-up.or.jp

印刷・製本　尼崎印刷株式会社

ⓒ Osamu Watanabe, et al.　2022　　　　　　Printed in Japan
ISBN 978-4-87259-751-6 C1036